프리젠테이션 기법

안병태 · 임권묵 · 박경모 지음

PRESENTATION TECHNIQUES

GS인터비전

머리말

정보화 사회에서는 각 개인의 컴퓨터 활용 능력이 매우 중요하게 여겨진다. 특히, 관공서나 회사 등에서는 대부분의 업무 보고를 컴퓨터상에서 프레젠테이션을 위한 소프트웨어 도구를 활용하여 발표한다. 본 저서에서는 이러한 업무환경에서 가장 많이 활용되고 사용되는 프레젠테이션 도구인 파워포인트 2010과 프레지를 기본으로 다루고 있다. 더불어 프레젠테이션 업무환경에서 종종 활용되는 간략한 동영상 제작 능력도 갖출 수 있도록 가장 많이 사용되는 동영상 편집기인 무비메이커를 2장 정도로 구성하였다.

오늘날과 같은 정보화 사회에서는 주어진 정보로부터 필요한 정보를 가공하여 활용하는 능력도 중요하지만 무엇보다 자신의 의견을 효과적으로 전달하고 이해시키는 능력 또한 중요하다. 이러한 능력에는 청중의 이해를 바탕으로 하는 설득력뿐만 아니라 프레젠테이션을 위한 도구나 매체의 활용 능력도 포함된다. 본 저서에서는 도구와 매체 활용 능력을 배양할 수 있도록 최신 버전의 파워포인트, 프레지, 무비메이커를 기술하였으며 사용자 누구나 본 저서만으로도 완벽한 사용자가 될 수 있도록 구성하였다.

파워포인트 2010에 대해서는 기존 2007 버전 대비 향상된 기능을 자세히 설명하였으며 기능 위주보다 화려한 프레젠테이션을 작성하는데 주안점을 두었다. 특히 실무에서 바로 화려한 프레젠테이션을 제작할 수 있도록 프레젠테이션의 고급 기능을 쉽게 풀어 설명하였으며, 사용자 누구나 본 저서만으로도 쉽게 이해할 수 있도록 기술하였다. 그리고 본 저서의 내용을 완벽히 습득한다면 관련 국가공인 자격증의 취득 준비에도 부족함이 없도록 구성하였다.

빈번한 업그레이드 탓에 프레지에 관한 현재 출간되어 있는 도서는 모두 구 버전을 다루고 있다. 본 도서는 2014년도에 업그레이드 된 최신 버전의 프레지를 기준으로 작성하였으며, 혼자서도 스스로 익힐 수 있도록 알기 쉽게 작성하였다.

무비메이커는 동영상 편집기를 전혀 다룰 줄 모르는 초보자도 쉽게 사용할 수 있도록 가장 기본이 되는 것들을 중심으로 집필하였고, 몇 시간만 투자하면 바로 나만의 동영상을 편집할 수 있도록 하였다.

진정한 고수는 프로그램을 잘 다루는 사람이 아니라, 학습한 프로그램을 자신의 업무와 생활에 효과적으로 응용하여 사용하고 쉽게 활용할 수 있는 사람이다.

끝으로 이 책이 나오도록 많은 협조와 지원을 아끼지 않은 GS인터비전 송기수 사장님과 김명신님께 감사드린다.

저자 일동

차 례

1

파워포인트 2010 시작하기

1.1 파워포인트 개요

정식 명칭은 마이크로소프트(MS) 오피스 파워포인트이다. 여러 사람 앞에서 자신의 생각을 발표하거나 공동 작업을 할 때 시각적 보조 자료로 활용할 수 있도록 프레젠테이션(Presentation)을 도와주는 S/W이다.

프레젠테이션(Presentation)이란 '소개·발표·표현·제출'을 뜻하는 용어로, 많은 사람에게 효과적으로 메시지를 전달하고자 할 때 사용한다. 즉 프레젠테이션을 효과적으로 작성·발표하고, 공동 작업을 하는 데 도움을 주는 도구들의 모임이 파워포인트라 할 수 있다. 가장 큰 기능은 프레젠테이션을 위한 자료를 만드는 데 있다. 보고회·세미나·화상교육 등을 할 때 파워포인트를 이용해 만든 화면을 대형 화면이나 빔 프로젝트를 사용해 스크린에 띄워 사용할 경우, 프레젠테이션의 효과를 높일 수 있는 것이 장점이다.

1987년에 Apple 매킨토시용으로 1.0 버전이 출시되었고, 1990년 처음으로 윈도우용이 도입되었다. 그 후 2002년 XP 오피스 파워포인트를 거쳐 파워포인트 2007, 현재 파워포인트 2010이 가장 많이 사용되고 있다. 파워포인트에는 팀 구성원끼리 작업 영역을 공유하고 공동으로 작업할 수 있는 기능, 다른 사용자가 볼 수 없도록 전달·복사·인쇄하지 못하게 하는 기능, 효과적인 발표를 할 수 있도록 도와주는 그래픽·애니메이션·멀티미디어 기능 등 다양한 기능이 포함되어 있다. 여기에 파워포인트 2010은 이전 버전에 비해 그림효과, 화면전환, 애니메이션, 멀티미디어 등의 기능이 더욱 강화되었으며, 파워포인트 2007과 같이 리본메뉴의 인터페이스를 활용한다.

1.2 파워포인트 2010 실행과 종료

[1] 파워포인트 2010 실행

파워포인트 2010은 ❶ **[시작]-[모든 프로그램]-[Microsoft Office]** 메뉴의 **[Microsoft Office PowerPoint 2010]** 클릭하거나, ❷ 바탕 화면의 「Microsoft Office PowerPoint 2010」 단축 아이콘(P) 더블클릭하면 새로운 문서가 열리면서 실행된다. 또한 ❸ 확장자가 *.pptx 인 파워포인트 파일을 더블클릭하면 기존에 저장된 문서가 열리면서 실행된다. 이때 오피스 버튼을 눌러 새로운 문서로 실행한다.

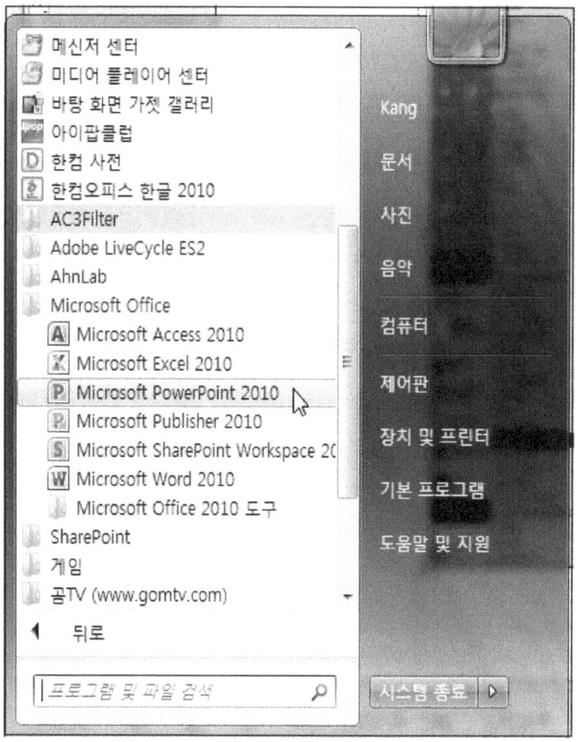

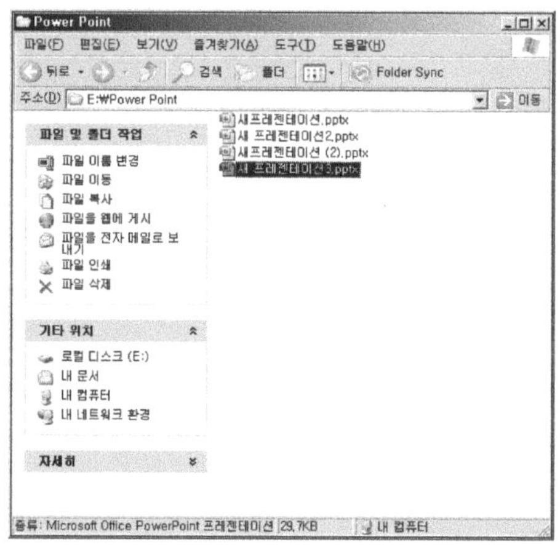

【파워포인트 2010 실행】

- [시작]-[모든 프로그램]-[Microsoft Office] 메뉴의 [Microsoft Office PowerPoint 2010] 클릭
- 바탕 화면의 「Microsoft Office PowerPoint 2010」 아이콘 더블클릭
- 확장자가 *.pptx 인 파워포인트 파일 더블클릭

[2] 파워포인트 2010 종료

편집중인 파워포인트 2010 통합 문서를 저장한 후 ❶ 메뉴의 **[파일]** 탭-**[끝내기** ()]를 선택 하거나, ❷ 제목 표시줄의 **종료[☒]** 버튼을 클릭해 파워포인트 2010을 종료 할 수 있다. 또는 ❸ 제목 표시줄의 아이콘() 클릭 후 **[닫기]**를 선택하여 문서를 닫을 수 있다.

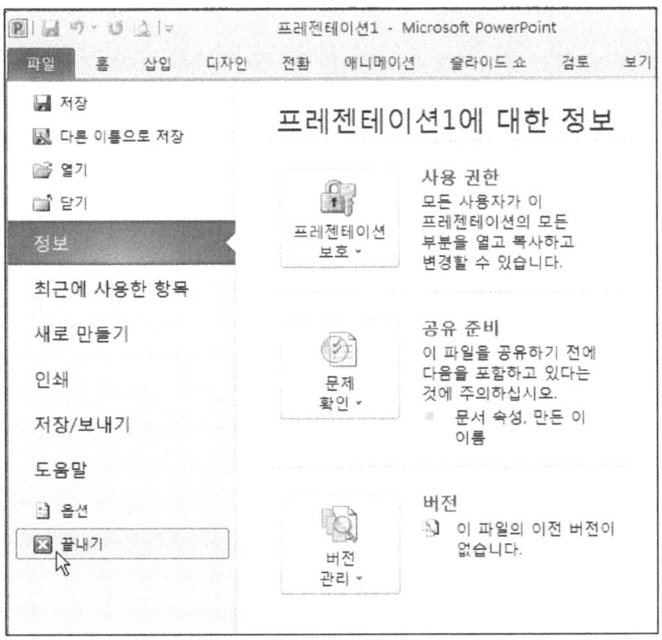

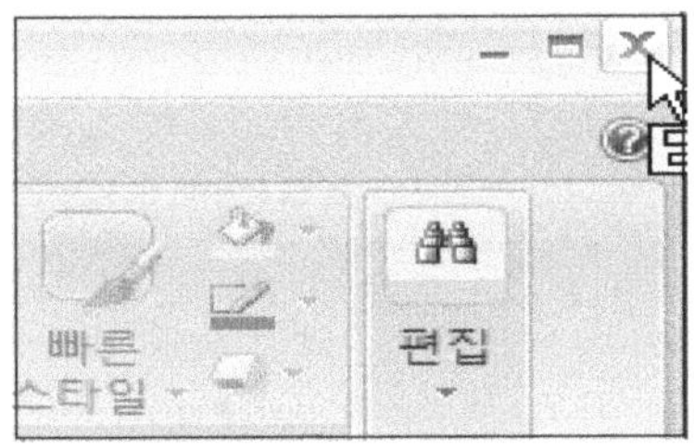

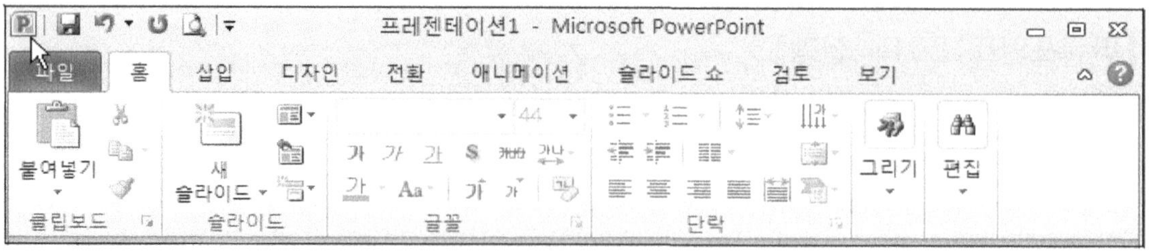

【파워포인트 2010 종료】

- 파워포인트 2010 종료 : - [파일] - [끝내기()]를 클릭

  - 종료[☒] 버튼 클릭
  - 제목 표시줄의 아이콘() 클릭 후 [닫기]
- 파워포인트 2010 문서닫기 : **[파일]** 탭- **[닫기]** 클릭

1.3 새 프레젠테이션 만들기

파워포인트 2010이 실행되면 새로운 프레젠테이션 파일이 아래 그림과 같이 만들어지며, 이 상태에서 작업을 시작한다.

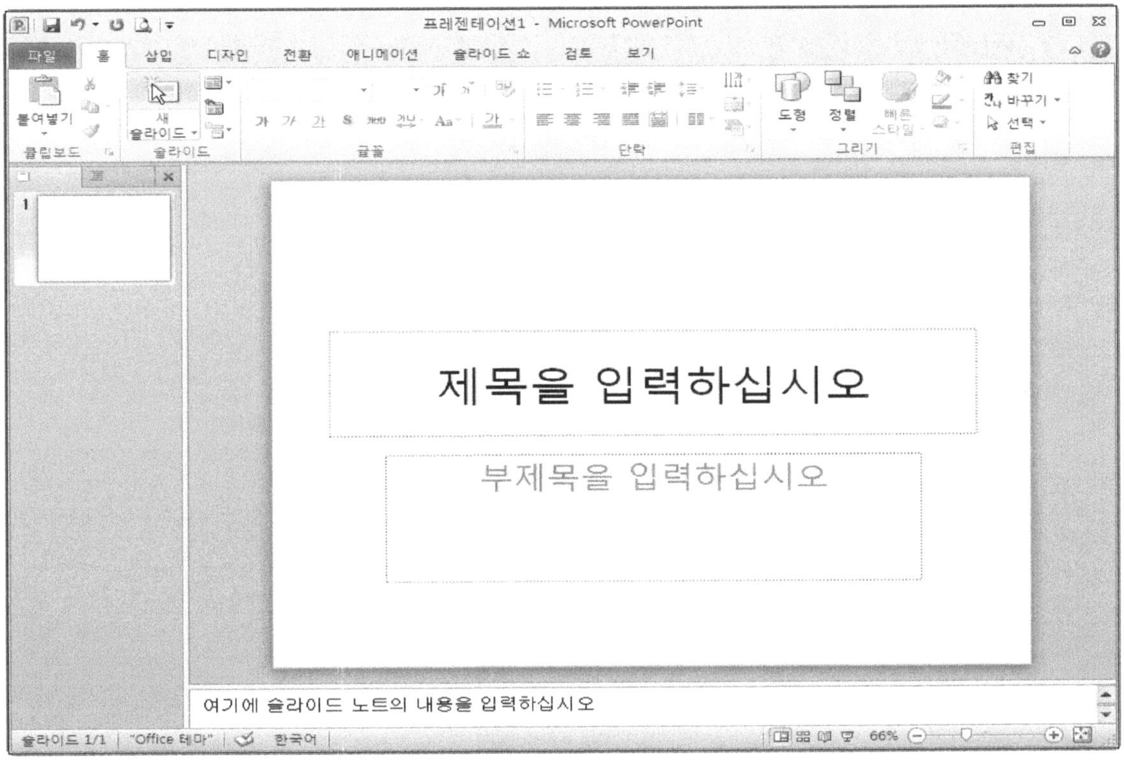

그리고 작업 중 새로운 프레젠테이션 파일을 만들려면 메뉴의 **[파일]** 탭-**[새로 만들기]**를 선택 한다. 이어서 **[새 프레젠테이션]**을 더블클릭하거나 **[만들기]**를 클릭하면 새 프레젠테이션이 만들어 진다.

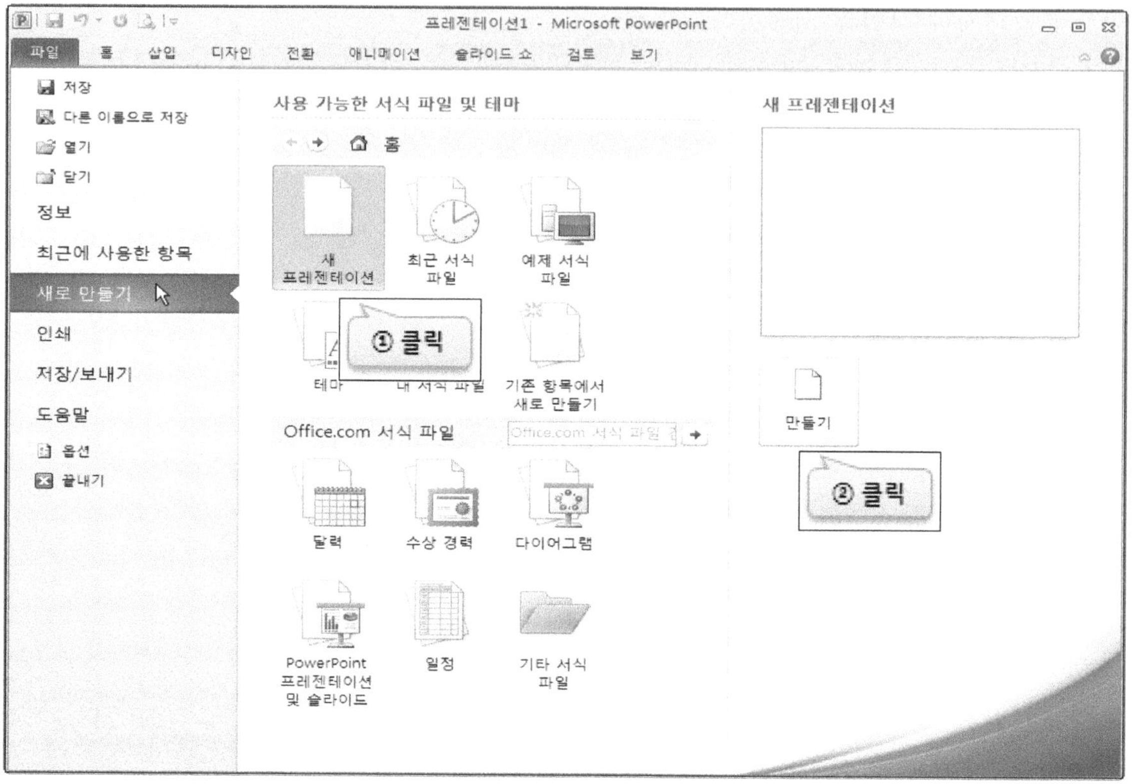

1.4 파워포인트 2010의 화면 구성

파워포인트 2010을 실행하면 다음의 화면으로 실행된다. 주요기능에 따라 슬라이드 편집 창, 개요 및 슬라이드 창과 기본메뉴, 슬라이드 노트 창 등의 영역으로 나뉜다.

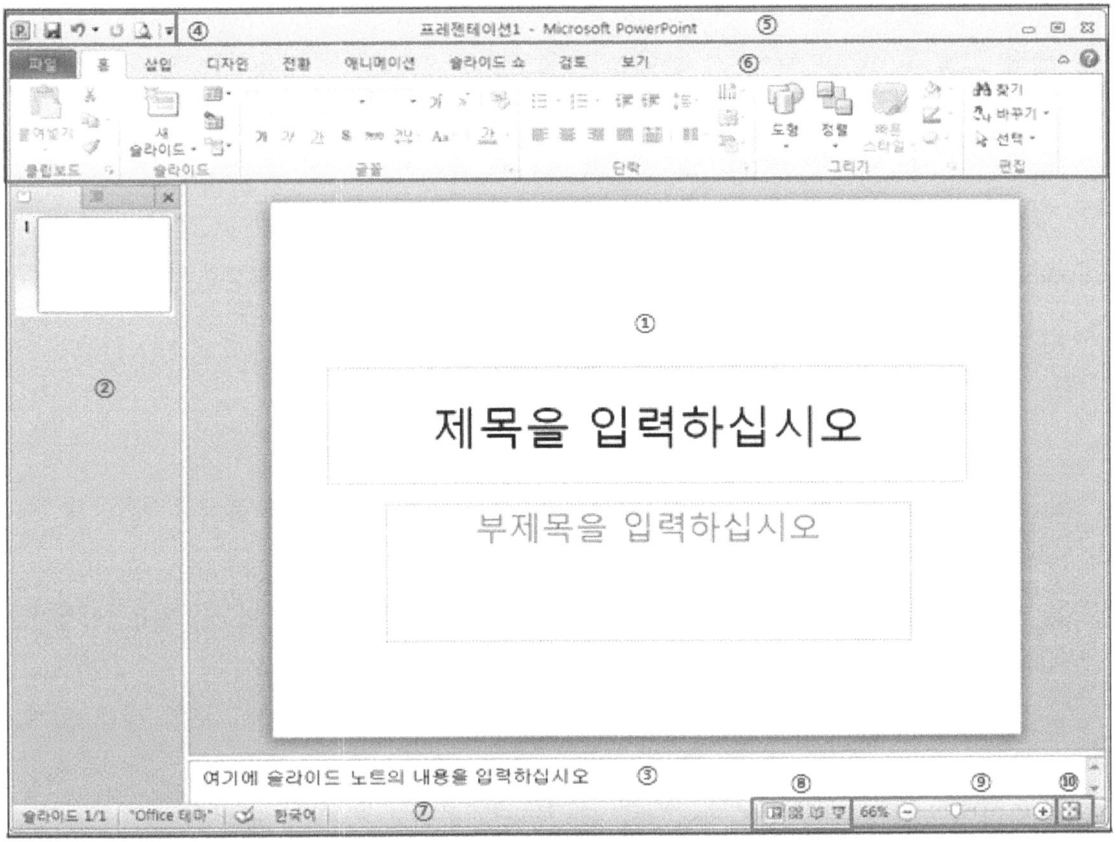

① **슬라이드 창 :** 슬라이드를 편집하는 주된 작업영역으로 개체들의 내용을 입력하고 수정하는 곳이다.

② **슬라이드 및 개요 탭 :** [슬라이드] 탭과 [개요] 탭으로 구분되어 있다.

- [슬라이드] 탭을 선택하면 각 슬라이드를 작은 그림으로 표시한다.
- [개요] 탭을 선택하면 각 슬라이드의 제목 상자와 텍스트 상자에 입력한 내용이 표시된다.

③ **슬라이드 노트 :** 슬라이드 내용에 대한 부연 설명을 입력하는 곳이다. 인쇄할 때 인쇄여부를 설정 할 수 있다.

④ **빠른 실행 도구모음 :** 자주 자용하는 기능을 빠르게 실행하도록 모아 놓은 도구 모음으로, 이를 사용하면 자주 사용하는 도구에 신속하게 액세스할 수 있다. 사용자가 빠른 실행 도구모음에 명령을 추가/제거 할 수 있다.

⑤ **제목 표시줄 :** 현재 작업 중인 문서의 이름 등이 나타난다.

⑥ **명령 그룹 :** 리본 메뉴의 각 탭에는 파워포인트 2010에서 사용하는 명령들이 있는데 기능별로 그룹을 지어 놓고 있다. 그룹에 표시되는 명령 이외에 추가 명령은 각 그룹의 추가 옵션버튼을 누르면 된다.

⑦ **상태표시줄 :** 현재 작업 중인 슬라이드 번호, 테마, 언어 등이 표시 된다.

⑧ **화면보기 :** 파워포인트 작업내용에 따라 화면보기를 간편하게 전환할 수 있다.

ⓐⓑⓒⓓ

ⓐ **기본보기** : 슬라이드에 내용을 입력하고 수정할 때 사용한다. 화면에 개요 및 슬라이드창, 슬라이드 창, 슬라이드 노트 창이 모두 표시된다.

ⓑ **여러 슬라이드 보기** : 파일안의 모든 슬라이드가 표시된다. 이동, 복사, 삭제 등을 쉽게 작업할 수 있다.

ⓒ **읽기용 보기** : 슬라이드 쇼 보기와 비슷하지만 화면 아래쪽에서 보기 형태 및 슬라이드 이동 등을 조작할 수 있다.

ⓓ **슬라이드 쇼** : 완성한 슬라이드를 꽉 찬 전체화면으로 보는 방식이다.

⑨ **슬라이드 확대/축소 도구 :** 슬라이드의 확대/축소 비율을 조절하거나, 슬라이드 막대를 움직여 슬라이드 창에 표시된 슬라이드 크기를 조절한다.

⑩ **창 크기 맞춤 도구 :** 현재 슬라이드 창에 맞게 슬라이드 크기를 자동 조절한다.

1.5 파워포인트 2010의 보기 개요

파워포인트 2010에는 기본 보기, 여러 슬라이드 보기, 슬라이드 노트 보기, 슬라이드 쇼 보기 등 네 가지 주요 보기가 있다.

이전 버전의 파워포인트에서 보기 메뉴로 알려진 항목은, 이제 파워포인트 2010에서는 보기 탭이다. 보기 탭은 리본 메뉴에 있다.

[1] 기본 보기

기본 보기는 프레젠테이션을 작성하고 디자인할 때 사용하는 주 편집 보기이다. 이 보기에는 네 가지 작업 영역이 있다. 왼쪽에는 개요 및 슬라이드 창, 가운데는 편집 창, 아래에는 슬라이드 노트 창을 표시한다. **[보기]** 탭에서 **기본( )**을 클릭하거나 화면보기 도구모음에서 **기본보기( )**를 클릭 한다.

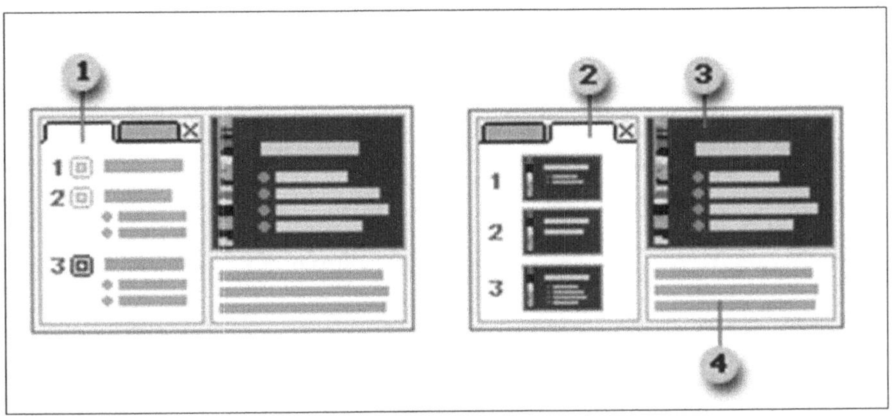

❶ **개요 탭** : 이 영역은 내용 작성을 시작하기에 적합한 곳이다. 아이디어를 구상하고 발표 방법을 계획하고 슬라이드와 텍스트를 이동할 수 있다. 개요 탭은 슬라이드 텍스트를 개요 형식으로 보여준다.

❷ **슬라이드 탭** : 이 영역은 편집하는 동안 프레젠테이션의 슬라이드를 축소판 그림으로 보기에 적합한 곳이다. 축소판 그림을 사용하면 쉽게 프레젠테이션을 탐색하고

디자인 변경 결과를 확인할 수 있다. 또한 슬라이드를 쉽게 다시 정렬하거나 추가 또는 삭제할 수 있다.

❸ **슬라이드 창** : 파워포인트창의 오른쪽 위 구역에 있는 슬라이드 창에는 현재 슬라이드가 크게 표시된다. 이 창에 현재 슬라이드가 표시되어 있는 동안 텍스트를 추가하고 그림, 표, SmartArt 그래픽, 차트, 그리기 개체, 텍스트 상자, 동영상, 소리, 하이퍼링크 및 애니메이션을 삽입할 수 있다.

❹ **슬라이드 노트 창** : 슬라이드 창 아래에 있는 슬라이드 노트 창에서는 현재 슬라이드와 관련된 노트를 입력할 수 있다. 나중에 이 노트를 인쇄하여 발표할 때 참고할 수 있다. 또한 노트를 인쇄하여 청중에게 나누어 줄 수도 있고 청중에게 보내거나 웹 페이지에 게시하는 프레젠테이션에 노트를 포함할 수도 있다.

※ 슬라이드 탭과 개요 탭 간에 전환할 수 있다.

슬라이드 탭과 개요 탭은 창이 너무 작아지면 기호로 표시된다. 개요 탭이나 슬라이드 탭의 표시를 변경하려면 개요 또는 슬라이드 탭 표시 또는 숨기기를 참고한다.

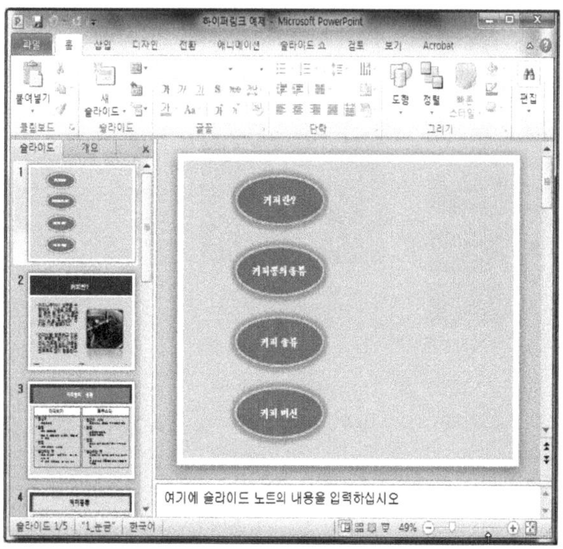

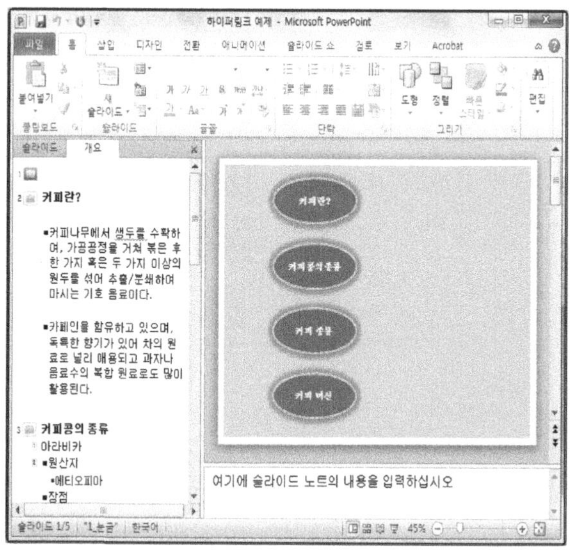

[2] 여러 슬라이드 보기

여러 슬라이드 보기는 슬라이드를 축소판 그림 형태로 표시하는 보기이다. 파일에 있는 슬라이드를 한 화면에 보여주기 때문에 전체 슬라이드를 한꺼번에 훑어보기에 적합하고, 슬라이드 위치 변경이나 삭제 등 쉽게 작업할 수 있다. **[보기]** 탭에서 **여러 슬라이드**( )를 클릭하거나 화면보기 도구모음에서 **여러 슬라이드보기**( )를 클릭 한다.

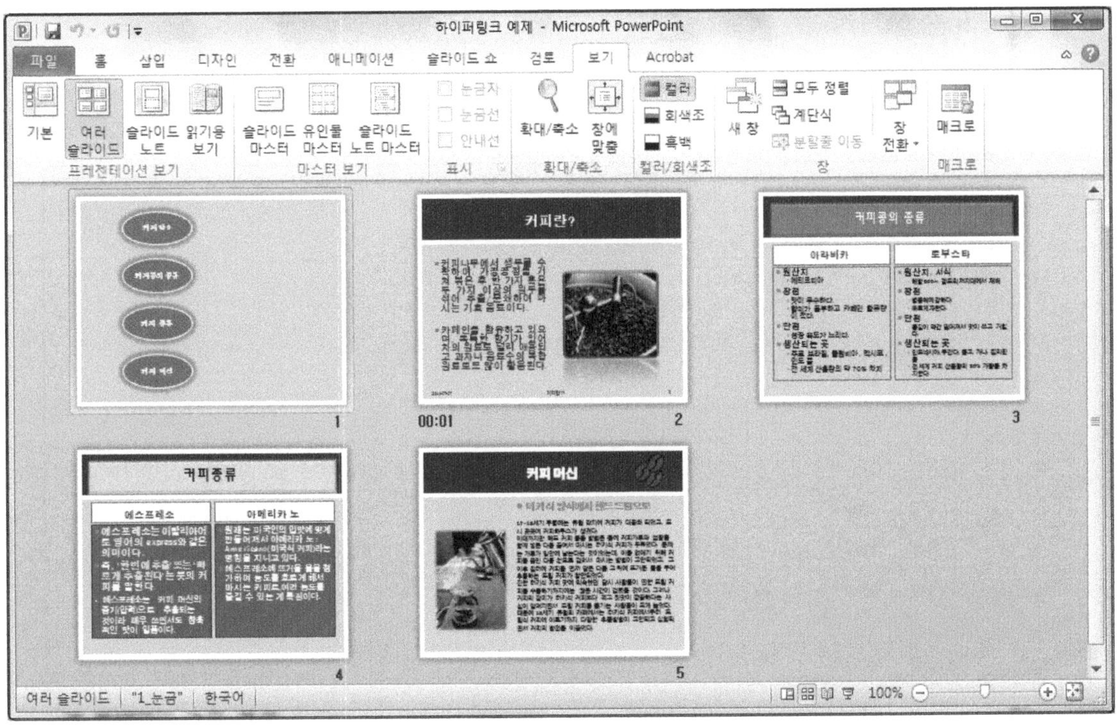

[3] 슬라이드 노트 보기

기본 보기에서 슬라이드 창 바로 아래에 있는 슬라이드 노트 창에 노트를 입력할 수 있다. 이는 파워포인트로 작성된 프레젠테이션은 청중에게 전달할 내용을 정리한 것이다. 이때 슬라이드 노트는 발표자가 발표할때에 청중들에게는 보이지 않고 발표자에게만 보이므로 이를 이용해서 발표할 내용을 정리해두면 편리하다.

청중에게는 노트를 숨긴 채로 노트를 보면서 프레젠테이션을 진행하는 방법은 발표자 도구를 사용하여 모니터 두 대로 프레젠테이션을 진행 한다.

[보기] 탭에서 **슬라이드노트( )**를 클릭 한다.

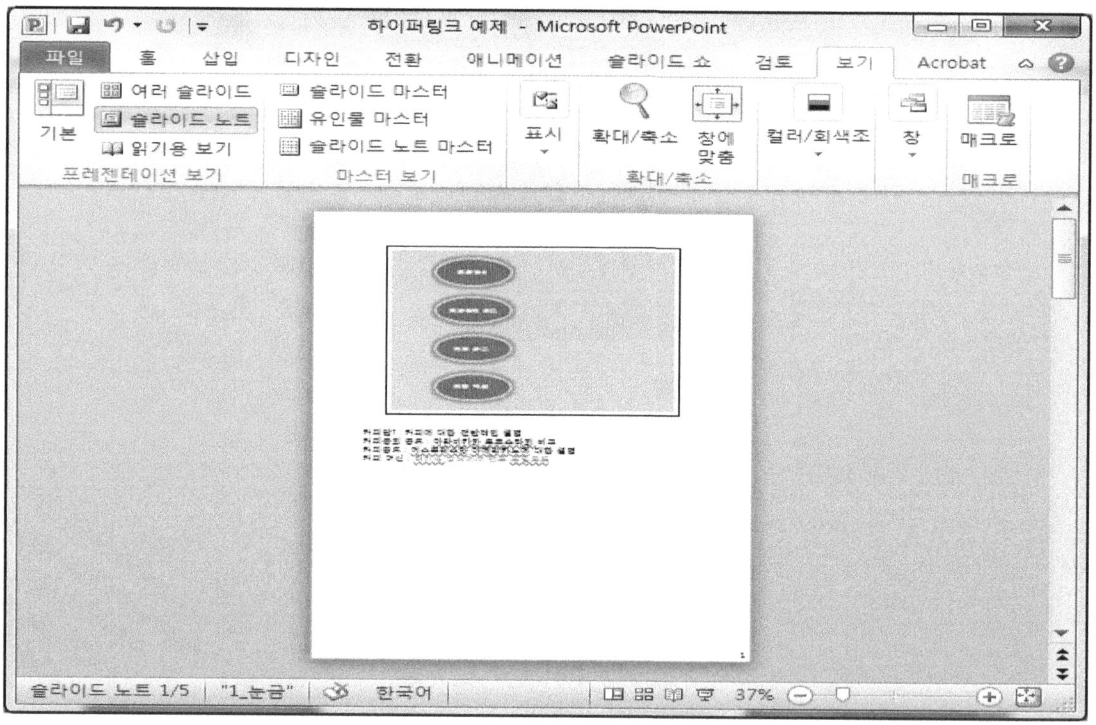

[4] 슬라이드 쇼 보기

슬라이드 쇼 보기는 실제 프레젠테이션처럼 전체 화면으로 표시된다. 이 보기에서는 청중이 보는 것과 동일한 프레젠테이션을 보게 된다. 그래픽, 타이밍, 동영상, 애니메이션 효과 및 전환 효과가 실제 프레젠테이션에서 어떻게 보이는지 확인할 수 있다.

[슬라이드 쇼]탭에서 **[처음부터( )]**를 클릭하거나, 키보드의 F5을 누르면 첫 번째 슬라이드부터 실행된다.

그러나 수십 장의 슬라이드 중에서 특정한 부분부터 시작을 원한다면 슬라이드를 선택한 후 **[슬라이드 쇼]**탭에서 **[현재슬라이드부터( )]**를 클릭하거나, 화면도구모음에서 슬라이드 쇼( )를 클릭한다.

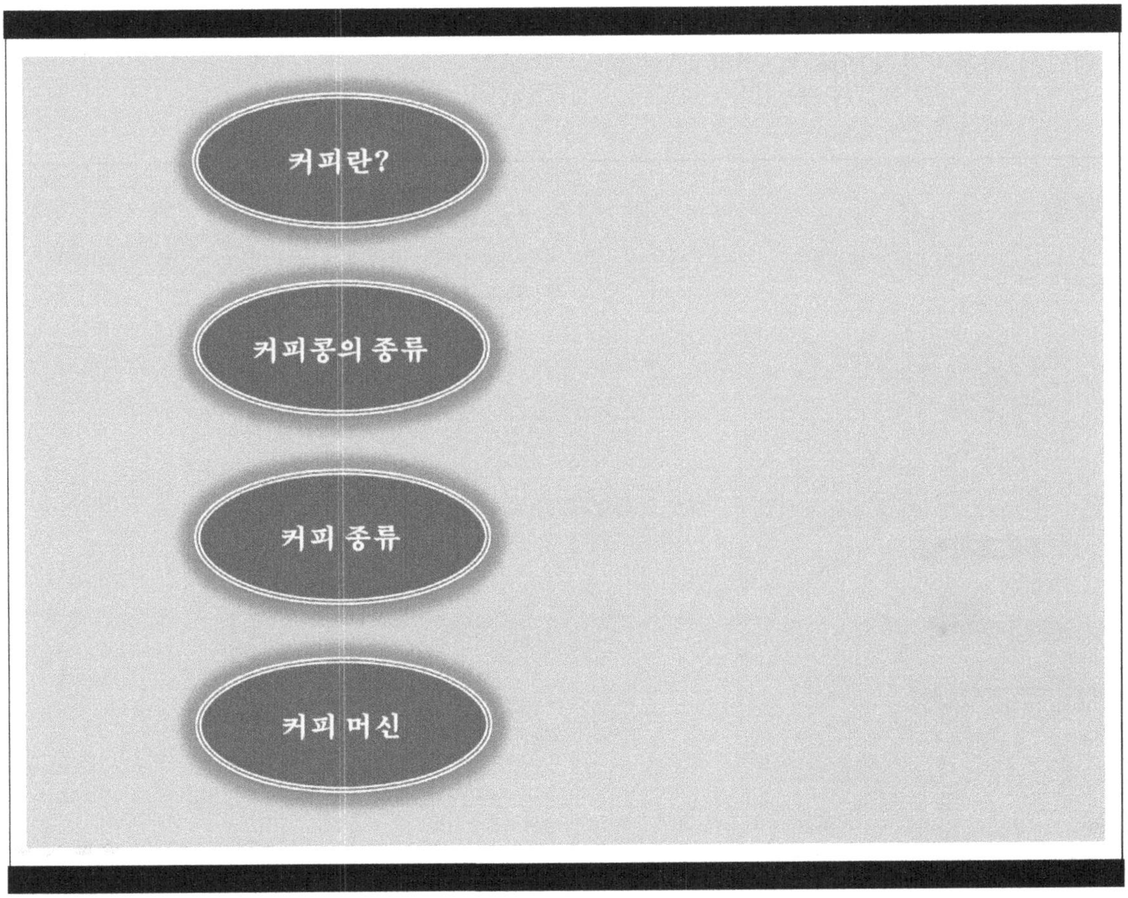

1.6 리본 메뉴 이용하기

파워포인트 2007과 마찬가지로 파워포인트 2010에서도 활용된다. 리본 메뉴는 파워포인트 이전 버전에서 메뉴와 도구모음을 통했던 작업과정을 좀 더 간단하게 축소해 놓은 것이다.

[1] 리본 메뉴

이전 버전에서 메뉴를 이용해서 텍스트 서식을 바꾸려면 메뉴에서 텍스트 관련 명령을 찾아야 하고, 그림 서식을 바꾸려면 다시 메뉴에서 그림 서식과 관련된 명령을 찾아야 한다.

그러나 리본메뉴에서는 사용자가 어떤 개체를 선택하느냐에 따라 리본 탭이 자동으로 선택되어 사용자가 작업하기 편하게 된다.

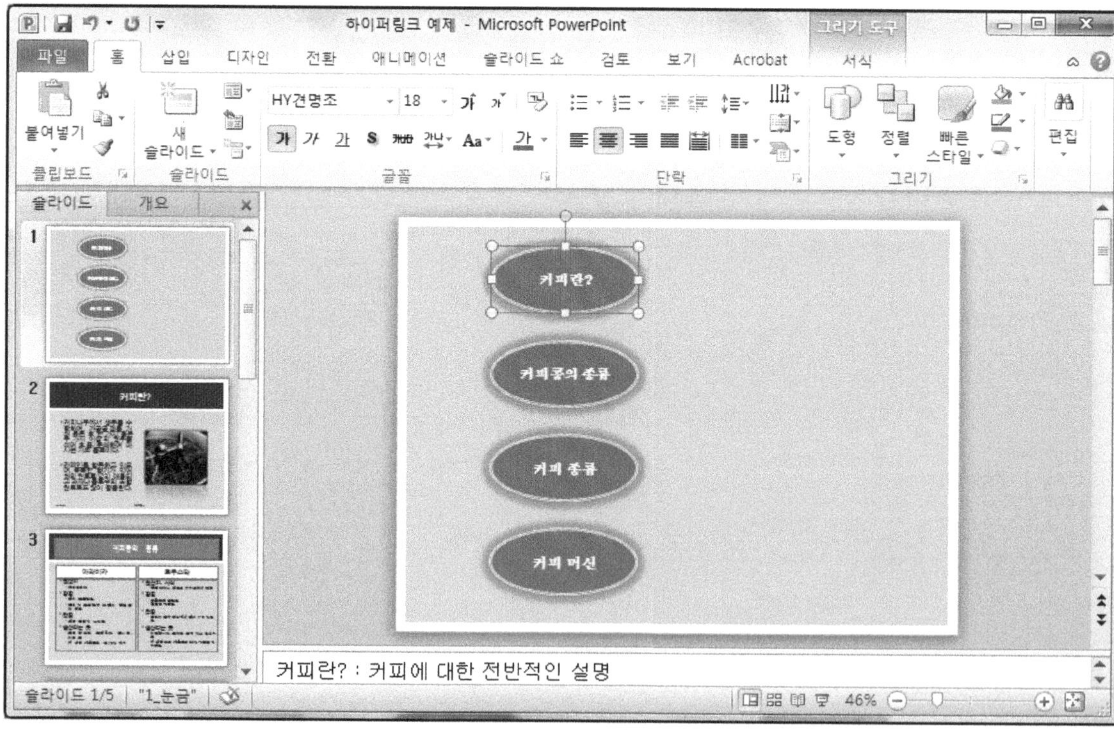

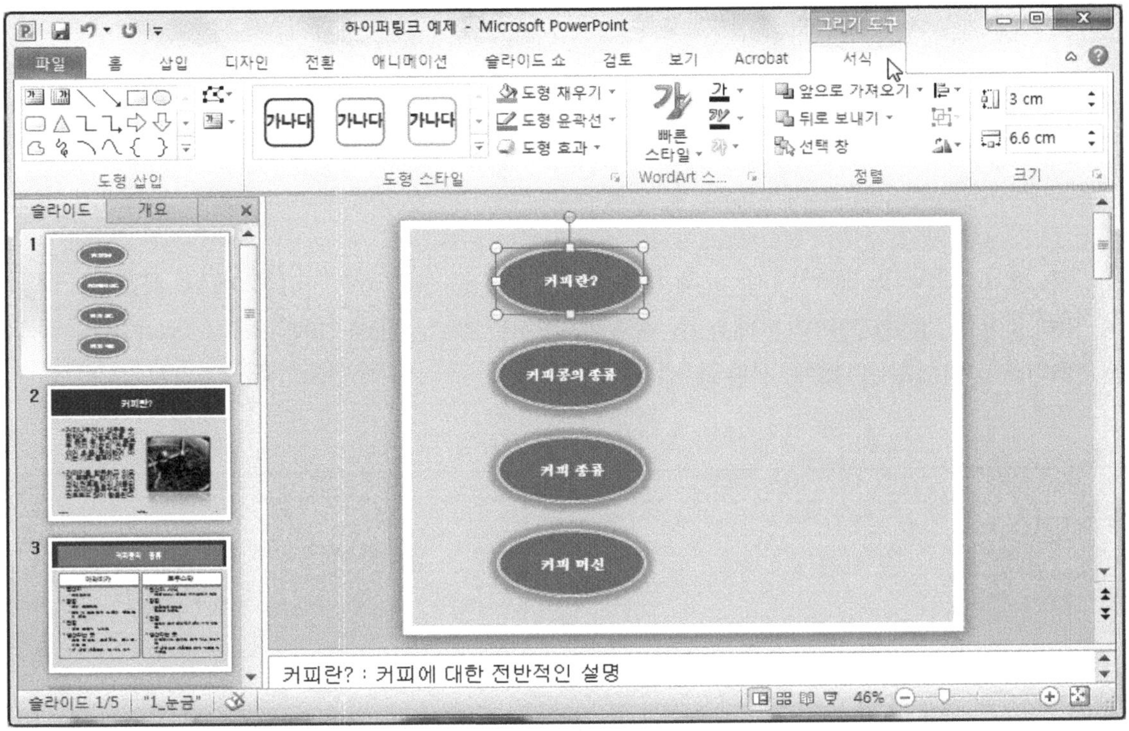

예를 들어, 텍스트 상자 안에 마우스 포인터를 갖다 놓으면 글꼴 서식을 수정할 수 있는 리본메뉴가 활성화 되고, 그림을 더블 클릭하면 그림과 관련된 서식을 수정할 수 있는 리본메뉴가 활성화 된다.

이외에도 표나 차트를 더블클릭하면 [디자인]탭이 활성화 되면서 표도구나 차트 도구가 나타나고, 도형을 더블클릭하면 도형 서식도구나 나타난다.

[2] 리본 메뉴의 구성

리본 메뉴는 여러 개의 탭으로 이루어져 있고, 각 탭은 세부 작업을 설정하는 그룹으로 구성되어 있다. 각 그룹은 해당 작업을 위한 단추와 옵션으로 이루어져 있다.

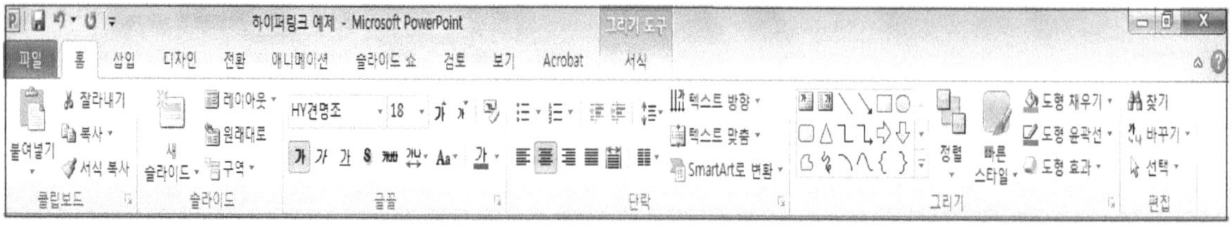

리본 메뉴 탭의 빈 공간에서 마우스 오른쪽 버튼을 클릭하면 **[리본 메뉴 최소화]** 버튼이 있다. 이를 클릭하면 리본메뉴가 최소화되면서 화면상에서 리본 탭이 사라지기 때문에 슬라이드 작업창을 넓게 사용할 수 있다.

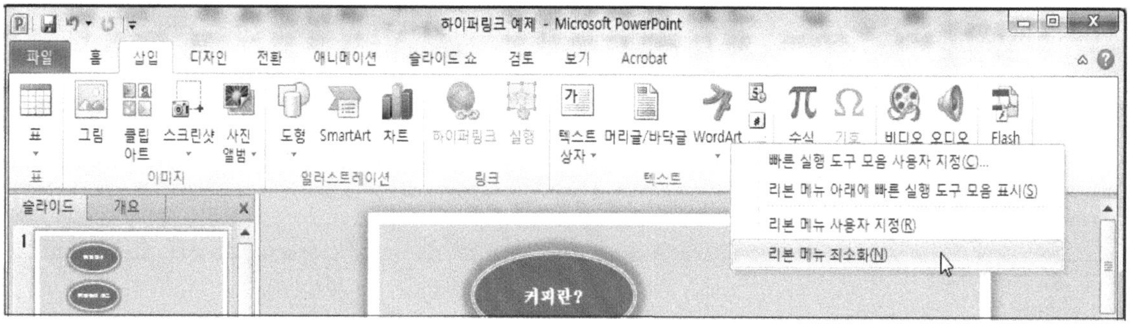

필요한 경우 리본메뉴 탭을 클릭하면 슬라이드 편집 창을 가리면서 메뉴가 표시되고, 사용하지 않은 경우엔 화면에서 리본메뉴가 사라진다. 이는 작업표시줄에서 자동 숨김과 같은 효과를 보여준다. 리본메뉴 탭을 화면에 표시하려면 생성된 리본 메뉴 탭에서 **[마우스 오른쪽 버튼]**-**[리본 메뉴 최소화]** 버튼을 다시 클릭하면 된다.

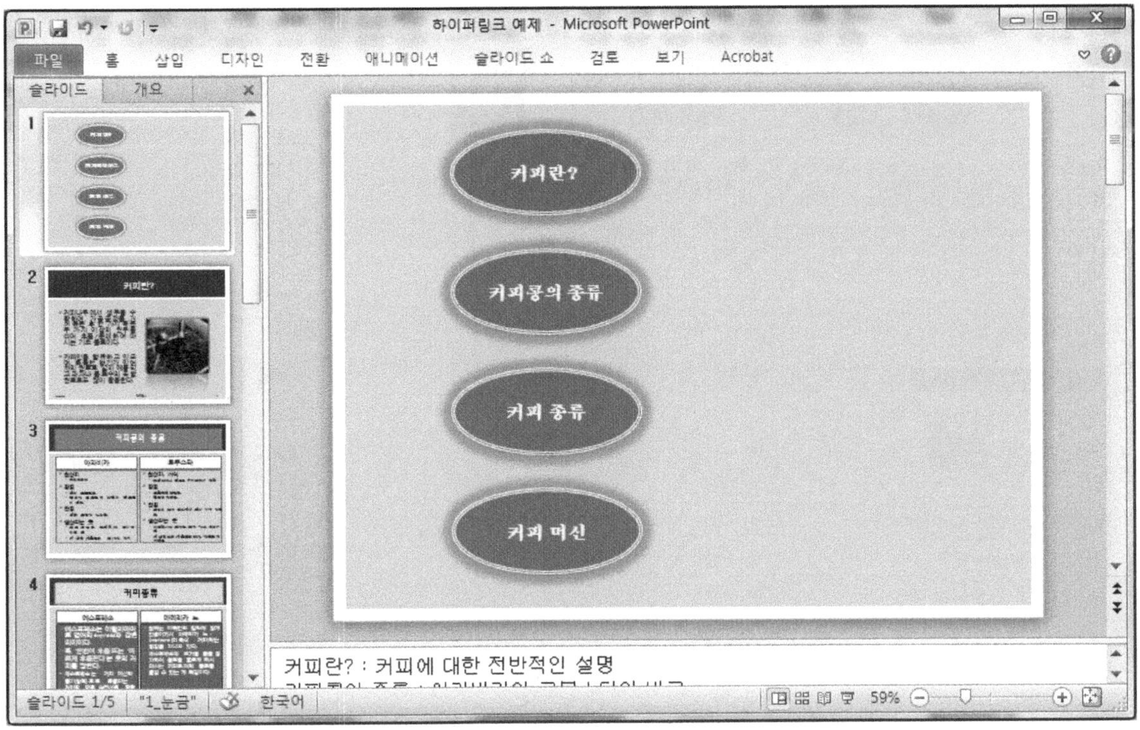

리본 메뉴에 있는 단추들은 단추라기보다는 갤러리처럼 되어있다.

단추를 클릭해서 옵션을 선택하는 것이 아니라, 한눈에 옵션들을 펼쳐놓고 원하는 것을 고르는 형태이기 때문이다.

예를 들어 슬라이드의 배경 효과를 바꾸기 위해 단추를 클릭해서 각각 적용하는 것이 아니라 효과의 기본제공 갤러리에서 마음에 드는 스타일만 선택하면 된다.

이때 스타일 위로 마우스 포인터를 가져가면 그 스타일이 적용되었을 때의 모습이 슬라이드 창에 나타나므로, 선택했다가 어울리지 않아 취소하고 다른 스타일을 선택하는 등의 과정을 생략하게 된다.

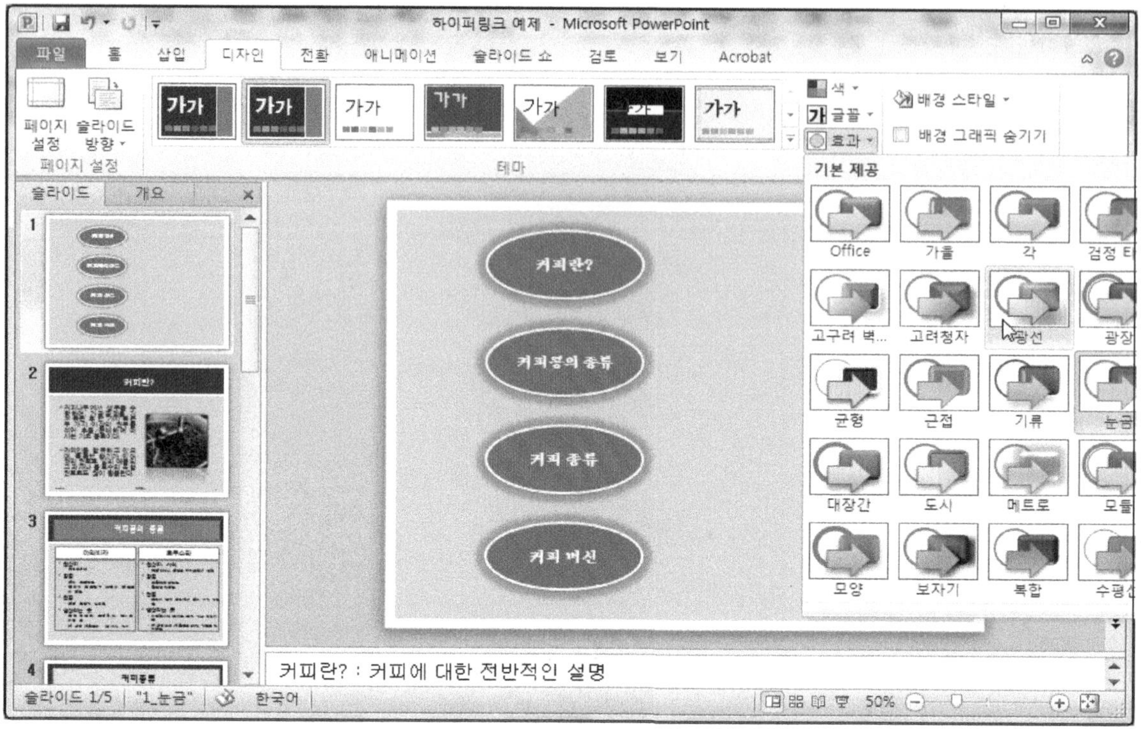

갤러리들은 리본메뉴 안에서 한 줄씩 넘겨가면서 볼 수도 있지만 확장해서 볼 수 있다.

갤러리 오른쪽에 있는 세 개의 화살표 중에서 가장 아래의 자세히( )를 클릭하면 갤러리 축소 모음을 한눈에 볼 수 있다.

하이퍼링크 예제 - Microsoft PowerPoint
파일
홈
삽입
디자인
전환
애니메이션
슬라이드 쇼
검토
보기
Acrobat
페이지 설정
슬라이드 방향
페이지 설정
테마
색
글꼴
효과
배경 스타일
배경 그래픽 숨기기
배경
슬라이드
개요
커피란?
커피콩의 종류
커피 종류
커피 머신
커피란? : 커피에 대한 전반적인 설명
슬라이드 1/5
"1_눈금"
한국어
50%

하이퍼링크 예제 - Microsoft PowerPoint
파일
홈
삽입
디자인
전환
애니메이션
슬라이드 쇼
검토
보기
Acrobat
모든 테마
현재 프레젠테이션
기본 제공
Office.com에서 콘텐츠 업데이트 사용(O)...
테마 찾아보기(M)...
현재 테마 저장(S)...
색
글꼴
효과
배경 스타일
배경 그래픽 숨기기
배경
커피 머신
커피란? : 커피에 대한 전반적인 설명
슬라이드 1/5
"1_눈금"
한국어
56%

리본 메뉴의 도구 외에 좀 더 자세히 옵션을 선택하고 싶다면, 리본메뉴에서 각 세부 작업을 그룹별로 나누어 관리하고 있는 그룹 이름 옆에 있는 대화상자 열기( )를 클릭하면 대화상자 열린다. 이때 원하는 옵션을 선택해서 작업하면 된다.

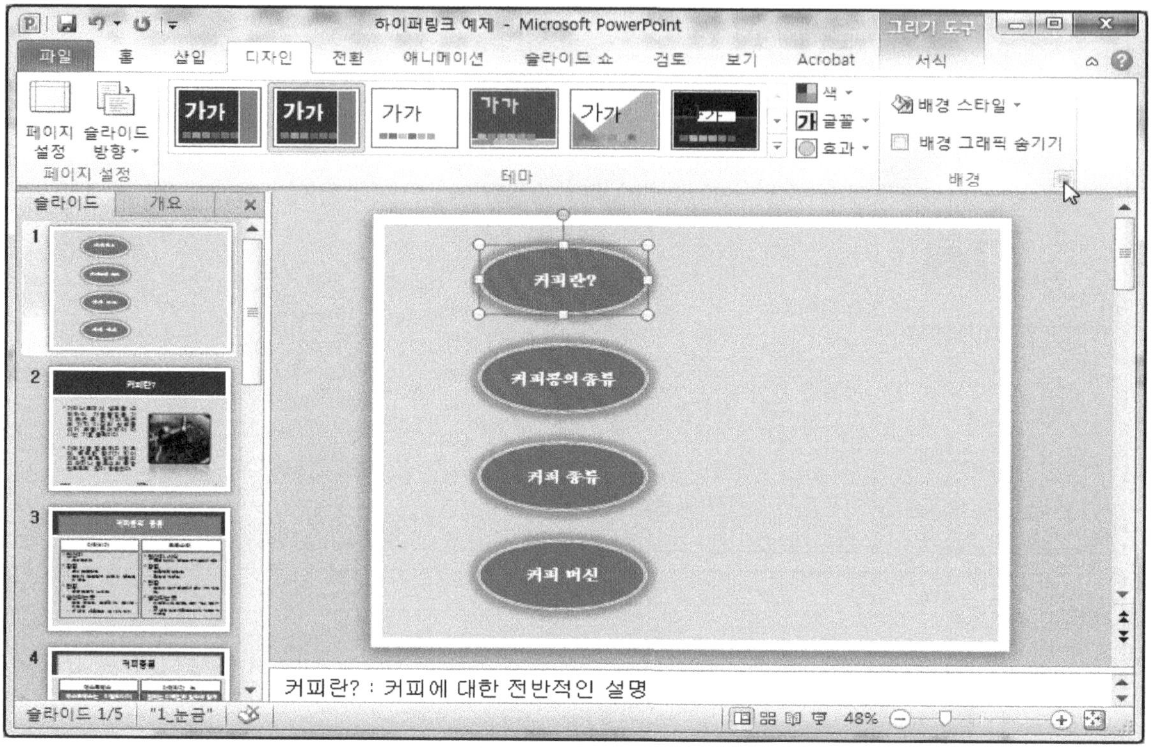

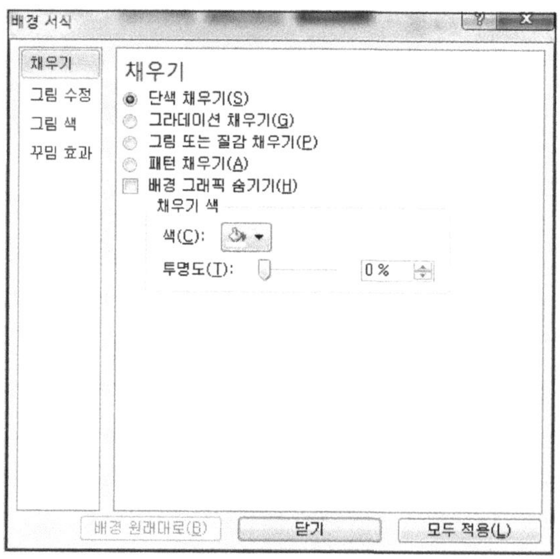

[3] 리본 메뉴와 단축키

컴퓨터로 작업을 할 때 마우스와 키보드를 번갈아 사용하게 되는데, 보통은 키보드로 작업진행 중엔 계속해서 키로 작업하는 것이 편리하고 빠른 방법임을 알게 된다. 일반적으로 단축키를 이용하게 되면 키보드와 마우스를 번갈아 사용하지 않고 키보드로 작업할 수 있다.

리본 메뉴에서 단축키를 이용할 수 있는데, 모두 기억하기 힘들다면 키보드의 Alt키를 눌러본다. 리본위에 단축키들이 표시 된다.

원하는 탭을 선택한 후에 Alt키를 누르면 각 그룹에 해당하는 단축키가 표시된다. 또한 그룹을 열면 각 단추에 대한 단축키도 표시된다. 즉, 가장 상위 단계에서 하위 단계로 내려갈 때마다 계속 해당되는 단축키들이 표시된다.

다음에서 보여 지는 것처럼 [홈]타입 아래에 있는 H키를 넣으면 [홈]탭이 열리고, [홈]탭에 있는 단추나 옵션의 단축키가 표시된다. 여기에서 [새 슬라이드]인 I키를 누르면, 다시 그 안에서 사용할 수 있는 단축키들이 표시된다.

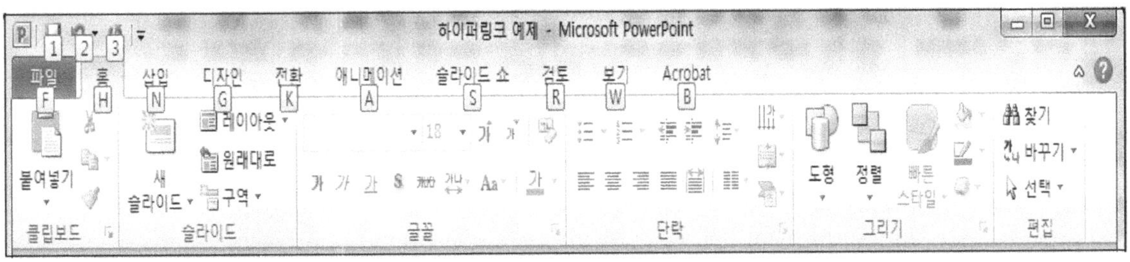

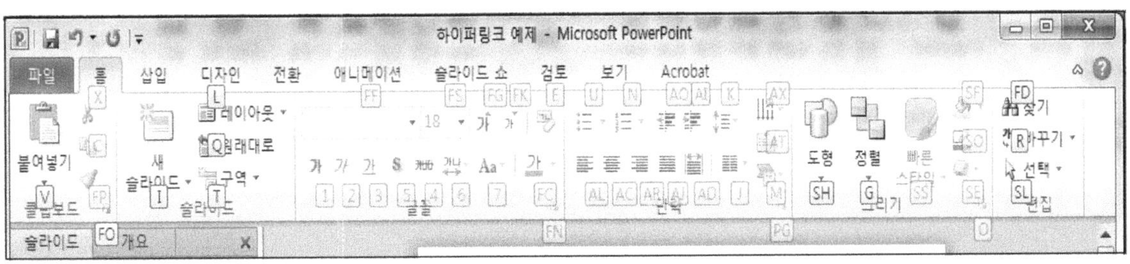

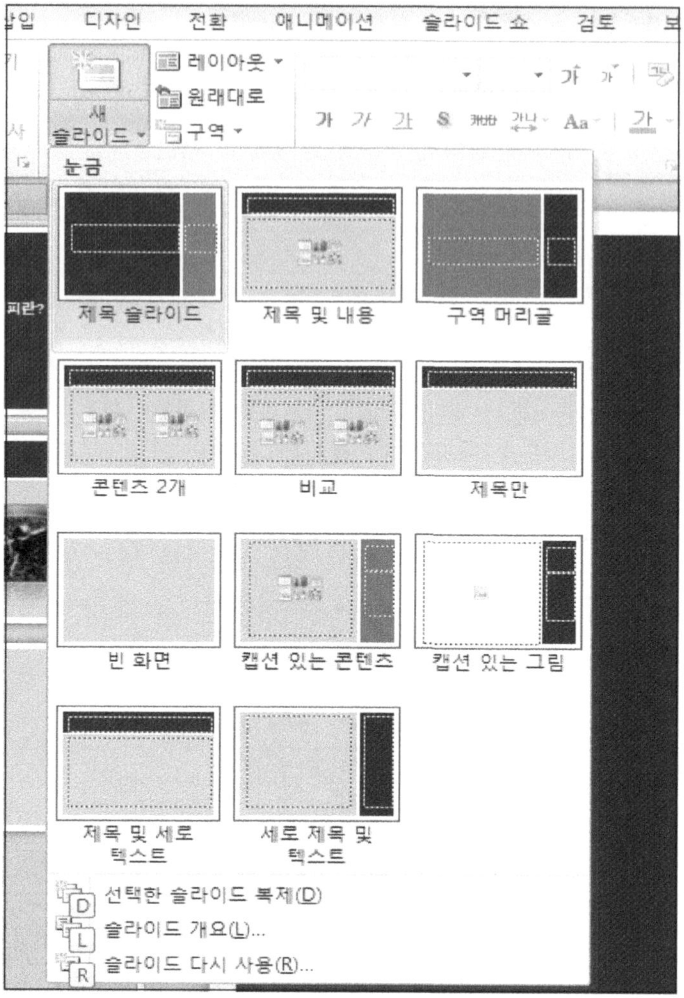
삽입
디자인
전환
애니메이션
슬라이드 쇼
검토
새 슬라이드
레이아웃
원래대로
구역
눈금
제목 슬라이드
제목 및 내용
구역 머리글
콘텐츠 2개
비교
제목만
빈 화면
캡션 있는 콘텐츠
캡션 있는 그림
제목 및 세로 텍스트
세로 제목 및 텍스트
선택한 슬라이드 복제(D)
슬라이드 개요(L)...
슬라이드 다시 사용(R)...

⌘ 연습문제 1

다음의 슬라이드를 완성한다.

편의점이란 무엇인가?

- 편의점은 주로 역 주변/도로변 등 이용하기 편리한 곳에 입지하여 장시간 영업을 하며, 점포에 따라서는 연중무휴 24시간 영업체제로 생필품을 판매하는 점포도 있다.
- 맞벌이부부·독신자 등 비교적 목적구매 성향이 두드러진 고객을 겨냥하여 미국에서 시작되었다.
- 고객은 시간과 편의성에 대한 대한 기회보상으로 30%의 프리미엄가격을 수용한다.

➽ 처리조건

① 슬라이드 레이아웃 : 제목 및 내용

② 제목 : 맑은 고딕(제목), 44pt

③ 본문 : 굴림, 30pt

⌘ 연습문제 2

[연습문제 1]의 슬라이드를 이용하여 다음을 완성한다.

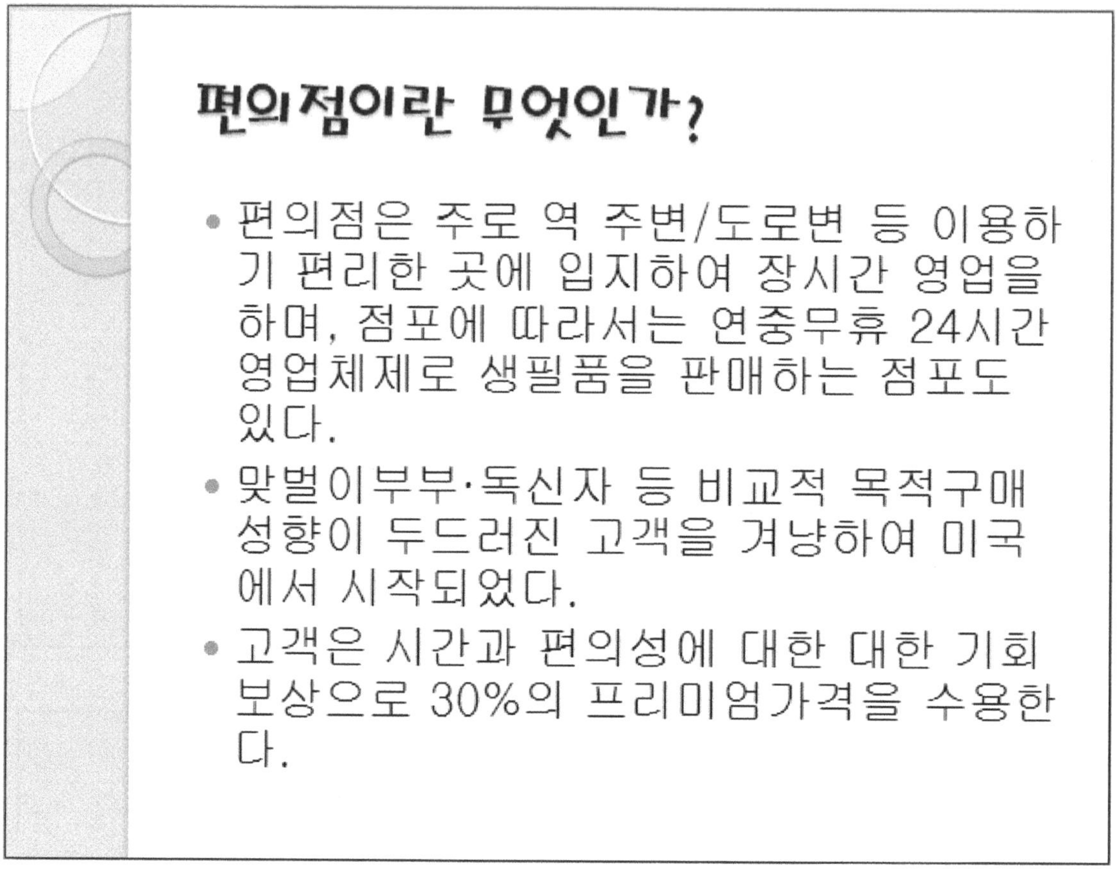

▶▶ 처리조건

① 디자인 테마 : 태양 이용

2

서식 및 기본 활용하기

2.1 슬라이드 다루기
2.2 프레젠테이션 저장하기
2.3 레이아웃 이용과 텍스트 상자
2.4 글꼴 변화
2.5 문단 서식 설정
2.6 글머리 기호 항목 체계 구성
2.7 슬라이드 배경 서식
⌘ 연습문제

다음의 실습을 통해 서식의 입력과 글머리 및 슬라이드 레이아웃의 변경 등에 대해 실습하고자 한다.

2.1 슬라이드 다루기

[1] 새 슬라이드 삽입하기

먼저 파워포인트를 실행한다.

1 기본적으로 제목을 입력하는 슬라이드가 나오게 된다. 이때 다음과 같이 입력한다.

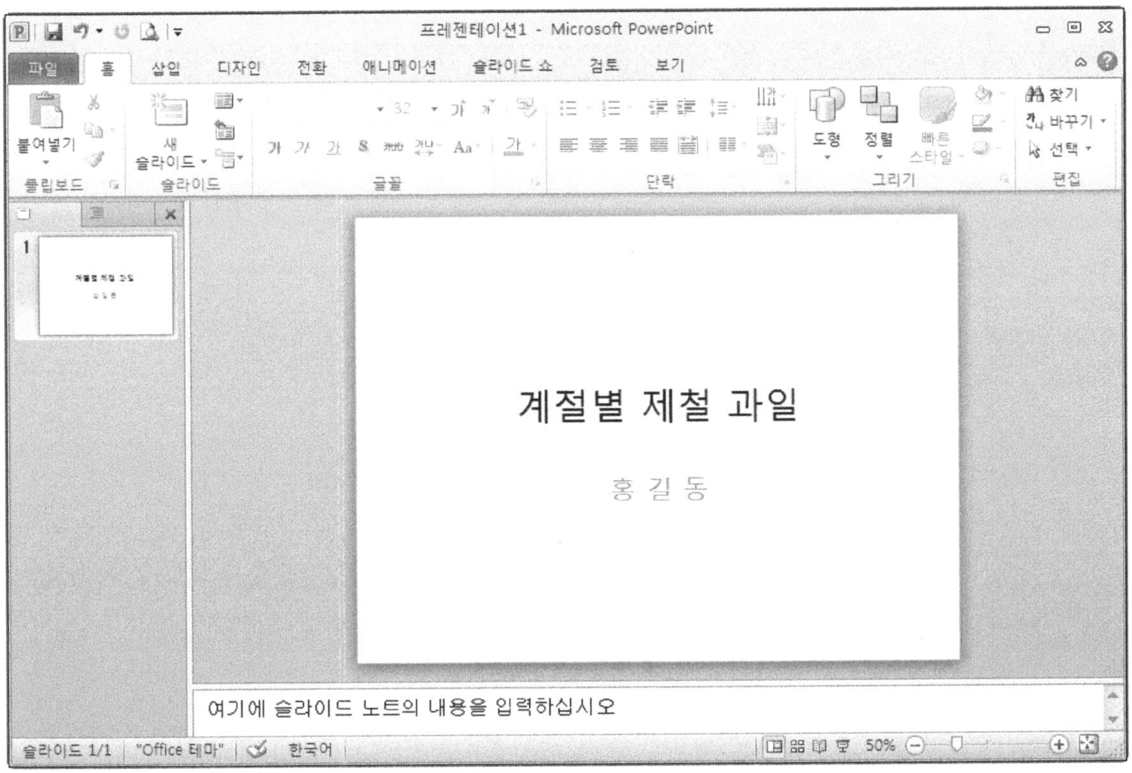

2 **[홈] 탭-[슬라이드]-[새 슬라이드]**를 클릭한다. 이때 새 슬라이드를 삽입하고자 하는 곳을 미리 선택한 후 슬라이드를 만들어야 한다. 기본적으로는 맨 마지막에 추가되도록 되어있다.

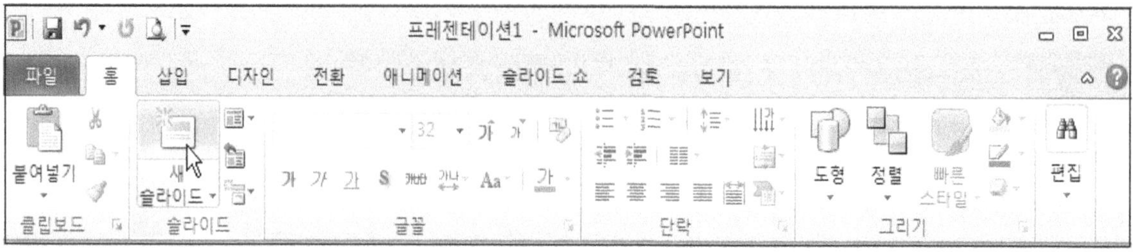

3 새 슬라이드 버튼을 클릭하면 아래와 같은 선택 창이 나온다. 이때 작성하고자 하는 형식의 슬라이드를 선택해서 클릭한다.

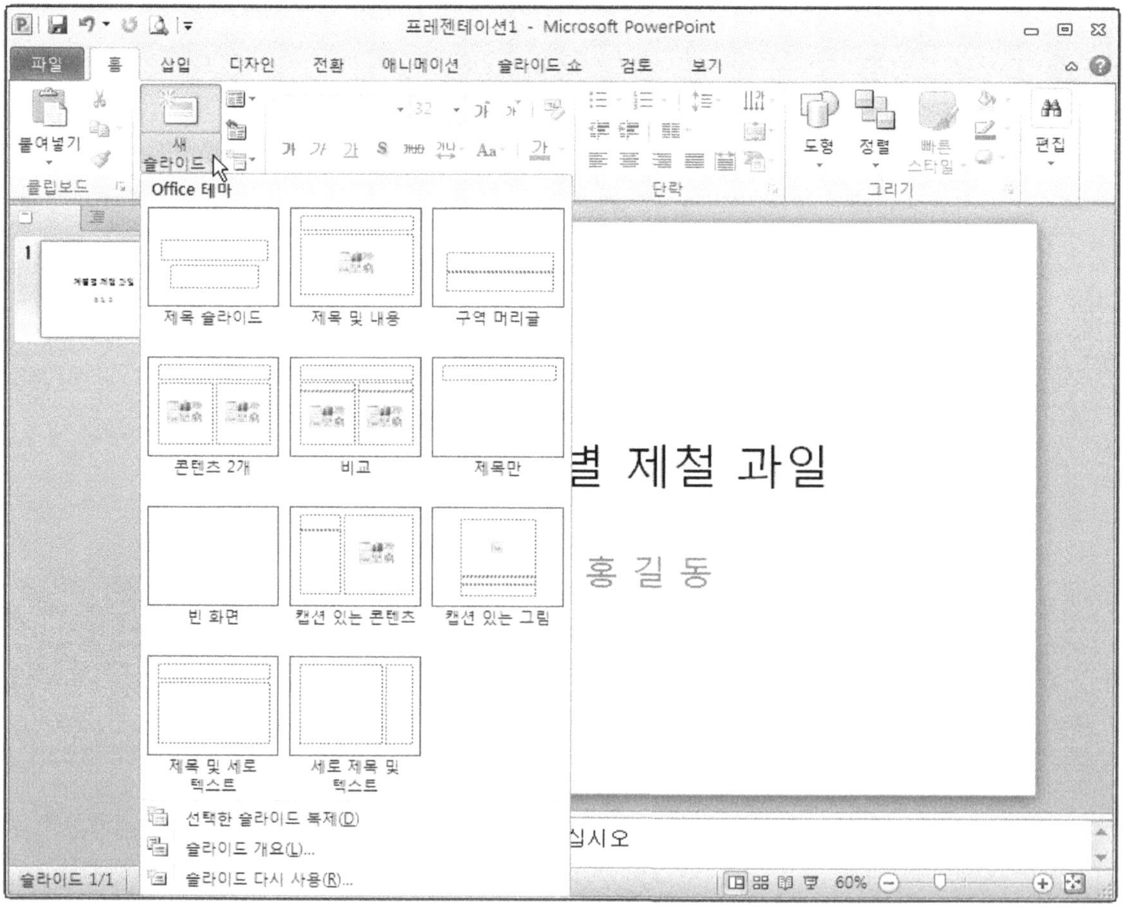

◈ 간단한 다른 방법도 있다. 화면 왼쪽의 슬라이드 창 공간에서 마우스 오른쪽 버튼을 누르면 단축메뉴가 나타난다. 이 메뉴들 중 새 슬라이드를 클릭하는 방법이다.

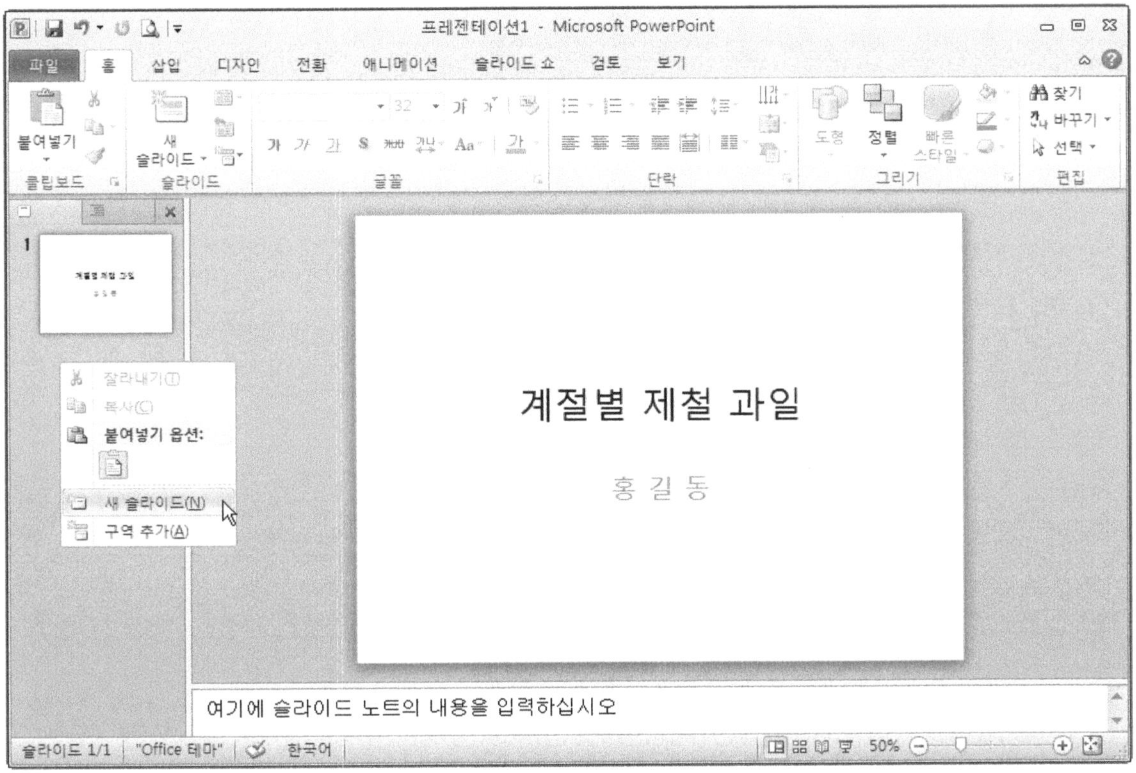

[2] 슬라이드 삭제하기

먼저, 기본보기 상태 또는 여러 슬라이드보기 상태일 때 삭제하고자 하는 슬라이드를 선택한다.

1. **[슬라이드]** 탭에서 원하는 슬라이드를 선택한 후 키보드의 Delete 키를 누른다.
2. **[슬라이드]** 탭에서 원하는 슬라이드를 선택한 후 오른쪽 버튼을 누른 후 슬라이드 삭제 클릭한다.

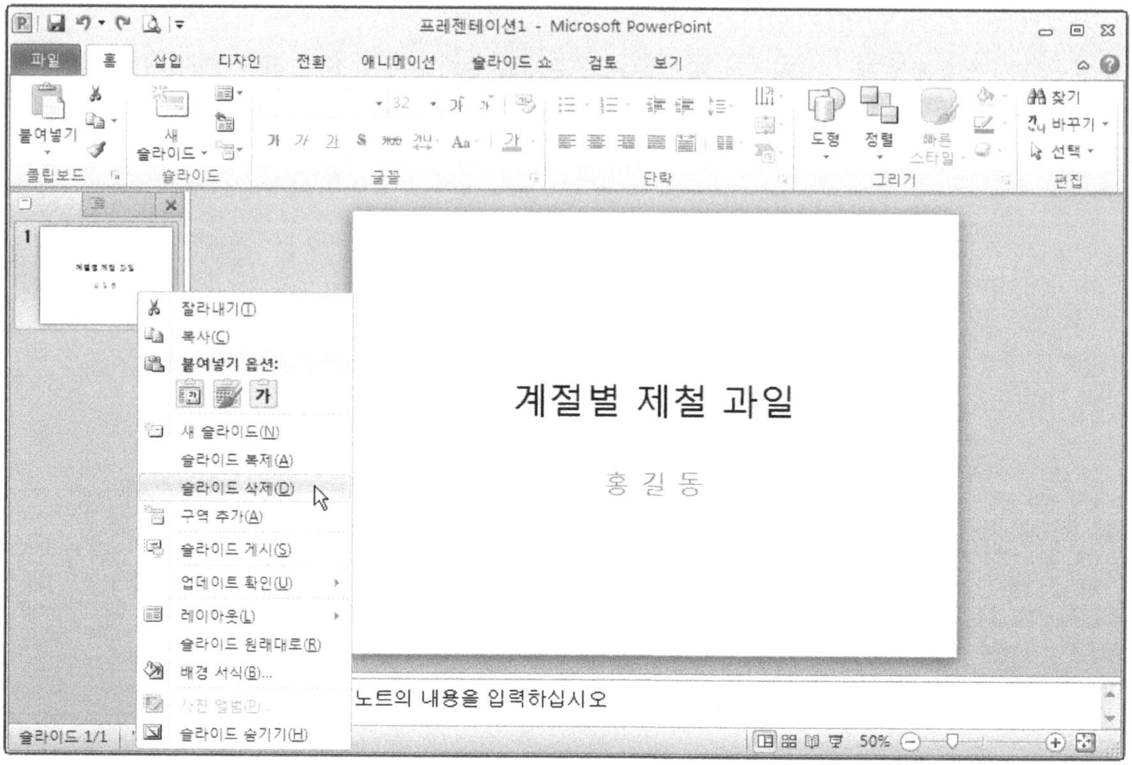

[3] 슬라이드 복사하기(복제하기) 및 붙여하기

이전 버전과 달리 2010에는 슬라이드 복제 기능과, 붙여넣기 옵션이 있어 사용자가 상황에 맞게 원하는 것을 선택한다.

1. **[슬라이드]** 탭에서 복사할 슬라이드를 선택하고 마우스의 오른쪽 버튼을 클릭한다. 단축메뉴에서 **[슬라이드 복제]**를 선택한다.

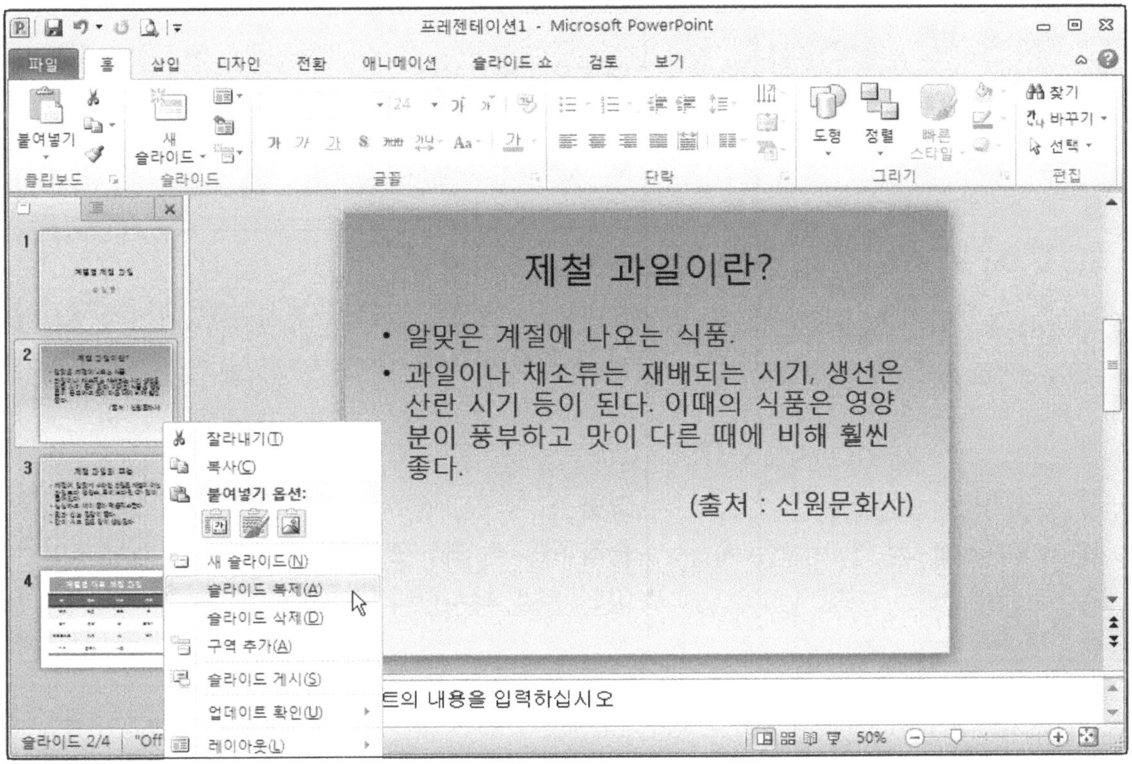

이렇게 선택하면 바로 아래에 원하는 슬라이드가 복제된다.

2. **[슬라이드]** 탭에서 복사할 슬라이드를 선택하고 마우스의 오른쪽 버튼을 클릭한다. 단축메뉴에서 **[복사]**를 선택한다.

3. **[슬라이드]** 탭에서 붙여놓고 싶은 위치에 마우스 포인트를 위치하고 마우스의 오른쪽 버튼을 클릭한 후, 단축메뉴에서 **[붙여넣기 옵션]**을 선택한다.

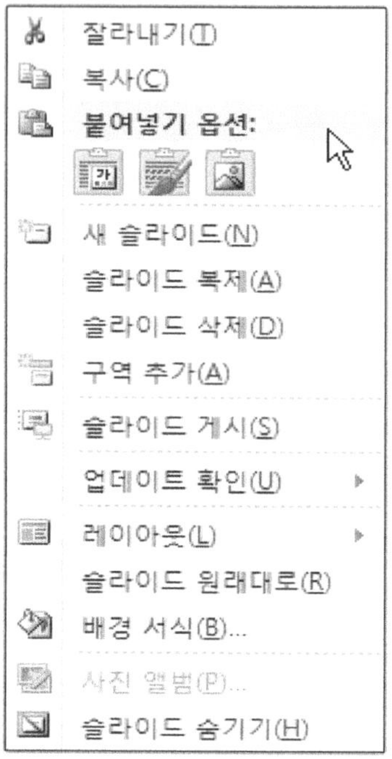

	대상 테마 사용 : 기본적으로 사용하던 테마가 있다면 기본 테마로 내용을 복사한다.
	원본 서식 유지 : 슬라이드 원본을 그대로 복사한다.(예전의 붙여넣기 명령어와 같다)
	그림 : 슬라이드 전체를 그림의 개체로 인식해서 슬라이드 위에 복사한다.

단축키 이용방법

이동하고자 하는 슬라이드를 복사한 후(Ctrl+C) 원하는 위치에 마우스 포인터를 클릭하고 붙여넣기(Ctrl+V)를 해도 된다.

[4] 슬라이드 위치 이동

내용 전개에 따라 슬라이드의 위치를 옮길 수 있다. 슬라이드를 이동할 때에는 「기본보기」 상태에서도 가능하지만 한 번에 볼 수 있는 슬라이드 개수가 적기 때문에 여러 슬라이드를 한 눈에 볼 수 있는 「여러 슬라이드 보기」로 바꾸어 작업하면 쉬워진다.

이동하고 싶은 슬라이드를 클릭한 후 원하는 위치까지 끌어 옮기는데 슬라이드와 슬라이드 사이의 원하는 위치에 세로선이 나타나는 순간 마우스 버튼에서 손을 떼면 된다.

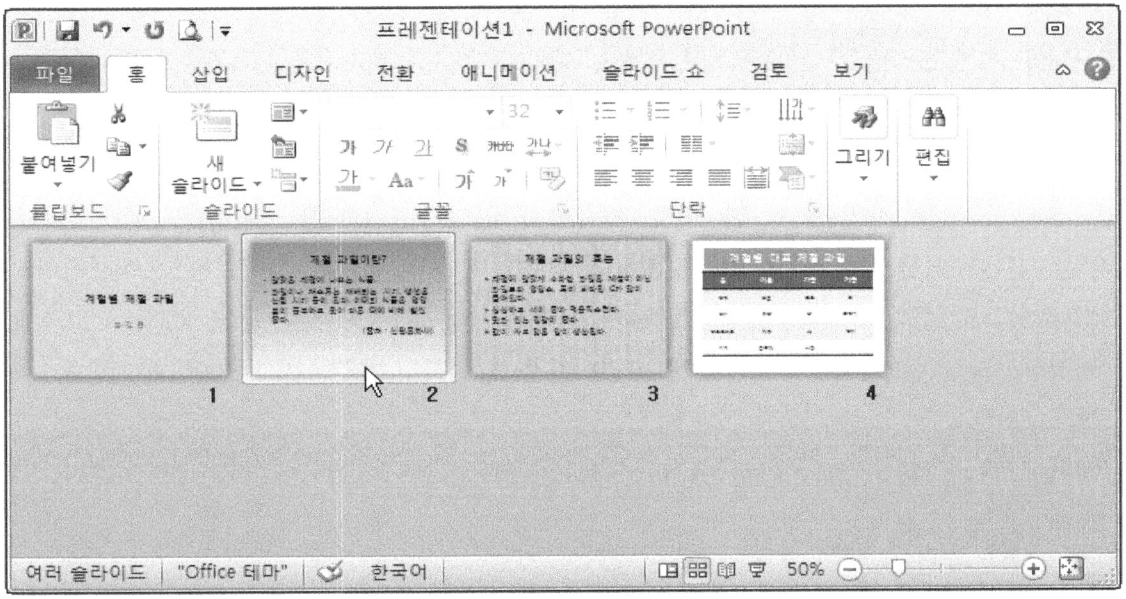
프레젠테이션1 - Microsoft PowerPoint
파일
홈
삽입
디자인
전환
애니메이션
슬라이드 쇼
검토
보기
붙여넣기
클립보드
새 슬라이드
슬라이드
글꼴
단락
그리기
편집
1
2
3
4
여러 슬라이드
"Office 테마"
한국어
50%

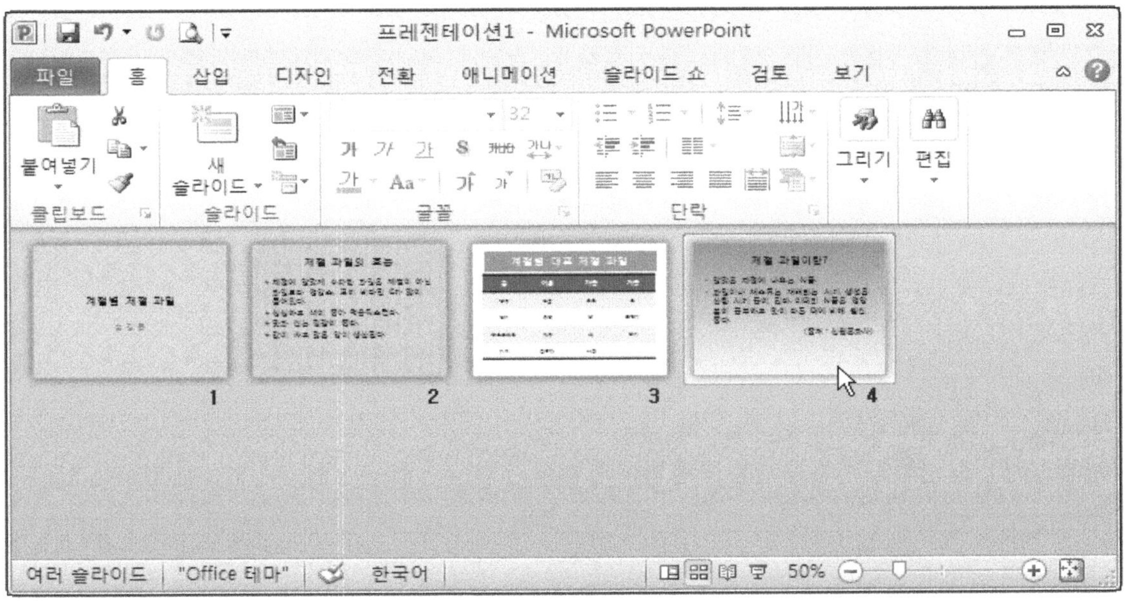
프레젠테이션1 - Microsoft PowerPoint
파일
홈
삽입
디자인
전환
애니메이션
슬라이드 쇼
검토
보기
붙여넣기
클립보드
새 슬라이드
슬라이드
글꼴
단락
그리기
편집
1
2
3
4
여러 슬라이드
"Office 테마"
한국어
50%

2.2 프레젠테이션 저장하기

새 프레젠테이션을 만들었다면 필요한 내용을 작성한 후 파일로 저장 할 수 있다

프레젠테이션을 작업한 후 한 번도 저장하지 않았다면 **[파일]**- **[저장]**을 선택하거나, **[파일]**- **[다른 이름으로 저장]** 또는 **Ctrl+S** 키를 누르면 현재 열려있는 프레젠테이션을 저장할 수 있다. 이때 저장되는 파일은 파워포인트 2010에서만 열 수 있다.

저장하고자 하는 폴더를 확인 후에 파일이름을 입력하고 **[저장]**을 누르면 저장된다.

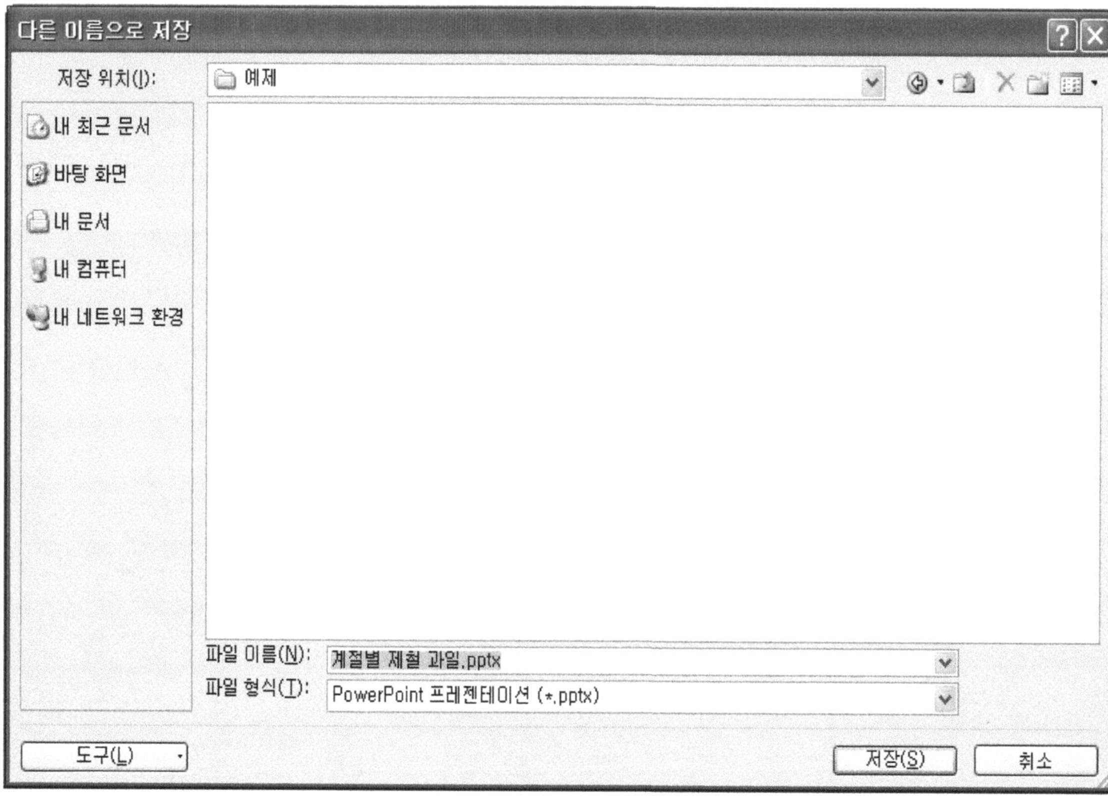

저장된 파일이름은 파워포인트 화면의 제목표시줄에 표시된다.

2.3 레이아웃 이용과 텍스트 상자

레이아웃은 파워포인트를 시작했을 때 보여 지는 기본 레이아웃으로 시작된다. 기본 레이아웃은 상단의 박스에 제목을, 하단의 박스에 부제목을 입력하는 것으로 시작된다.

이후에 새 슬라이드를 삽입하거나 다른 모양의 틀을 사용하고자 한다면 **[홈]-[슬라이드]-[레이아웃]**을 선택하면 바꿀 수 있는 형태의 레이아웃들이 나타난다. 이중 작성하고자 하는 형태의 레이아웃을 선택하여 작성한다.

[1] 레이아웃을 이용하여 입력하기

[홈]-[슬라이드]-[새 슬라이드]-[제목 및 내용]을 선택하여 다음의 내용을 입력한다. 이처럼 레이아웃을 이용하여 슬라이드를 작성하는 것이 편하게 작업하는 방법 중의 하나이다.

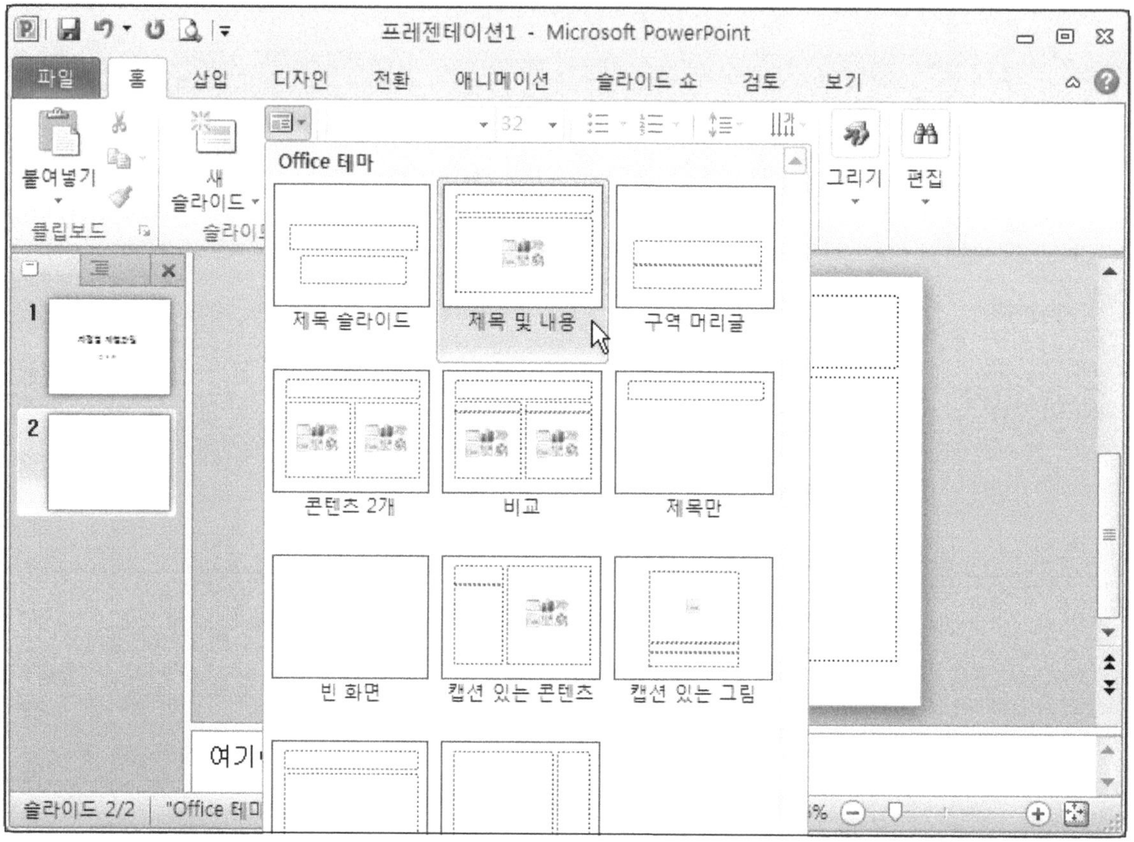

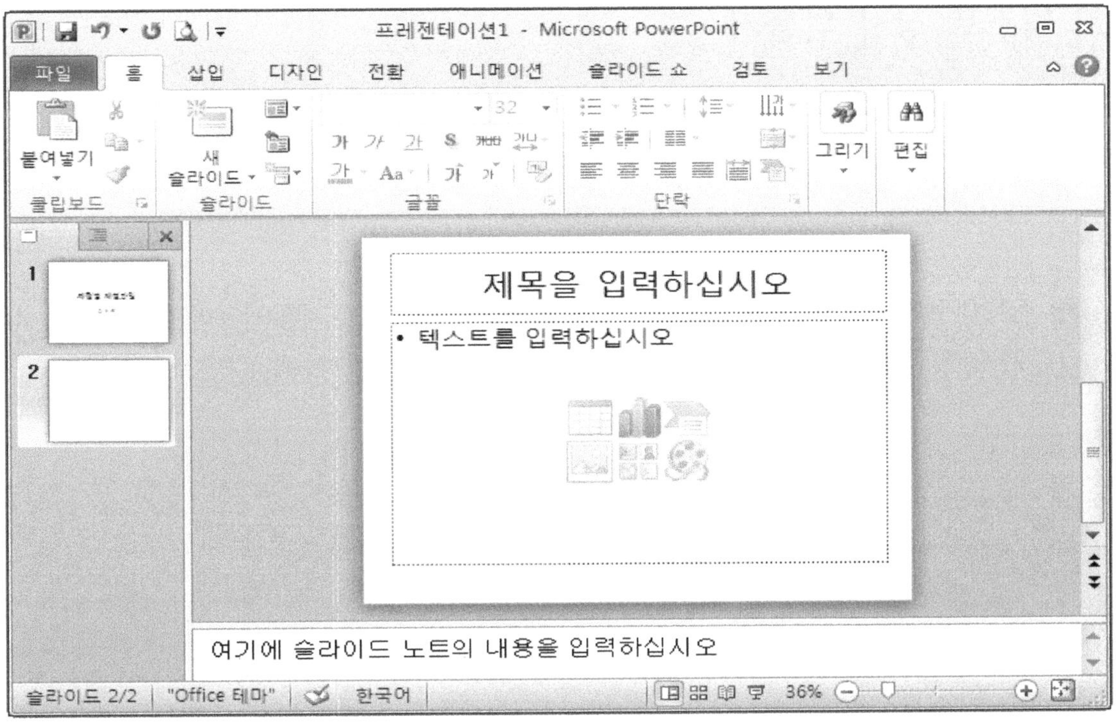
프레젠테이션1 - Microsoft PowerPoint
파일
홈
삽입
디자인
전환
애니메이션
슬라이드 쇼
검토
보기
붙여넣기
새 슬라이드
그리기
편집
클립보드
슬라이드
글꼴
단락
제목을 입력하십시오
• 텍스트를 입력하십시오
여기에 슬라이드 노트의 내용을 입력하십시오
슬라이드 2/2
"Office 테마"
한국어
36%

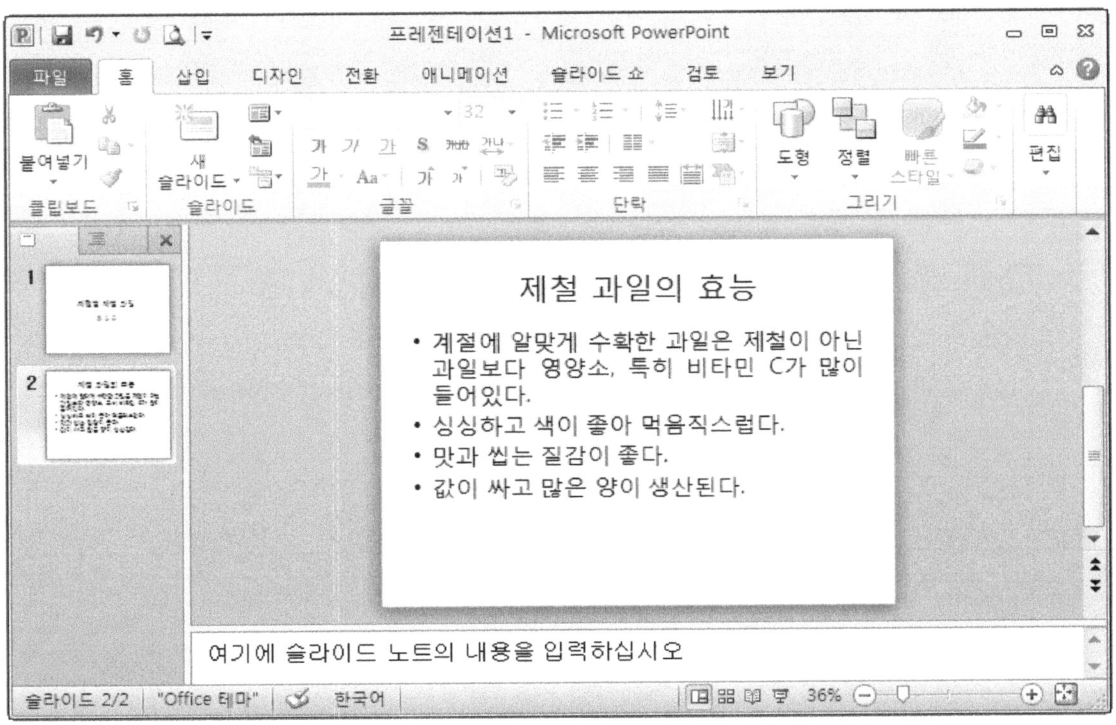
프레젠테이션1 - Microsoft PowerPoint
파일
홈
삽입
디자인
전환
애니메이션
슬라이드 쇼
검토
보기
붙여넣기
새 슬라이드
도형
정렬
빠른 스타일
편집
클립보드
슬라이드
글꼴
단락
그리기
제철 과일의 효능
• 계절에 알맞게 수확한 과일은 제철이 아닌 과일보다 영양소, 특히 비타민 C가 많이 들어있다.
• 싱싱하고 색이 좋아 먹음직스럽다.
• 맛과 씹는 질감이 좋다.
• 값이 싸고 많은 양이 생산된다.
여기에 슬라이드 노트의 내용을 입력하십시오
슬라이드 2/2
"Office 테마"
한국어
36%

[2] 텍스트 상자 만들기

레이아웃을 이용하지 않고 텍스트를 입력하는 다른 방법으로 텍스트 상자를 이용하여 작업할 수 있다. 텍스트 상자는 파워포인트 내용을 구성하는 기본단위의 하나로 사용하고 있다.

1. **[삽입]-[텍스트 상자], [삽입]-[도형]-[텍스트 상자]** 또는 **[홈]-[그리기]-[텍스트 상자]**를 선택한다.

◈ [삽입]-[텍스트 상자]

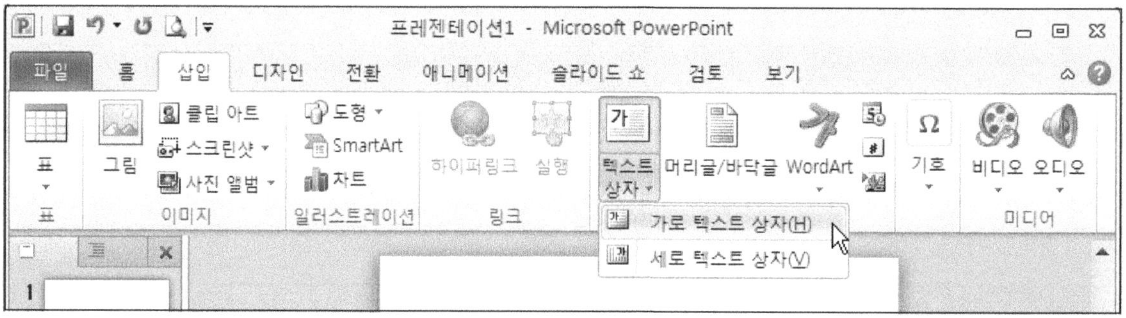

◈ [삽입]-[도형]-[텍스트 상자]

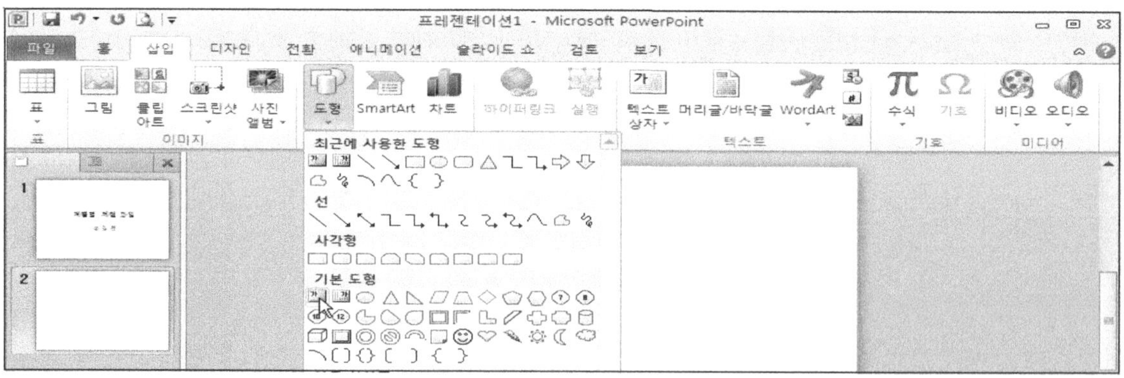

◈ [홈]-[그리기]-[텍스트 상자]

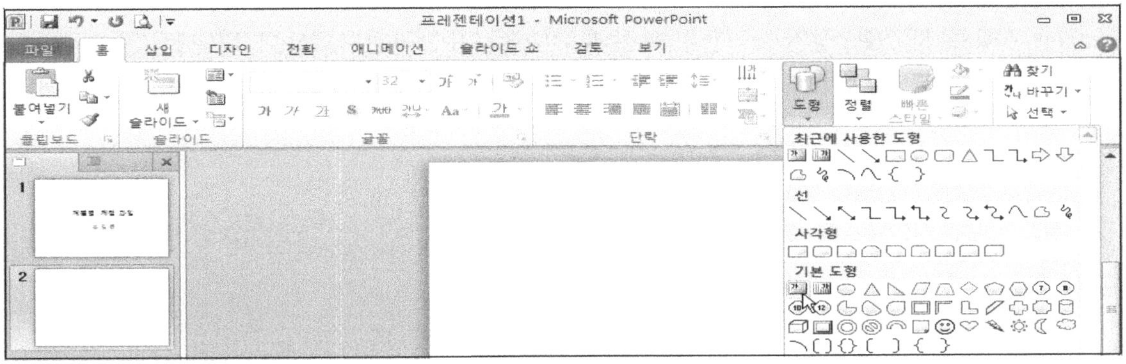

2 텍스트 상자를 원하는 위치에 마우스를 이동시키고 왼쪽 버튼을 클릭한 상태에서 원하는 크기만큼 드래그하면 텍스트 상자가 만들어진다.

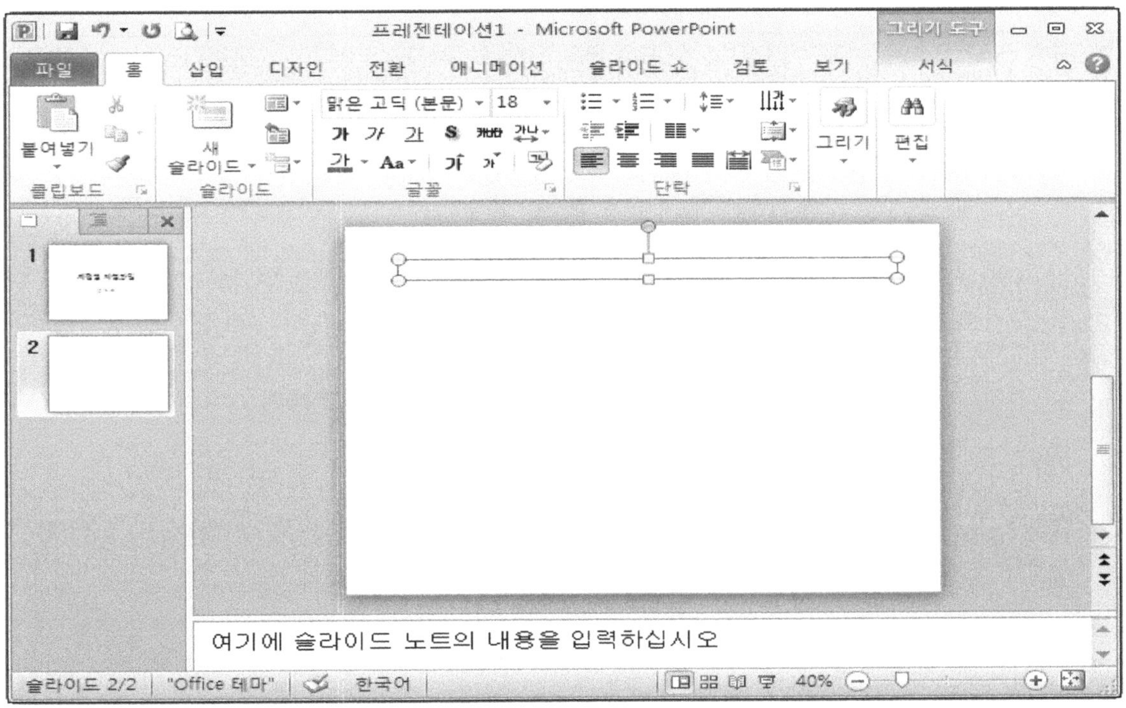

이때 텍스트 상자의 가로는 원하는 형태로 크기조절이 가능하지만, 세로는 한 줄 입력할 수 있도록 만들어진다.

- **가로 텍스트 상자** - 일반적으로 사용하는 형태로 텍스트가 좌에서 우로 입력된다.
- **세로 텍스트 상자** - 근대 이전의 서체를 표현하거나, 상호 및 제목 등을 표현하는 등의 특별용도로 사용하는 형태로 텍스트가 위에서 아래로 입력된다.

[3] 텍스트 상자 수정하기

수정하고자 하는 텍스트 내용 부분에 마우스를 클릭하면 텍스트 상자의 테두리가 보인다.

이때 텍스트 상자 테두리에 8개의 점들이 나타나는데, 이들을 조절점이라 부른다. 이들 조절점이 보이는 것은 선택을 했다는 의미와 함께 이동, 수정, 삭제 등이 가능하다. 따라서 마우스 포인터를 조절점에 두면 상황에 맞게 크기를 재조정할 수 있다.

다음처럼 텍스트 상자를 만들어 입력하고 크기를 조정해 볼 수 있다.

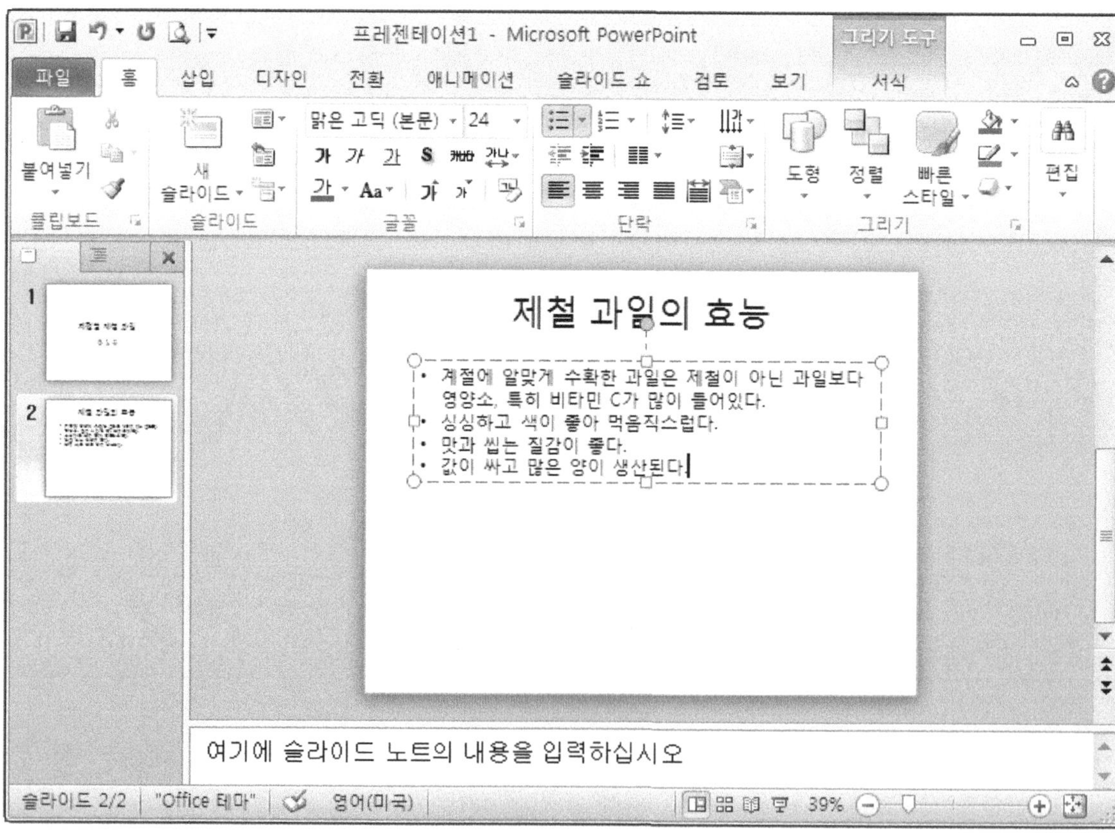

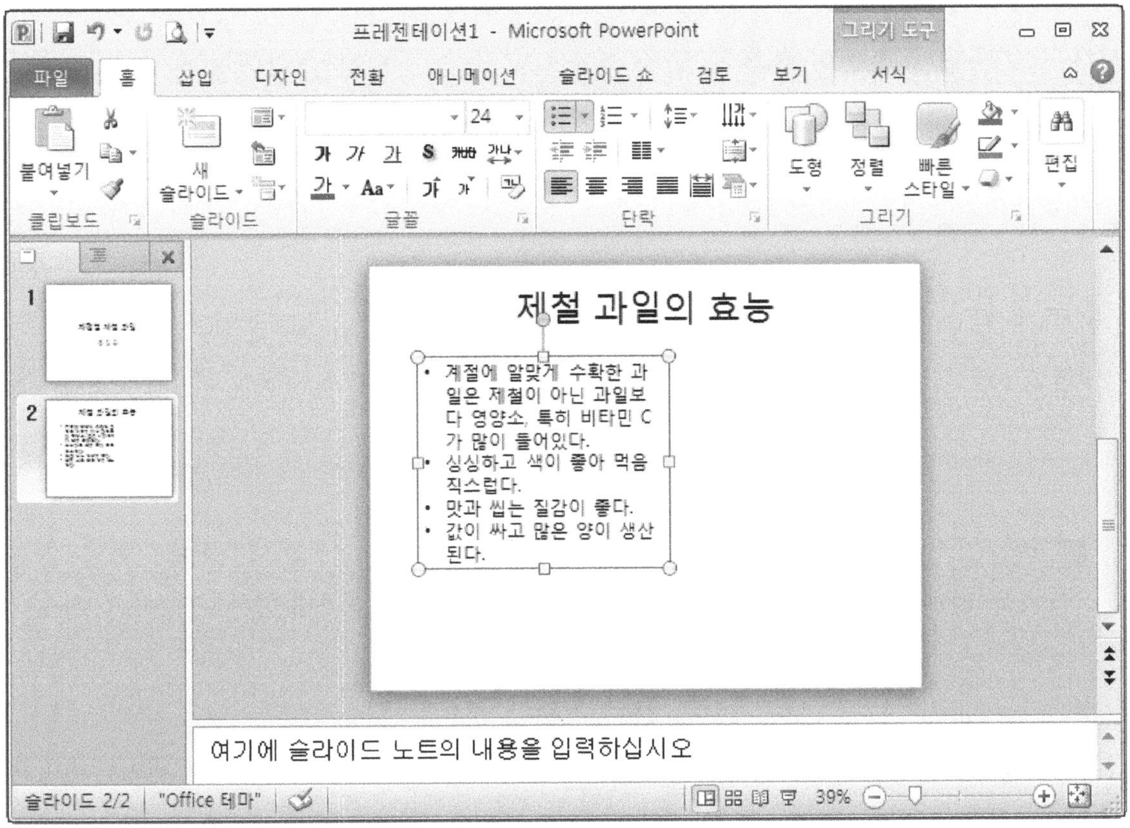

텍스트 상자를 원하는 방향으로 이동하고자 할 때에는 텍스트 상자 테두리의 선 부분에 마우스를 가져가면 십자모양의 화살표( )가 생긴다. 그 상태에서 왼쪽 버튼을 클릭하고 원하는 곳으로 이동하면 텍스트 상자가 이동된다. 혹시 텍스트 크기가 텍스트 상자를 벗어나면 글꼴 크기를 조정하면 된다.

[4] 텍스트 상자 삭제하기

1 삭제하고자 하는 텍스트 상자를 선택한 후 Delete키를 누른다. 여기에서 텍스트 상자를 선택할 때에는 텍스트 상자의 점선 부분에 마우스를 클릭하거나, Esc키를 누르면 실선으로 변하면서 텍스트 상자 전체가 설정된 것과 같다.

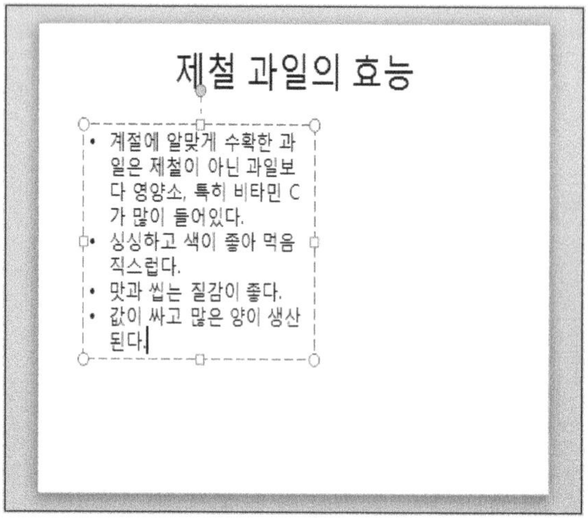

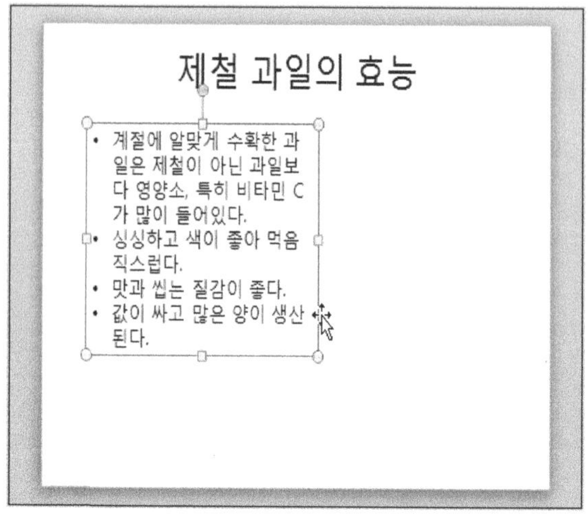

2 텍스트 상자의 테두리 부분에 마우스를 대고 오른쪽 버튼을 클릭하면 텍스트 상자와 관련하여 단축메뉴들이 나타난다. 그 상태에서 **[잘라내기]**를 선택하면 텍스트 상자를 삭제할 수 있다.

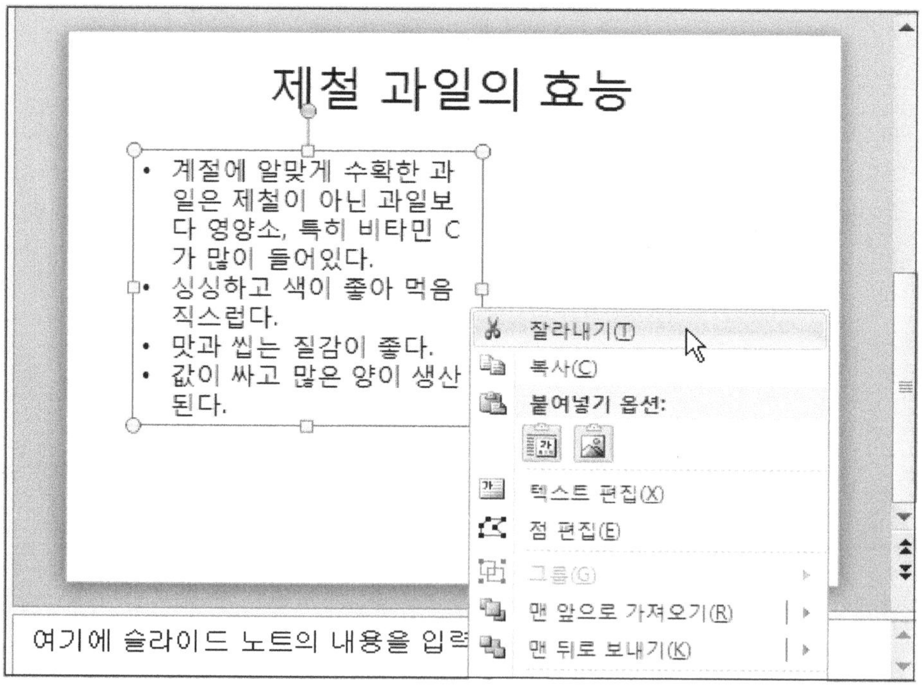

2.4 글꼴 변화

파워포인트 2010에서 기본적으로 주어지는 글꼴만으로 작성된 문서는 단조로울 수 있다. 그러나 단조로움을 피하기 위해 많은 글꼴을 이용하면 오히려 통일성이 없어 혼란스러워 보일 수도 있을 것이다. 따라서 상황에 맞게 변화를 주어 단조로움도 피하고 혼란스러움도 피하는 보기 좋은 문서를 작성해야 한다.

[1] 글꼴 삽입 및 수정

글자모양을 바꾸는 방법은 기본적으로 다른 윈도우 프로그램들과 동일하다.

수정하고자 하는 부분이나 새로 글을 입력하고자하는 곳을 선택하면 **[홈]-[글꼴]** 부분이 활성화 된다.

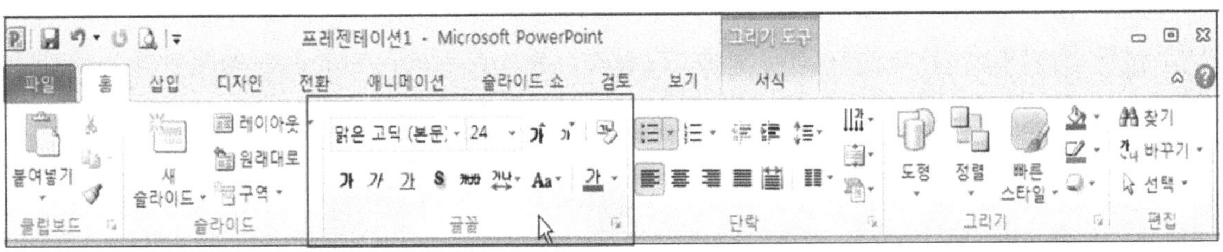

글꼴 삽입과 수정에서도 이전의 텍스트 상자 전체를 선택한 것과 동일한 방법으로, 전체선택 후에 작업을 하면 텍스트 상자 안의 모든 글꼴들이 한 번에 수정되거나 삭제된다.

그러나 부분적인 수정과 삭제를 원한다면 원하는 영역을 선택 후에 조절한다.

글꼴 그룹

[글꼴]그룹에 포함되어있는 메뉴를 통해 글꼴, 크기, 색상 및 스타일 등을 수정할 수 있다.

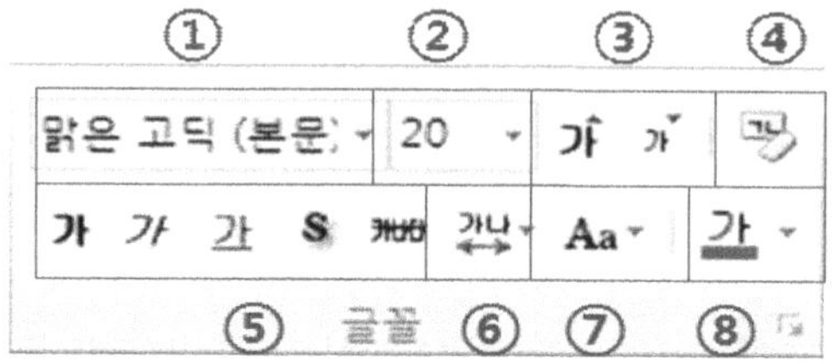

① 글꼴 : 글자의 글꼴을 설정한다.

② 크기 : 글자의 크기를 설정한다.

③ 글꼴 크기 크게, 작게

④ 모든 서식 지우기 : 선택 영역의 모든 서식을 지운다.

⑤ 글꼴 스타일 : 굵게, 기울기, 밑줄, 그림자, 취소선 등의 스타일을 설정한다.

⑥ 문자 간격 : 문자 간격을 조절한다.

⑦ 대/소문자 바꾸기 : 글자의 대소문자를 변경한다.

⑧ 글꼴 색 : 글자의 색을 변경한다.

[2] 글꼴 대화상자

글꼴 그룹의 오른쪽 아래 화살표를 클릭하면 글꼴 대화상자가 나타난다. 이 글꼴 대화상자에서 영어 및 한글의 글꼴, 글꼴 스타일, 크기, 글꼴 색 및 취소선, 이중 취소선, 첨자 등의 효과를 지정할 수 있다.

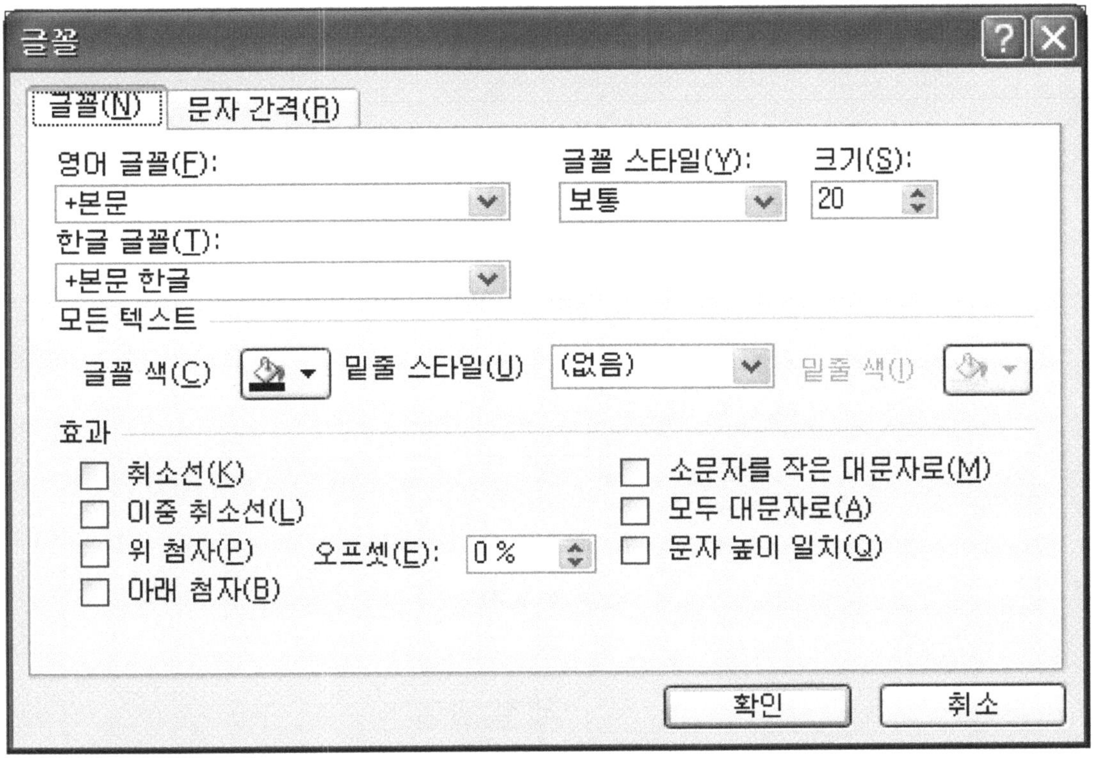

2.5 문단 서식 설정

[1] 문단 서식 변경

1. 변경하고자 하는 문단을 마우스로 드래그하여 선택하거나, 글을 적기 전에 해당하는 위치를 마우스로 클릭한다.
2. **[홈]-[단락]** 메뉴를 통해 원하는 대로 문단의 모양을 조절한다.

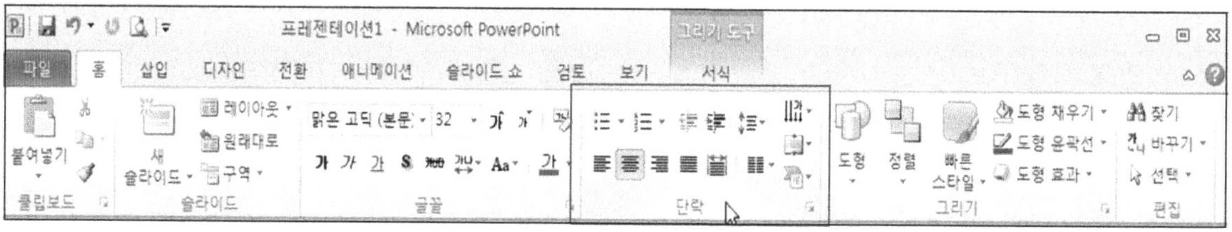

다음의 예제는 본문 글의 글꼴 크기와 줄 간격의 조절 전과 조절 후를 보여준다. 먼저 본문 글 입력을 입력한다.

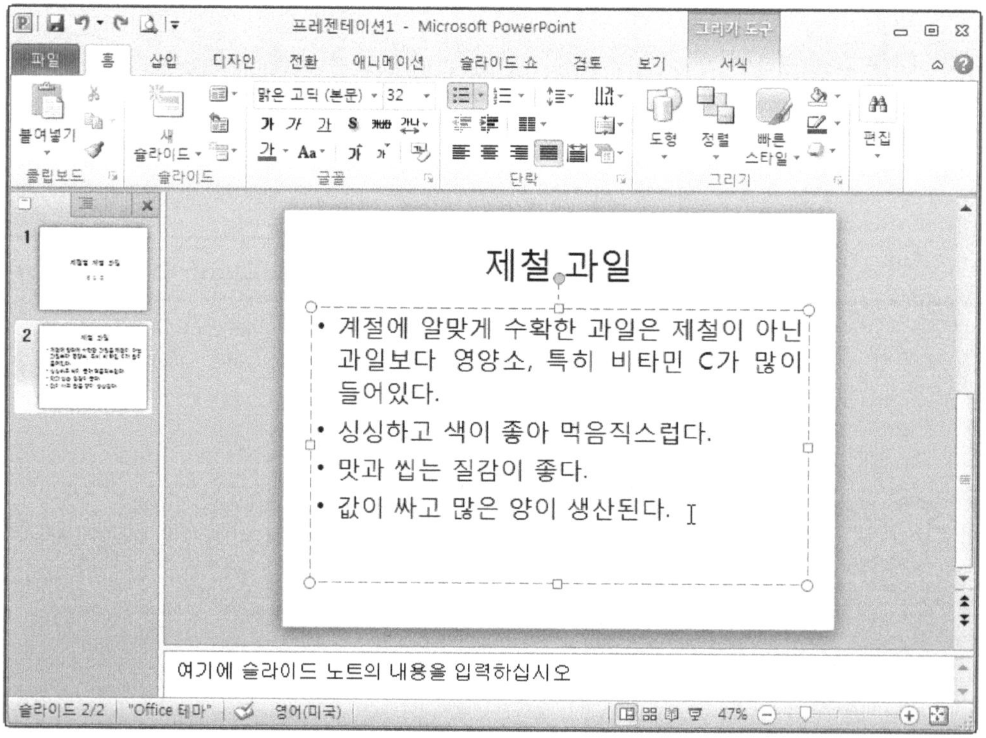

제목을 선택한 후 글꼴에서 궁서체를 선택한다.

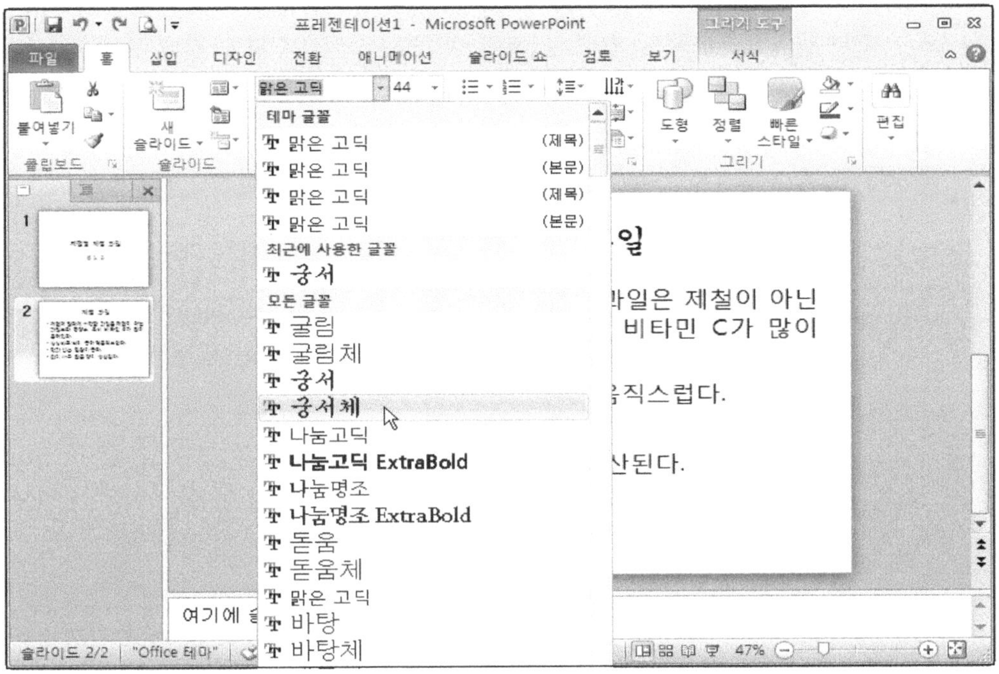

본문의 텍스트 상자를 선택한 후 줄 간격 설정한다.

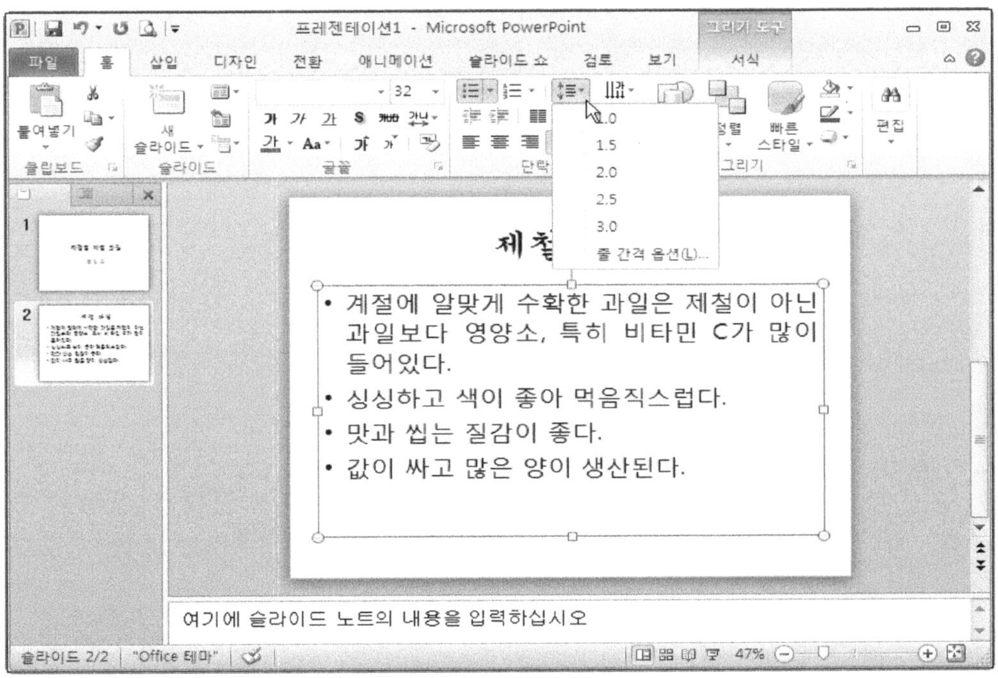

본문 글의 줄 간격 조절 후 완성된 문서이다.

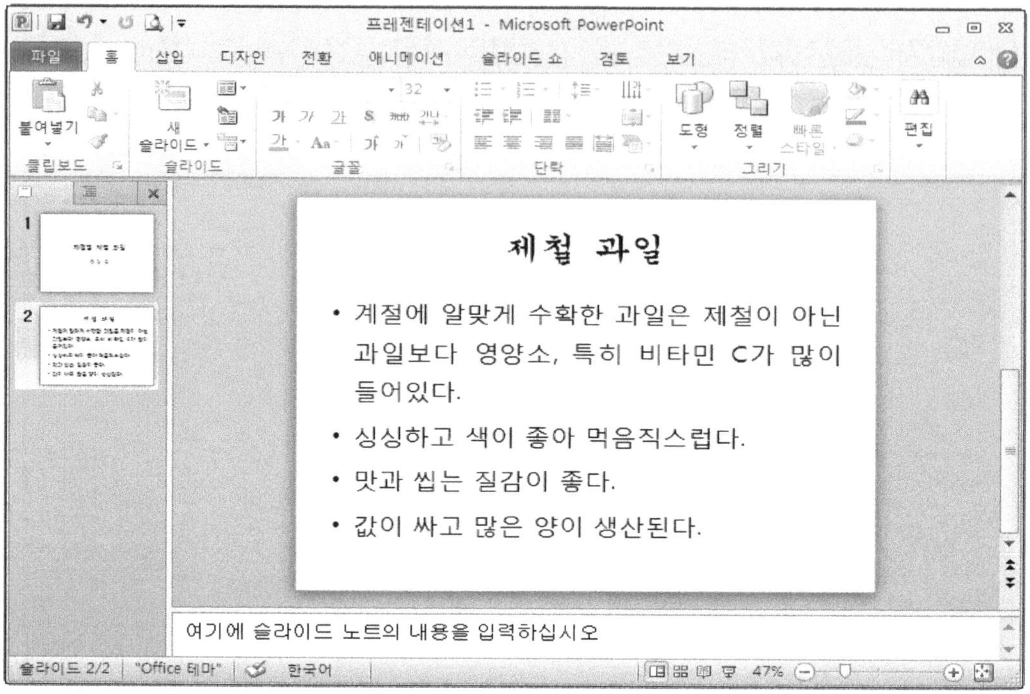

단락 그룹

[**글꼴**]그룹에 포함되어있는 메뉴를 통해 글꼴, 크기, 색상 및 스타일 등을 수정할 수 있다.

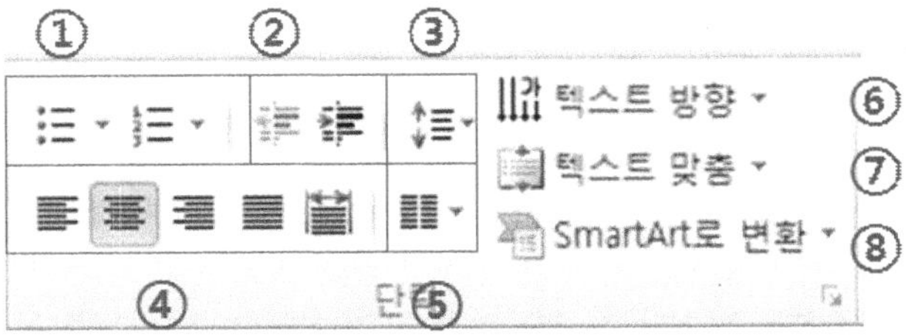

① 글머리기호 : 단락 앞에 글머리를 삽입하여 꾸며주는 역할을 한다. 앞에 있는 메뉴를 통해 글머리기호나 도형을 집어넣고, 뒤에 있는 메뉴를 통해서는 순서가 있는 숫자(1,2,3 등)나 글자(가,나,다 등)를 넣을 수 있다.

② 목록수준 줄임/늘임 : 들여쓰기 수준을 낮춘거나 높인다.

③ 줄 간격 : 사용할 줄 간격을 지정한다.

④ 텍스트 맞춤 : 텍스트를 왼쪽, 가운데, 오른쪽, 양쪽맞춤 및 균등 분할로 단락을 맞춘다.

⑤ 단 : 텍스트를 둘 이상의 열로 나눈다.

⑥ 텍스트 방향 : 텍스트를 원하는 방향으로 회전한다.

⑦ 텍스트 맞춤 : 텍스트 상자 내에서 텍스트가 정렬되는 방법을 변경한다.

⑧ SmartArt로 변환 : 텍스트를 SmartArt로 변환한다.

2.6 글머리 기호항목 체계구성

글머리 기호는 동등한 역할을 하는 글들을 보기 좋게 정렬할 때, 번호매기기는 중요도에 따른 글들을 질서 정연하게 나열할 때 사용한다.

글머리 기호나 번호 매기기는 주어진 기본적인 모양이 있으며, 사용자가 추가적으로 새로운 기호나 번호를 만들어 삽입할 수도 있다.

[1] 글머리 기호 항목 변경하기

1. 글머리 기호로 바꾸고자 하는 문단을 선택하거나, 본문을 입력하기 전에 글머리 기호를 넣을 곳에 마우스를 클릭한다.
2. **[홈]-[단락]-[글머리 기호]** 메뉴를 선택한다.
3. 원하는 모양을 골라 클릭한다.

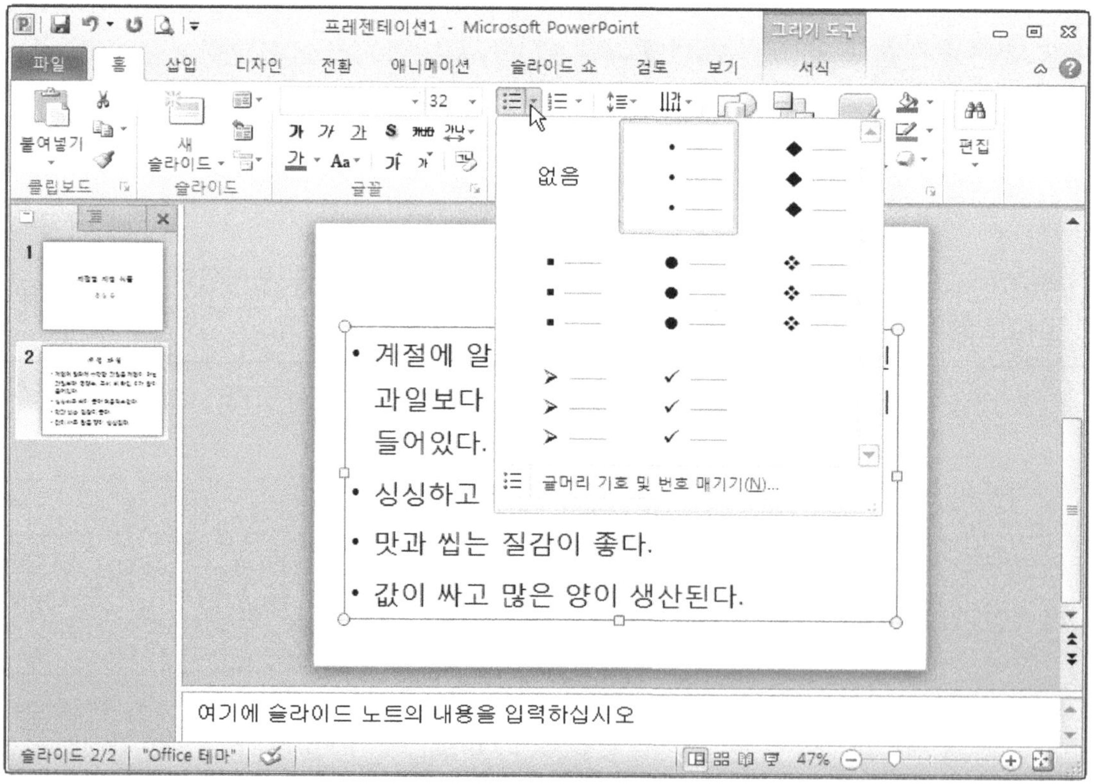

4 글머리 기호의 가장 아래에 있는 **[글머리 기호 및 번호 매기기]**를 클릭하면 기본적으로 주어지는 것은 물론, 글머리 기호의 색깔과 크기와 함께 그림이나 사용자가 직접 지정할 수 있다.

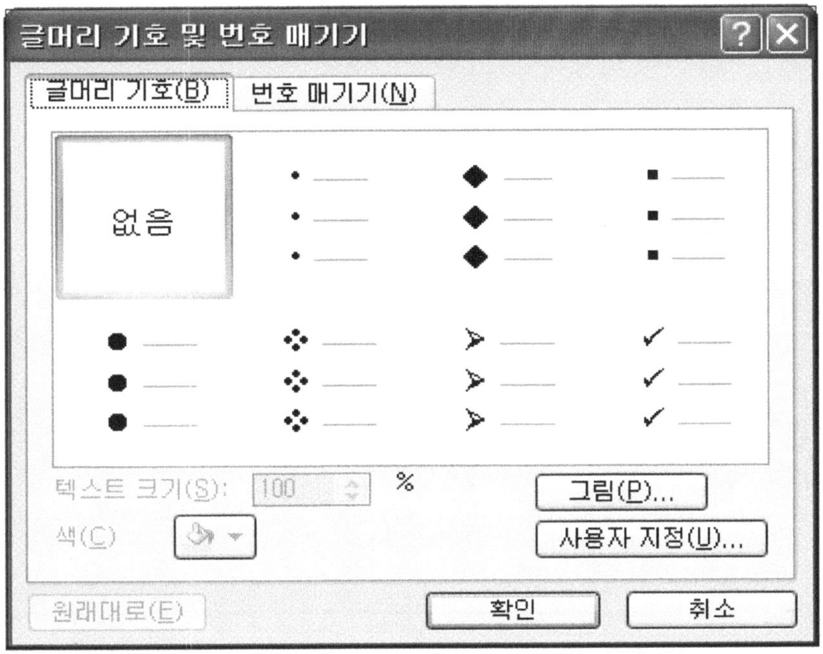

5 작성하는 문서에 따라 글머리 기호의 목록수준을 조절해야 한다. **[홈]-[단락]-[글머리 기호]-[목록수준 늘림]**으로 글머리 기호의 목록수준을 조절하여 결과를 보여준다.

다음 슬라이드는 목록수준을 조절해야 하는 부분을 드래그로 영역 설정하여 **[목록수준 늘림]**으로 글머리기호의 목록수준을 조절하여 완성한다.

먼저 새 슬라이드의 레이아웃을 콘텐츠 2개를 선택하여 추가한다.

프레젠테이션1 - Microsoft PowerPoint
파일
홈
삽입
디자인
전환
애니메이션
슬라이드 쇼
검토
보기
붙여넣기
새 슬라이드
클립보드
도형
정렬
빠른 스타일
편집
그리기
Office 테마
제목 슬라이드
제목 및 내용
구역 머리글
콘텐츠 2개
비교
제목만
빈 화면
캡션 있는 콘텐츠
캡션 있는 그림
제목 및 세로
세로 제목 및
제철 과일
길 동
시오
슬라이드 1/1
47%

다음의 내용을 입력한다.

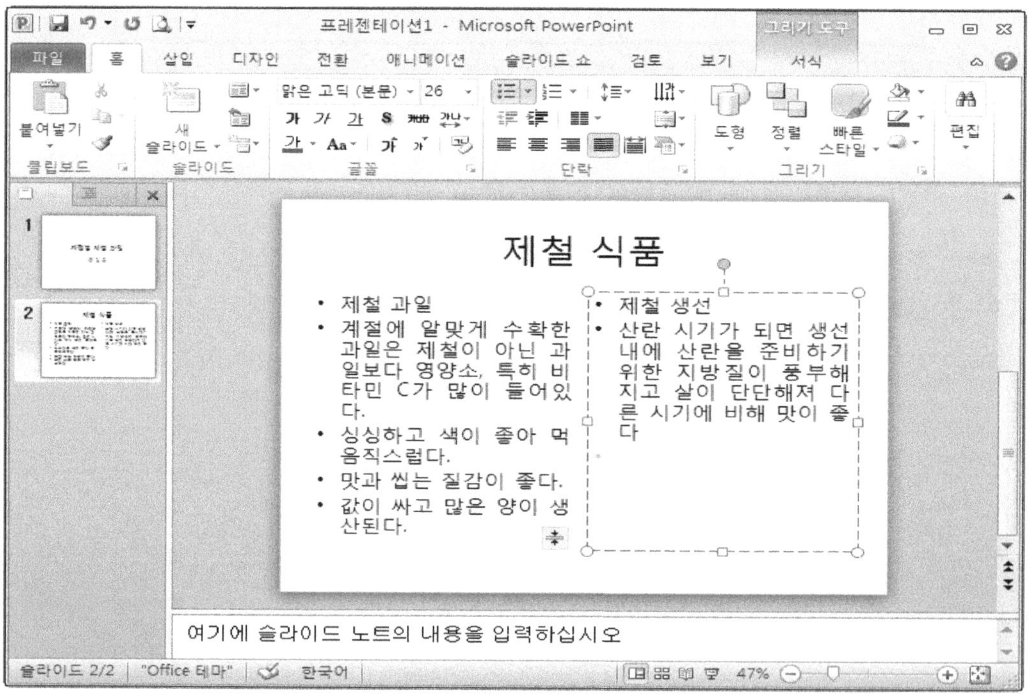
프레젠테이션1 - Microsoft PowerPoint
그리기 도구
파일
홈
삽입
디자인
전환
애니메이션
슬라이드 쇼
검토
보기
서식
맑은 고딕 (본문)
26
붙여넣기
새 슬라이드
클립보드
슬라이드
글꼴
단락
도형
정렬
빠른 스타일
그리기
편집
제철 식품
• 제철 과일
• 계절에 알맞게 수확한 과일은 제철이 아닌 과일보다 영양소, 특히 비타민 C가 많이 들어있다.
• 싱싱하고 색이 좋아 먹음직스럽다.
• 맛과 씹는 질감이 좋다.
• 값이 싸고 많은 양이 생산된다.
• 제철 생선
• 산란 시기가 되면 생선 내에 산란을 준비하기 위한 지방질이 풍부해지고 살이 단단해져 다른 시기에 비해 맛이 좋다
여기에 슬라이드 노트의 내용을 입력하십시오
슬라이드 2/2
"Office 테마"
한국어
47%

슬라이드 제목인 제철식품과 부 제목이 제철과일, 제철 생선 그리고 각 내용으로 입력하고자 하는 내용이지만, 현재 문서는 모두 본문으로 입력되어 있는 문서이다.

따라서 부 제목과 내용을 분리하기 위한 방법으로 목록 수준 늘림을 활용할 수 있다.

내용을 영역설정을 한 후 목록 수준 늘림을 선택한다.

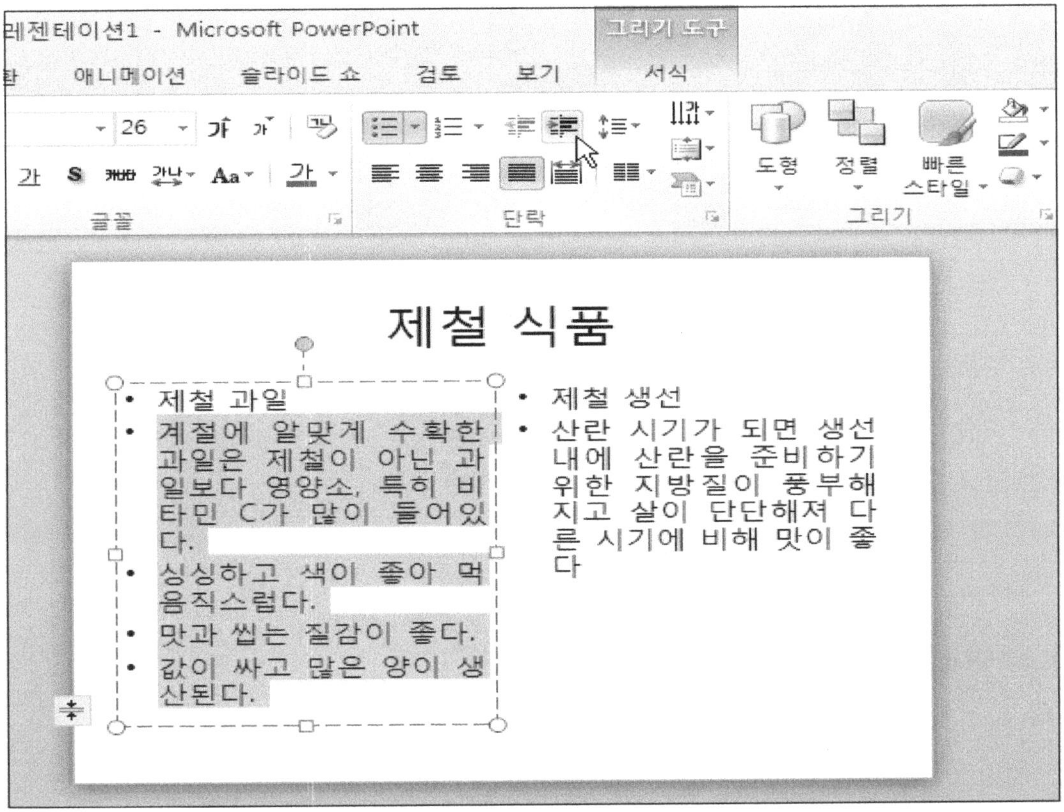

2개의 콘텐츠를 모두 정리하면 다음과 같다.

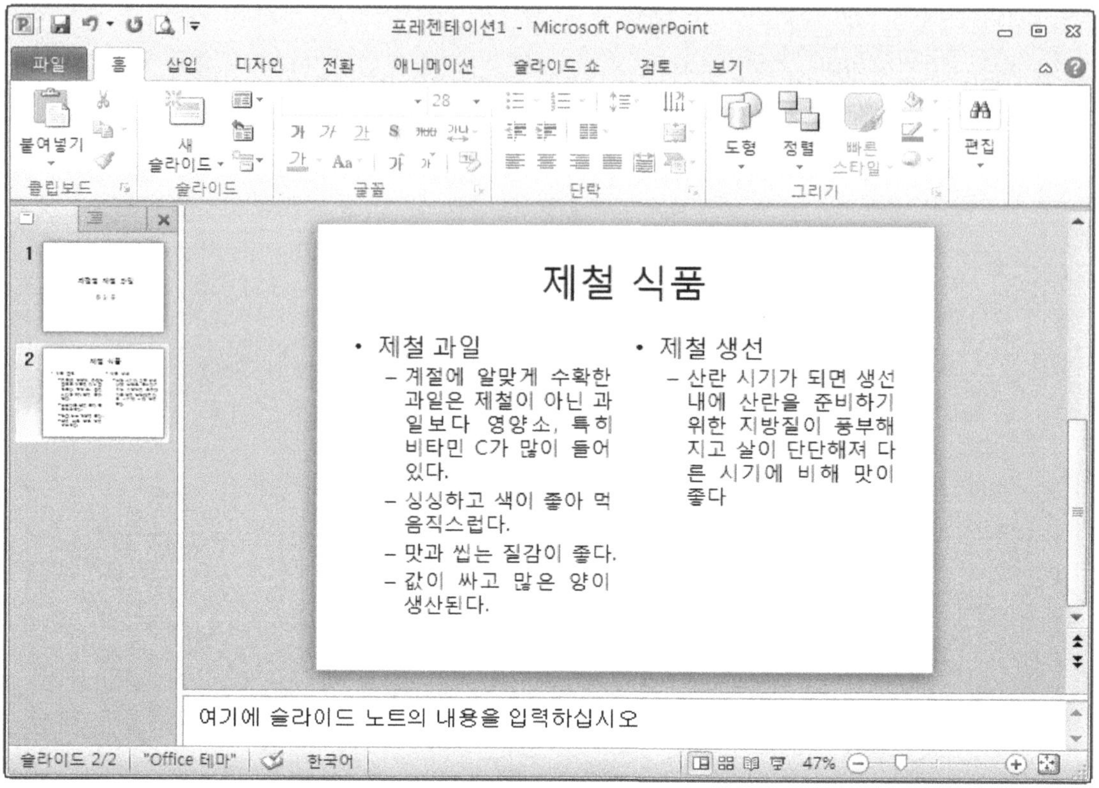

[2] 글머리 기호를 그림으로 표시하기

글머리 기호로 사용하기 위해 만들어 둔 그림이 있거나, 기본으로 주어진 그림이 아닌 다른 아이콘을 글머리 기호로 사용할 수 있다.

1. 글머리 기호로 바꾸고자 하는 문단을 선택하거나, 글을 입력하기 전에 글머리 기호를 적을 곳에 마우스를 클릭한다.
2. [**홈**]-[**단락**]-[**글머리 기호**] 메뉴를 선택한다.

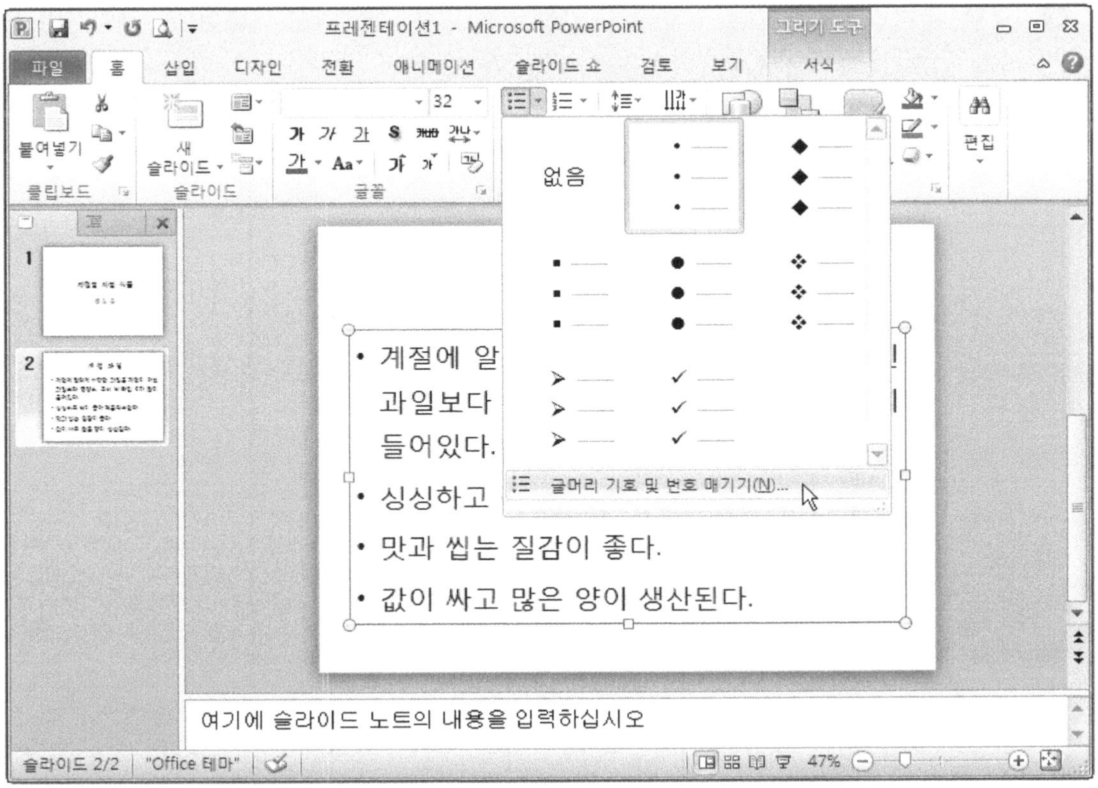

■3 **[글머리 기호 및 번호 매기기]**를 선택하고 **[그림]**을 선택한다.

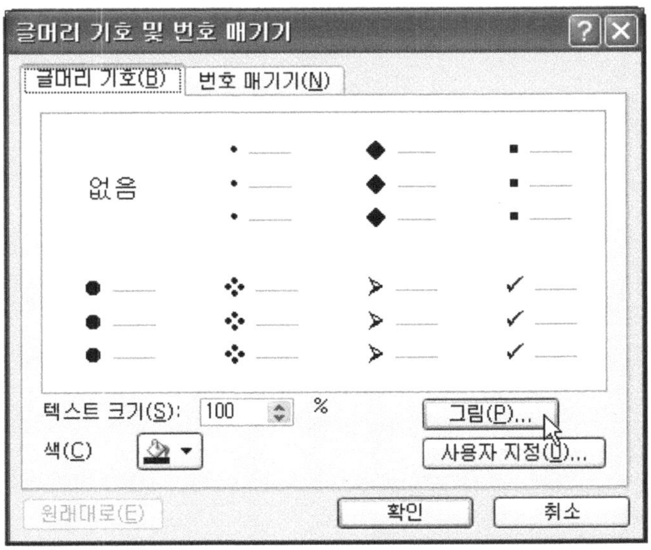

4 **[그림 글머리 기호]** 대화상자에서 원하는 그림을 선택하고, **[확인]**을 클릭하면 글머리 기호가 그림으로 바뀐 것을 확인할 수 있다.

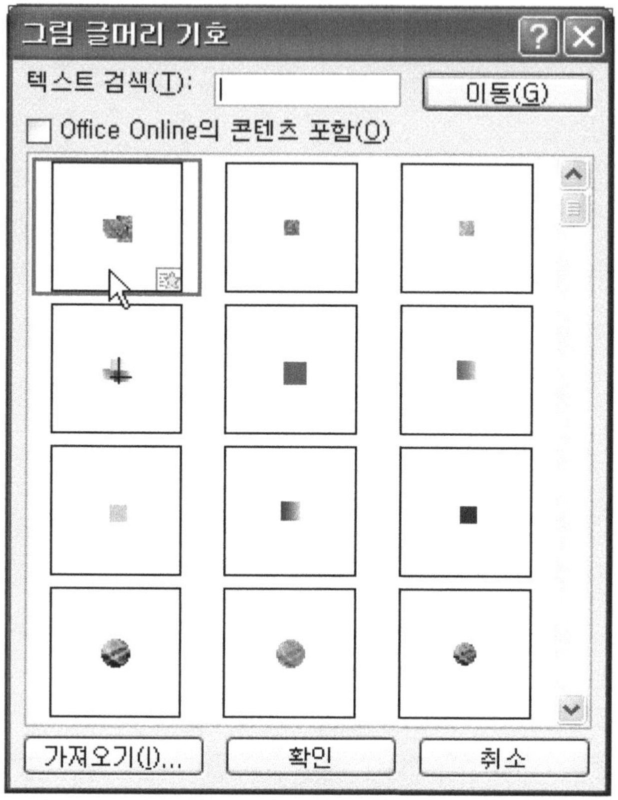

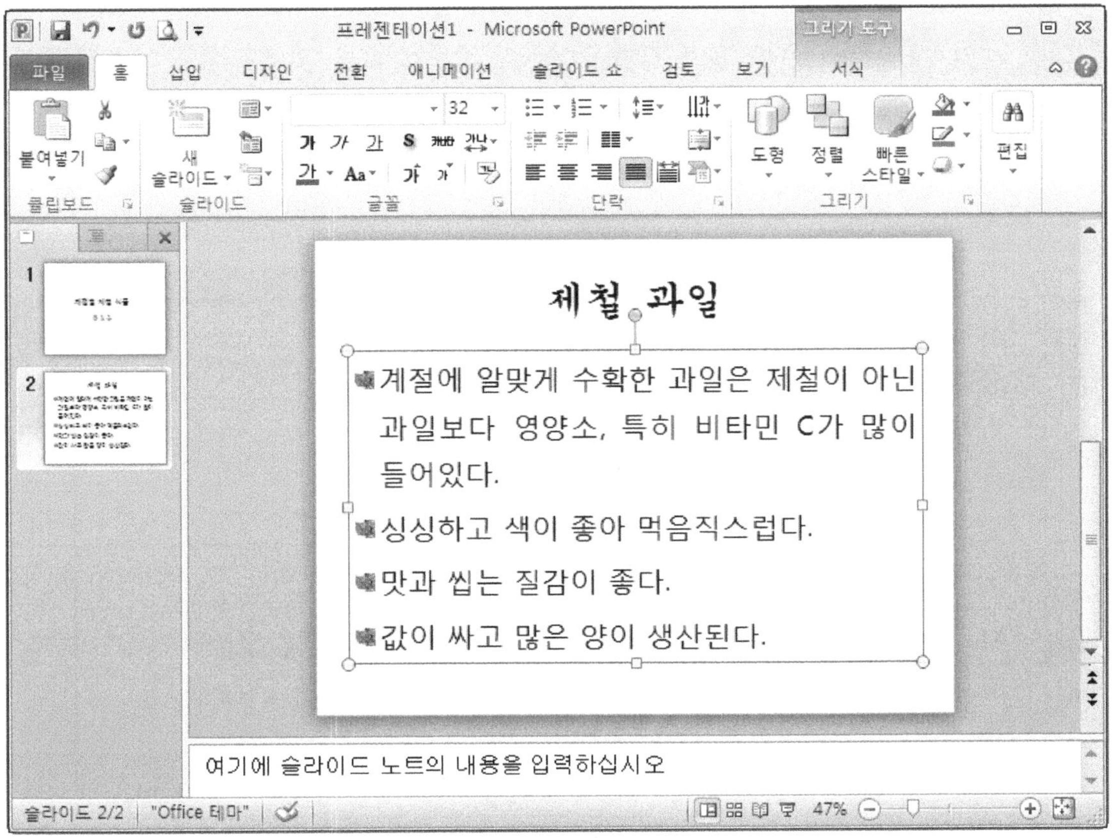
프레젠테이션1 - Microsoft PowerPoint
제철 과일
계절에 알맞게 수확한 과일은 제철이 아닌 과일보다 영양소, 특히 비타민 C가 많이 들어있다.
싱싱하고 색이 좋아 먹음직스럽다.
맛과 씹는 질감이 좋다.
값이 싸고 많은 양이 생산된다.
여기에 슬라이드 노트의 내용을 입력하십시오

2.7 슬라이드 배경 서식

슬라이드 배경 서식을 바꾸기 위해 변경하고자 하는 슬라이드에서 마우스 오른쪽 버튼을 클릭한다. 그리고 배경서식을 선택하게 되면 배경서식의 옵션이 나오게 된다.

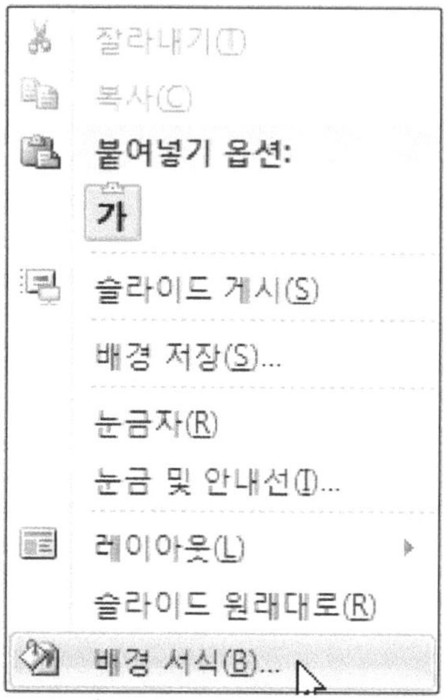

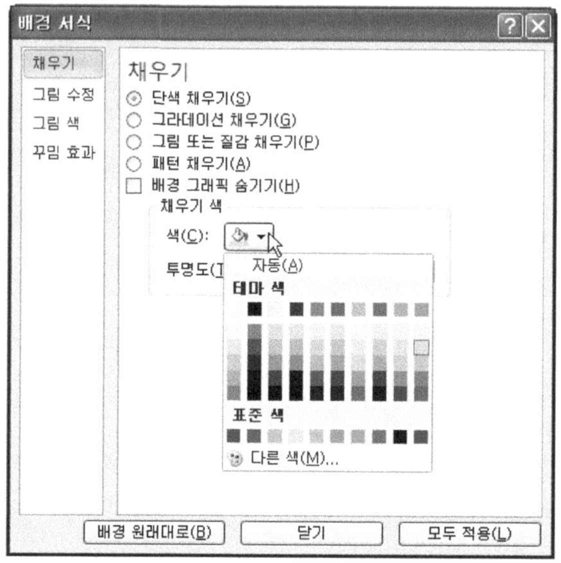

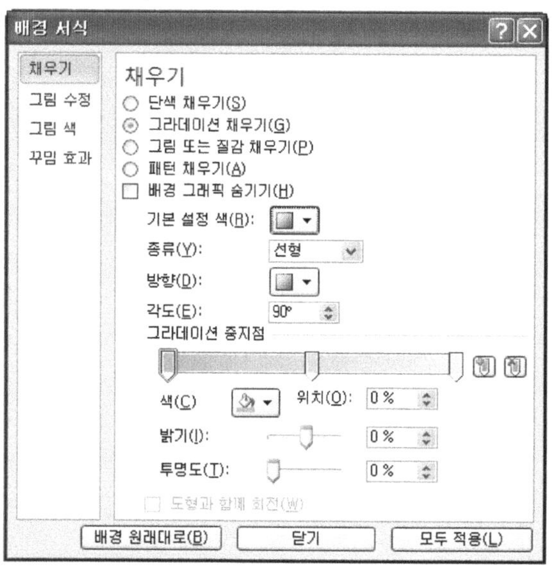

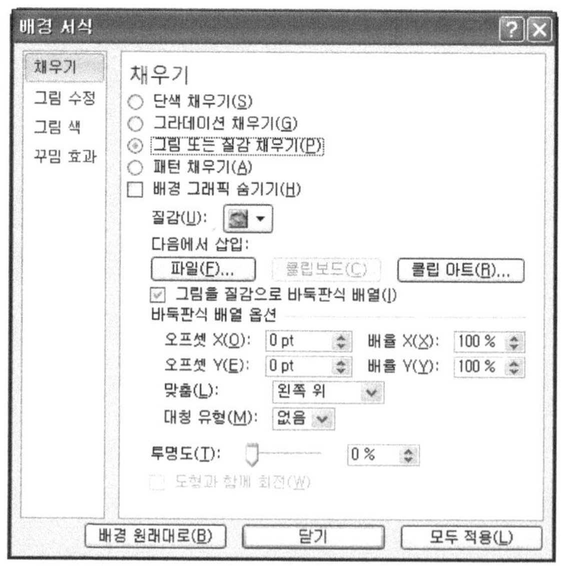

사용자가 원하는 옵션을 통해 슬라이드를 완성한다.

✎ [실습 2-1] 텍스트 입력 및 서식 조절하기

다음의 예제를 완성하기 위해, 새 슬라이드를 추가하고, 텍스트를 입력하는 방법을 알아본다. 이후에 글자 크기나 글자간격, 글머리 기호 등의 서식을 적용해보고 배경서식도 적용해본다.

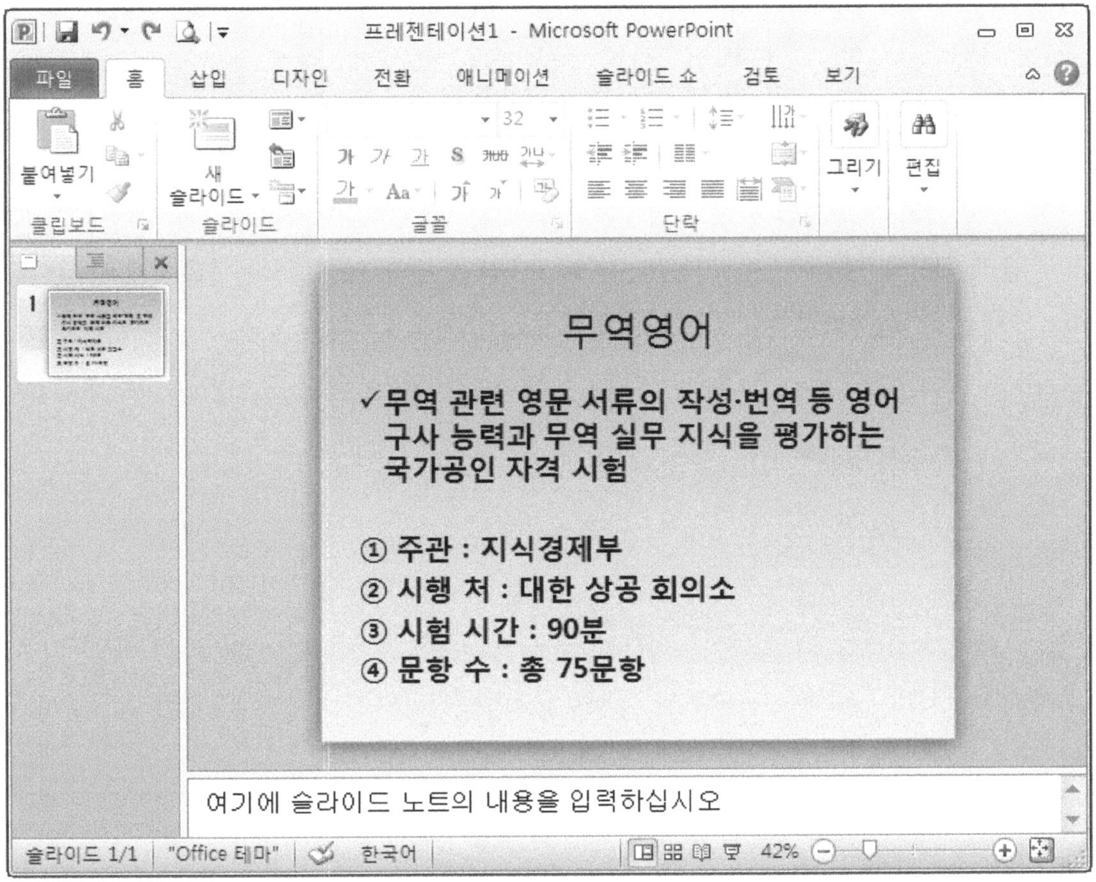

작업할 내용

① 새 슬라이드 추가하기
② 개체 틀에 텍스트 입력하기
③ 글자 크기 조절하기
④ 진하게 바꾸기
⑤ 줄 간격 조절하기
⑥ 글머리 기호 수정하기
⑦ 배경서식 적용하기

1 새 슬라이드 추가하기 : 파워포인트를 처음 실행한 상태에서의 첫 화면은 **[제목 슬라이드]**의 레이아웃이 적용될 것 이고, 작업 중인 상태에서는 **[홈]-[새 슬라이드]** 선택한다.

3 **개체 틀에 텍스트 입력하기** :「제목을 입력하십시오」라는 텍스트 부문에는「무역 영어」를 입력한다.

무역 관련 영문 서류의 작성·번역 등 영어구사 능력과 무역 실무 지식을 평가하는 국가공인 자격 시험 주관 : 지식경제부 시행 처 : 대한 상공 회의소 시험 시간 : 90분 문항 수 : 총 75문항

4 글자 크기 조절하기 : 주관 ~ 문항수 까지의 텍스트 크기를 선택한 후, 글꼴 크기 작게(가ˇ)를 클릭하면 선택한 부분이 한 단계 글꼴 크기가 작아진다.

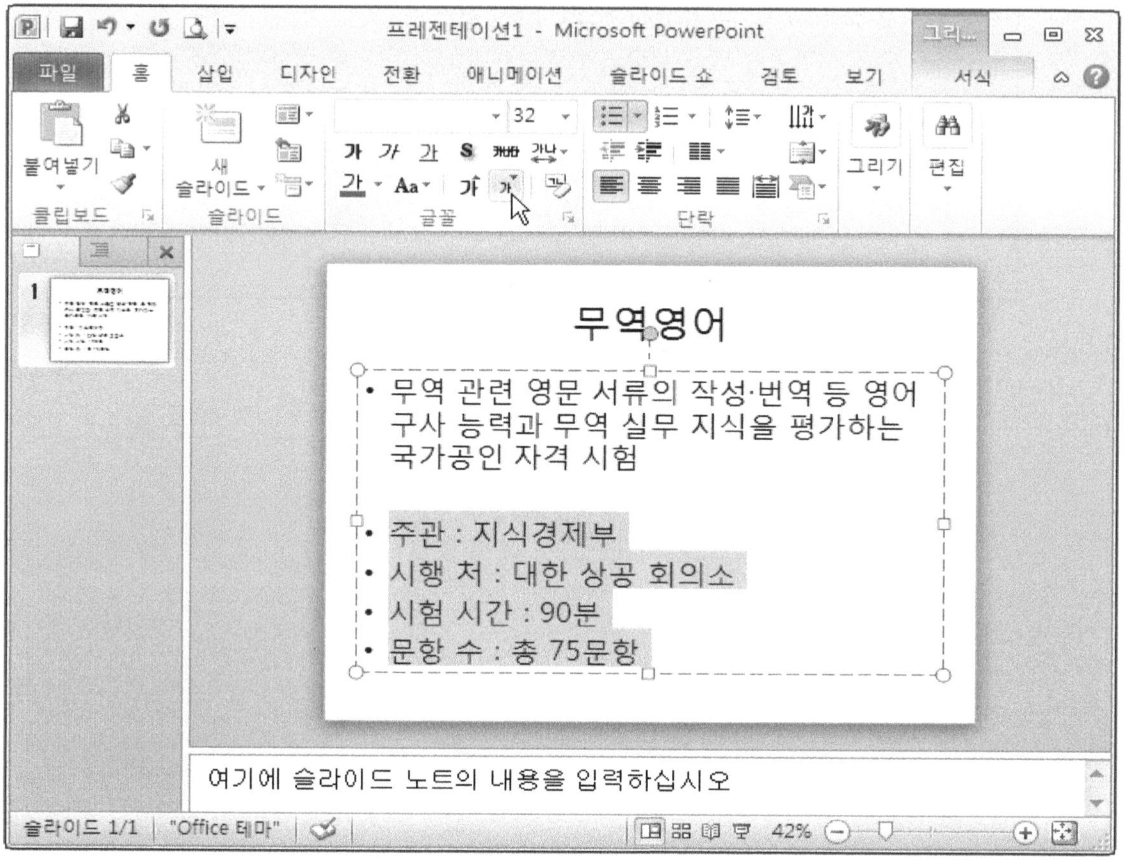

5 **진하게 바꾸기** : 텍스트 개체 틀 내부에 마우스 포인터를 갖다놓고 Esc키를 누르면 개체 틀 전체가 선택된다. 이때 [홈]탭에서 진하게(가)를 눌러 글자를 진하게 바꾼다.

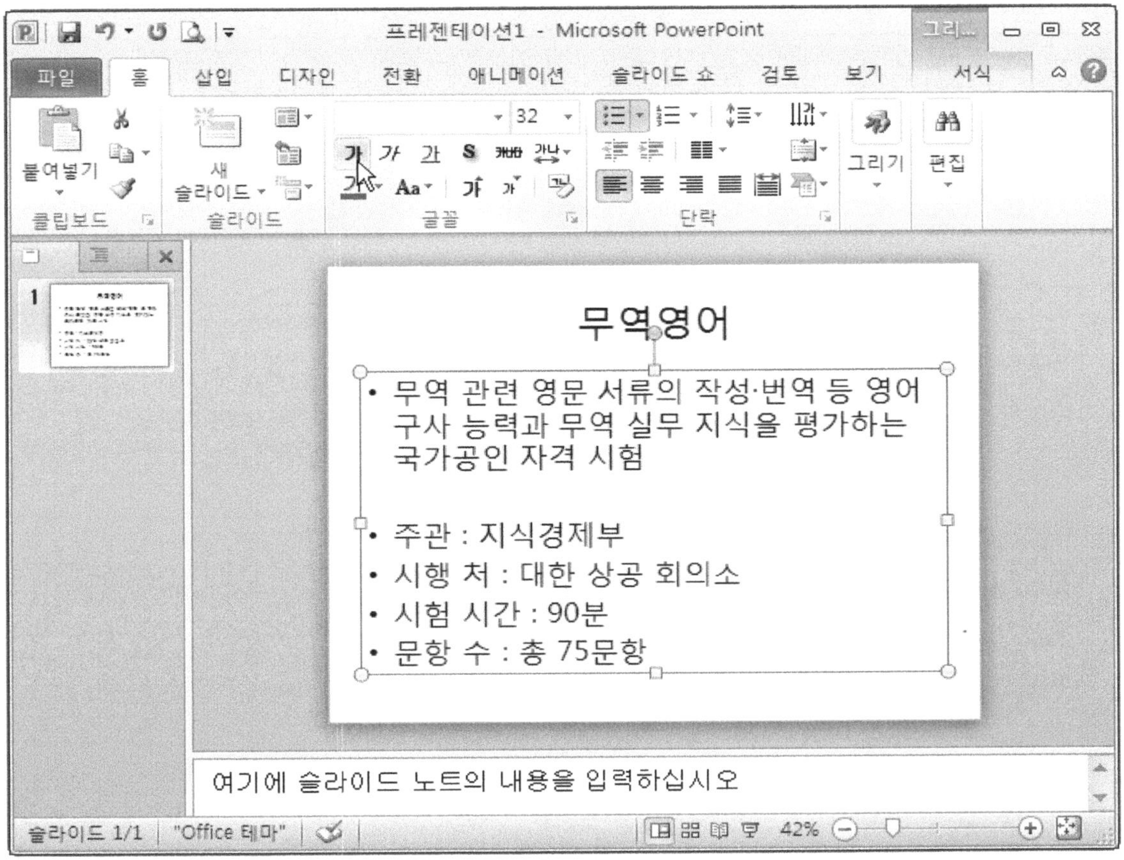

6 줄 간격 조절하기 : 텍스트 개체 틀이 선택된 상태에서 줄 간격( )을 클릭한 후 1.5를 선택해서 내용을 좀 더 보기 편하게 정리한다.

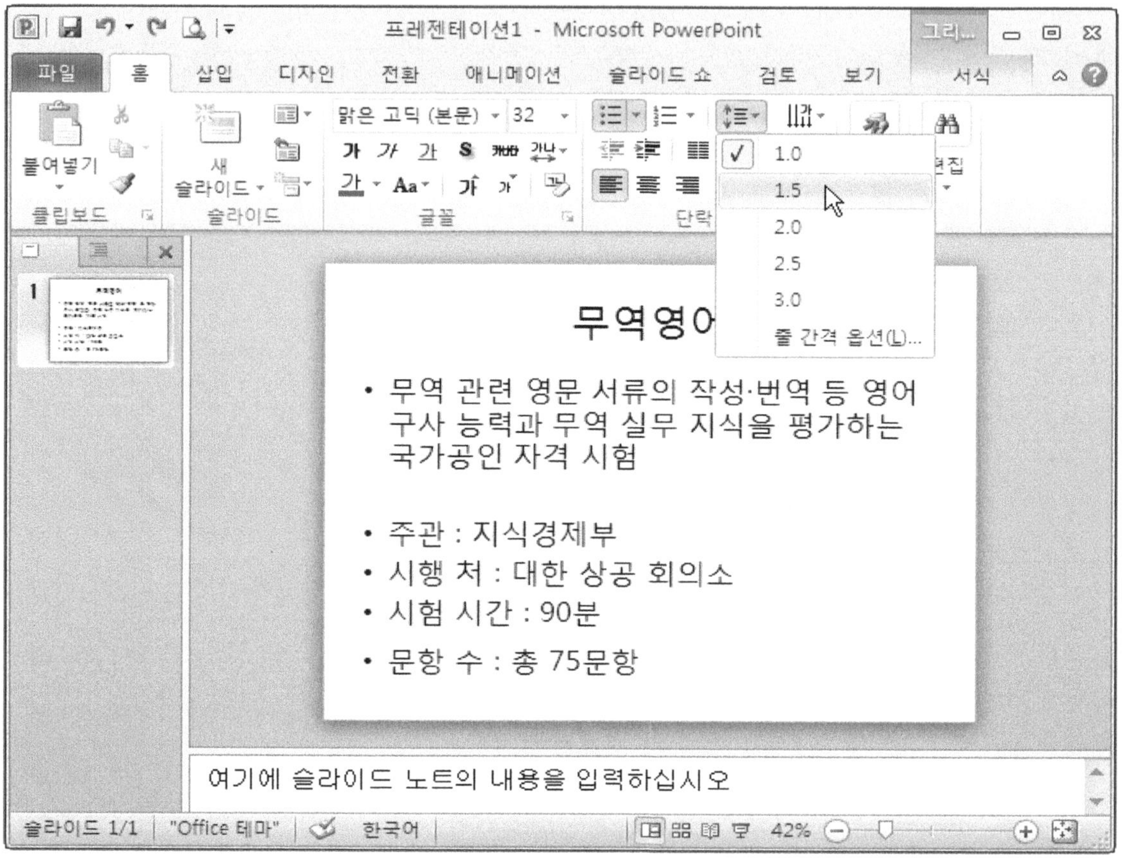

7 목록 만들기 : 내용 설명과 주관 ~ 문항 수를 다는 목록으로 정리한다. 내용부분에 마우스 포인터를 두고 글머리에서 변환하고, 밑에 있는 내용을 설정하여 번호 매기기를 선택한다.

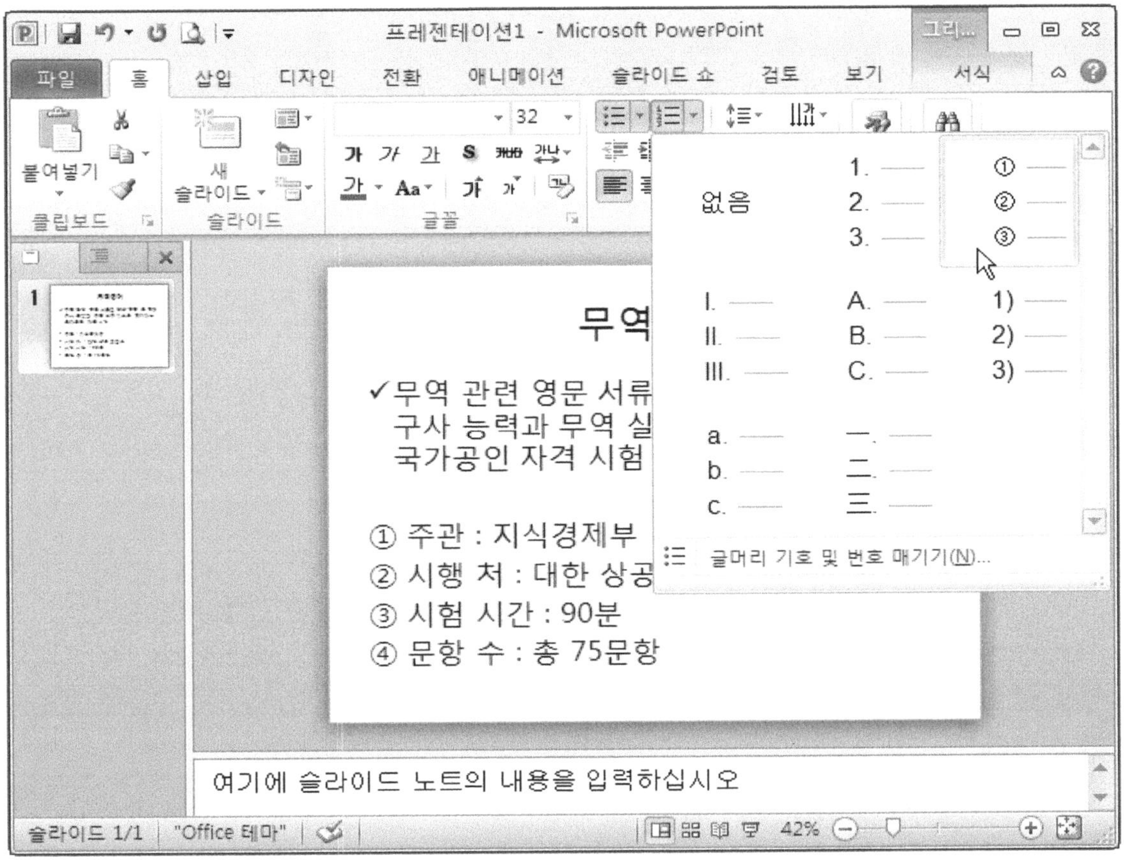

8 **배경 서식 설정하기 :** 슬라이드 위에서 오른쪽 버튼을 클릭한수 배경서식을 선택한다. 배경서식 대화상자가 나오면 그라데이션을 선택한 후 원하는 배경을 선택하여 편집한다.

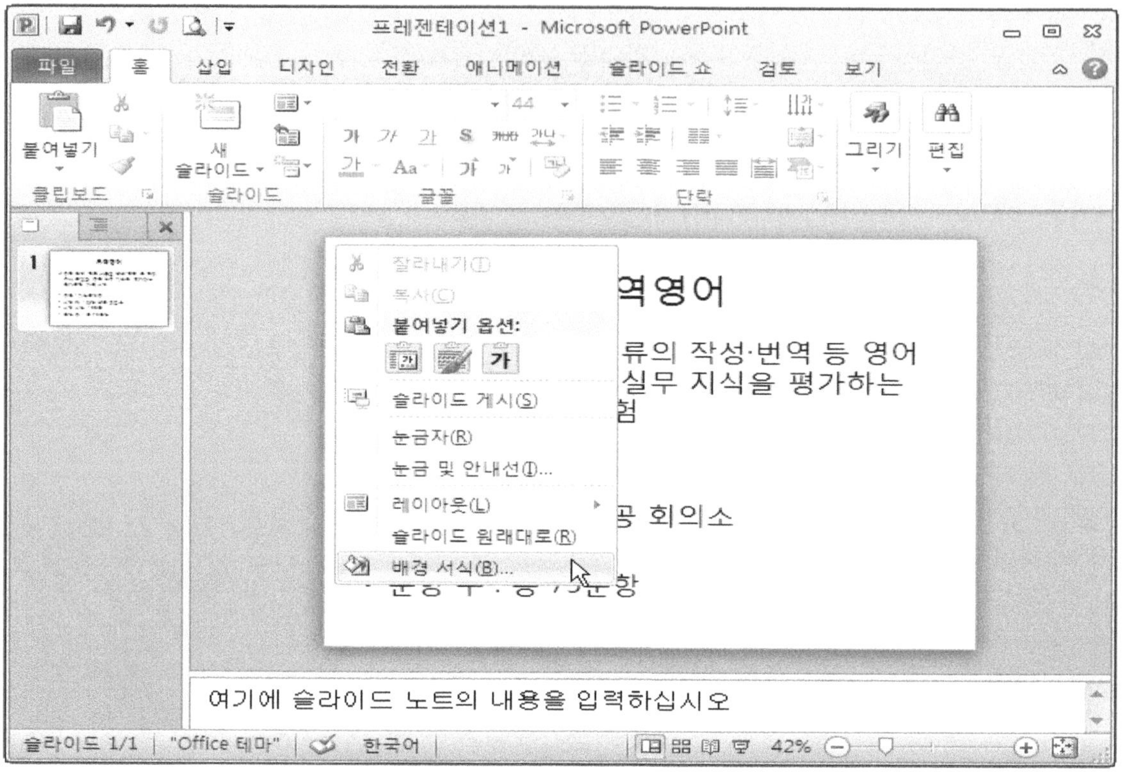

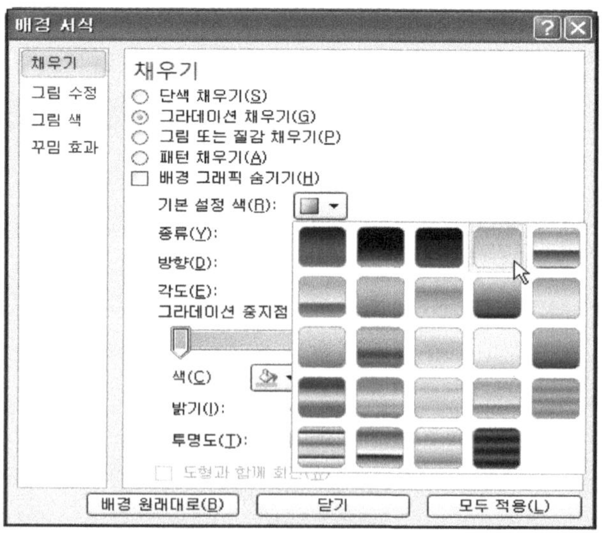

9 슬라이드를 완성한다.

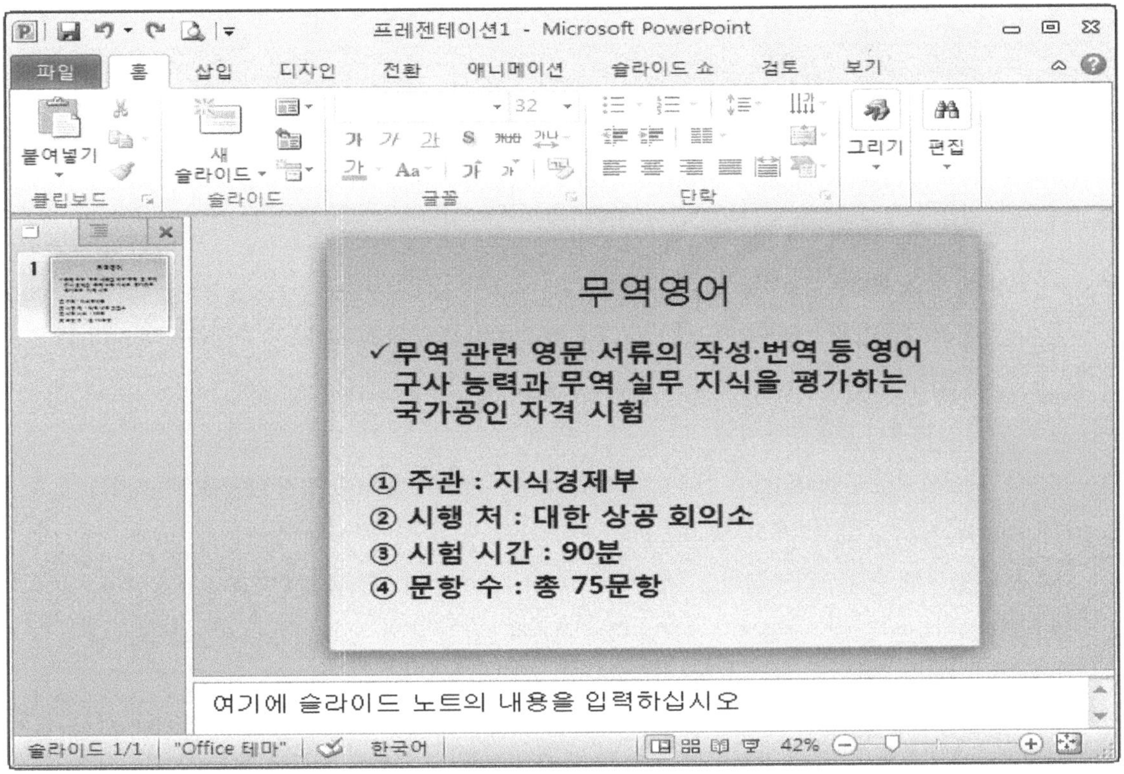
프레젠테이션1 - Microsoft PowerPoint
무역영어
✓무역 관련 영문 서류의 작성·번역 등 영어 구사 능력과 무역 실무 지식을 평가하는 국가공인 자격 시험
① 주관 : 지식경제부
② 시행 처 : 대한 상공 회의소
③ 시험 시간 : 90분
④ 문항 수 : 총 75문항
여기에 슬라이드 노트의 내용을 입력하십시오

⌘ 연습문제 1

다음의 슬라이드를 텍스트와 배경 서식 등을 활용하여 완성한다.

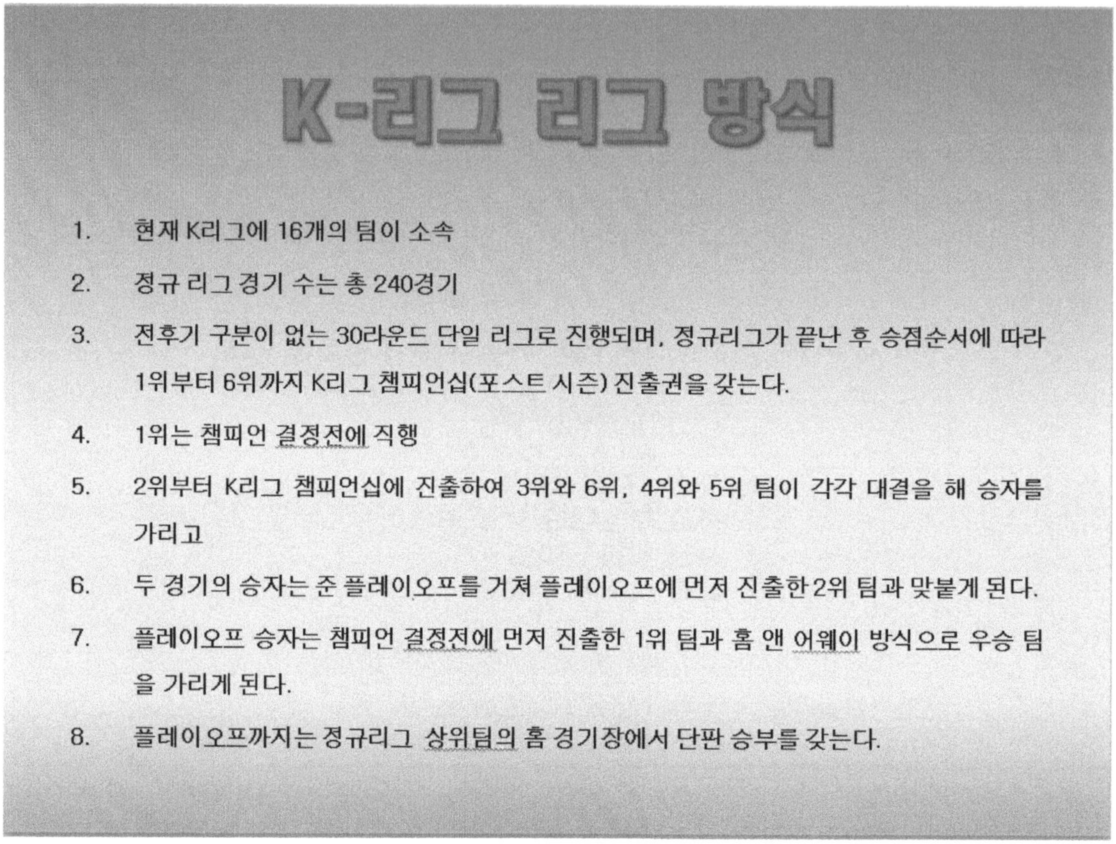

➽ 처리조건

① 슬라이드 레이아웃 : 제목 및 내용
② 제목 : 휴먼둥근헤드라인, 44pt, 주황, 강조 6, 25% 더 어둡게, 굵게, 텍스트그림자
③ 본문 : 돋움, 15pt, 굵게
④ 번호매기기 이용
⑤ 배경 서식 : 그라데이션 채우기[안개] 이용

⌘ 연습문제 2

글머리 기호와 목록 수준을 활용하여 다음의 슬라이드를 완성한다.

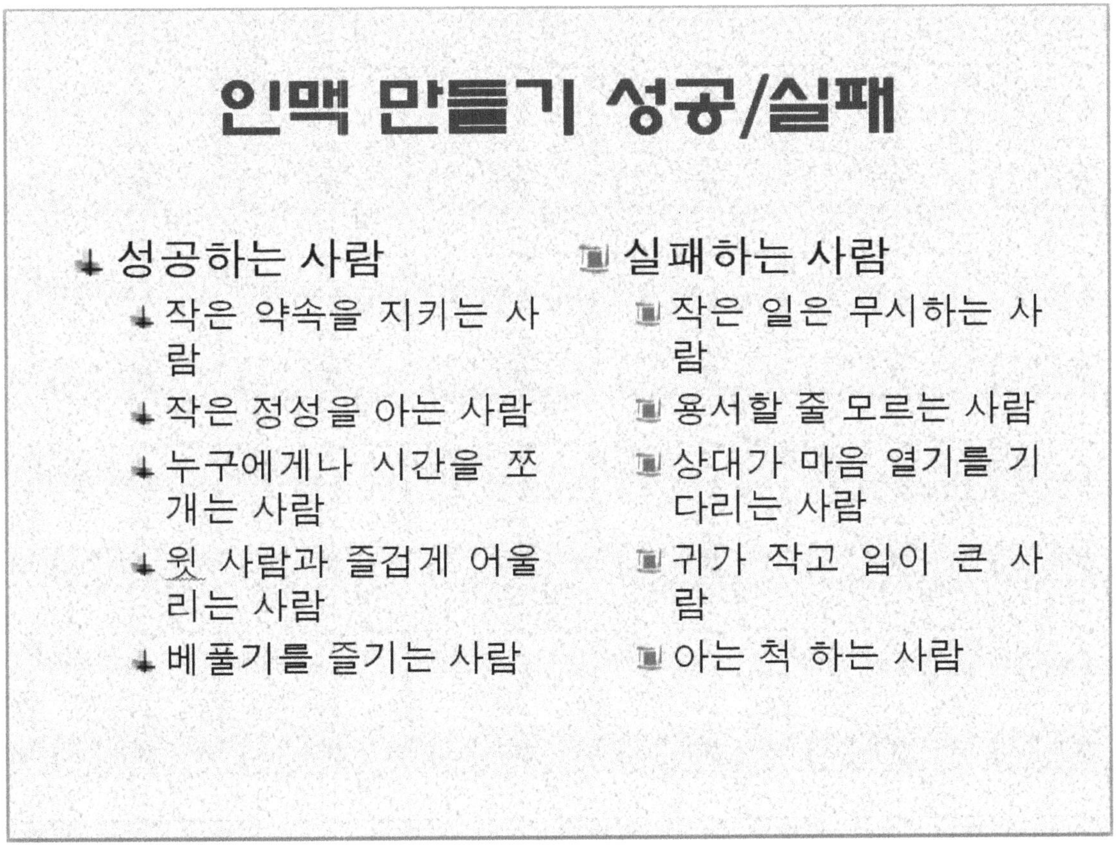

➽ 처리조건

① 슬라이드 레이아웃 : 콘텐츠 2개
② 제목 : 휴먼엑스포, 44pt, 굵게, 자주, 강조 4, 25% 더 어둡게
③ 본문 : 돋음, 24pt
④ 글머리 기호 이용
⑤ 목록 수준 조절
⑥ 배경 서식 : 그림 또는 질감 채우기 이용, 신문용지

⌘ 연습문제 3

다음의 슬라이드를 완성한다.

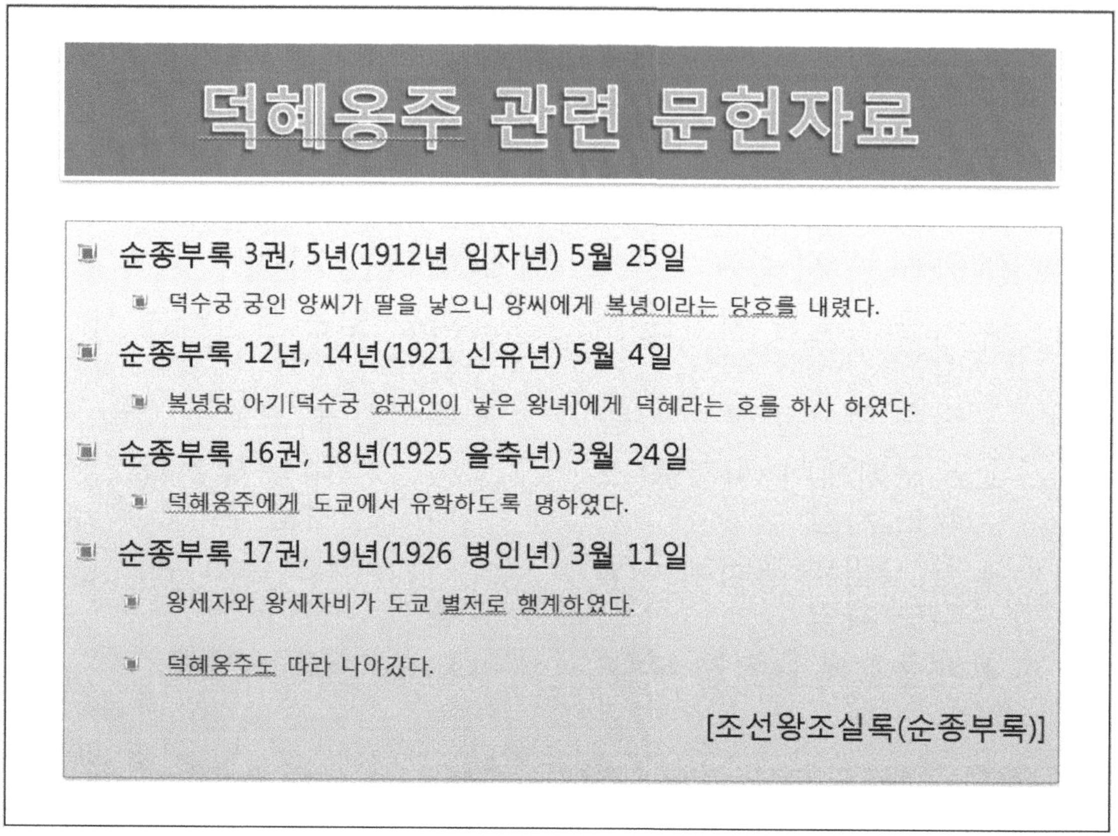

➽ 처리조건

① 슬라이드 레이아웃 : 제목 및 내용
② 제목 : 워드아트 채우기-황록색, 강조 3, 윤곽선-텍스트2
③ 본문 : 맑은고딕, 19pt, 15pt
④ 본문 : [도형스타일] 미세효과-파랑 강조1
⑤ 글머리기호 이용

⌘ 연습문제 4

다음의 슬라이드를 완성한다.

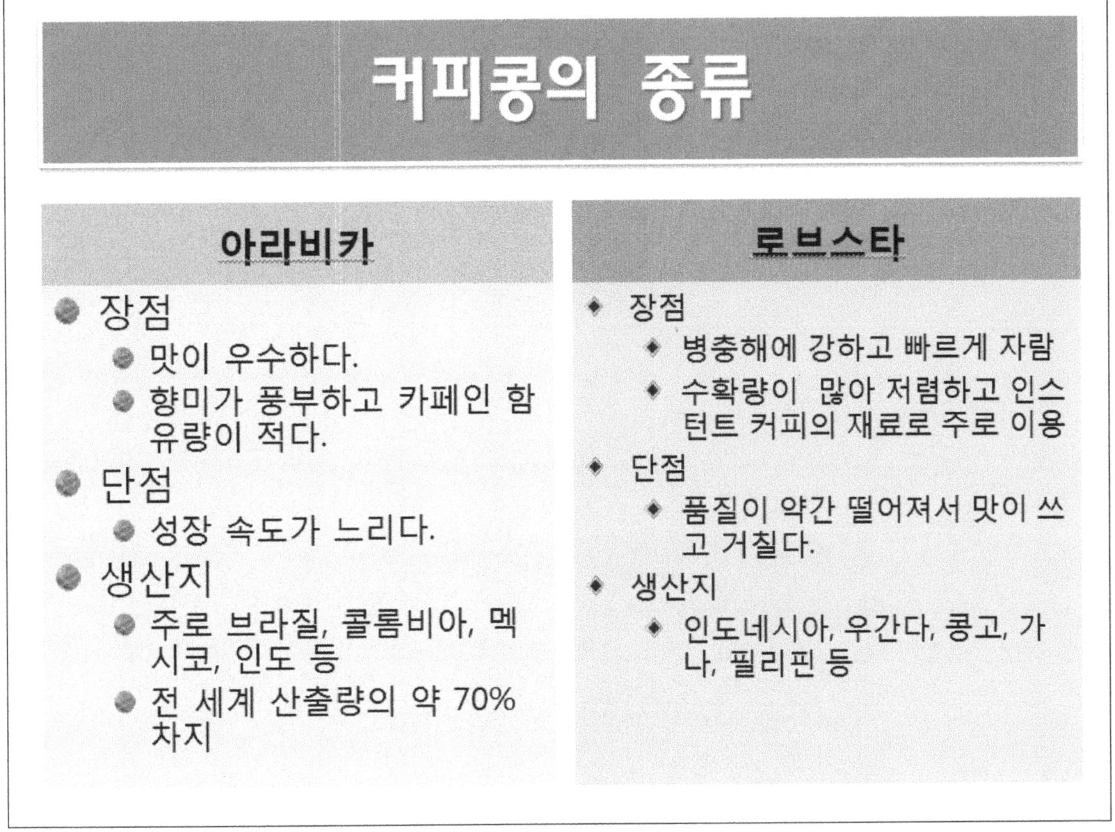

▶ 처리조건

① 슬라이드 레이아웃 : 비교
② 제목 및 텍스트 도형 채우기
③ 글머리 기호 이용 : 그림 이용
④ 목록 수준 조절

3

디자인관련 서식만들기

3.1 테마 이용하기

테마는 프레젠테이션 디자인의 모양과 느낌을 결정하는 요소이다. 처음 만들 때부터 테마를 선택하면 슬라이드의 모든 내용이 어떻게 나타날 것인지 미리 볼 수 있으므로 편리하다.

[1] 테마 선택하기

1. **[디자인]** 탭을 클릭한다.

2. 테마 축소판 그림 위에 포인터를 놓는다. 그림에 표시된 테마는 흐름이라고 한다. 이 탭의 테마 그룹에는 갤러리가 표시되고, 각 테마의 스크린 팁에는 테마 이름이 표시된다.

   테마를 통해 슬라이드와 슬라이드 요소에 배경 디자인, 개체 틀 레이아웃, 색 및 글꼴 스타일을 적용할 수 있다.

3. 슬라이드에 임시 미리 보기가 나타난다.
   처음부터 테마를 선택하면 나중에 추가할 차트나 표 등의 항목에 어떤 테마 색이 적용되는지 바로 알 수 있다.
   테마를 적용하기 전에 효과를 미리 보면 마음에 들지 않는 경우 실행을 취소하는 단계를 거치지 않아도 된다.

4 원하는 테마가 나오면 클릭하는 것으로 테마를 적용시킬 수 있다.

테마가 적용되었을 때에는 테마 내에 내장되어있는 글꼴이 테마를 등록함과 동시에 자동 적용되므로 글꼴도 함께 참고 하는 것이 좋다.

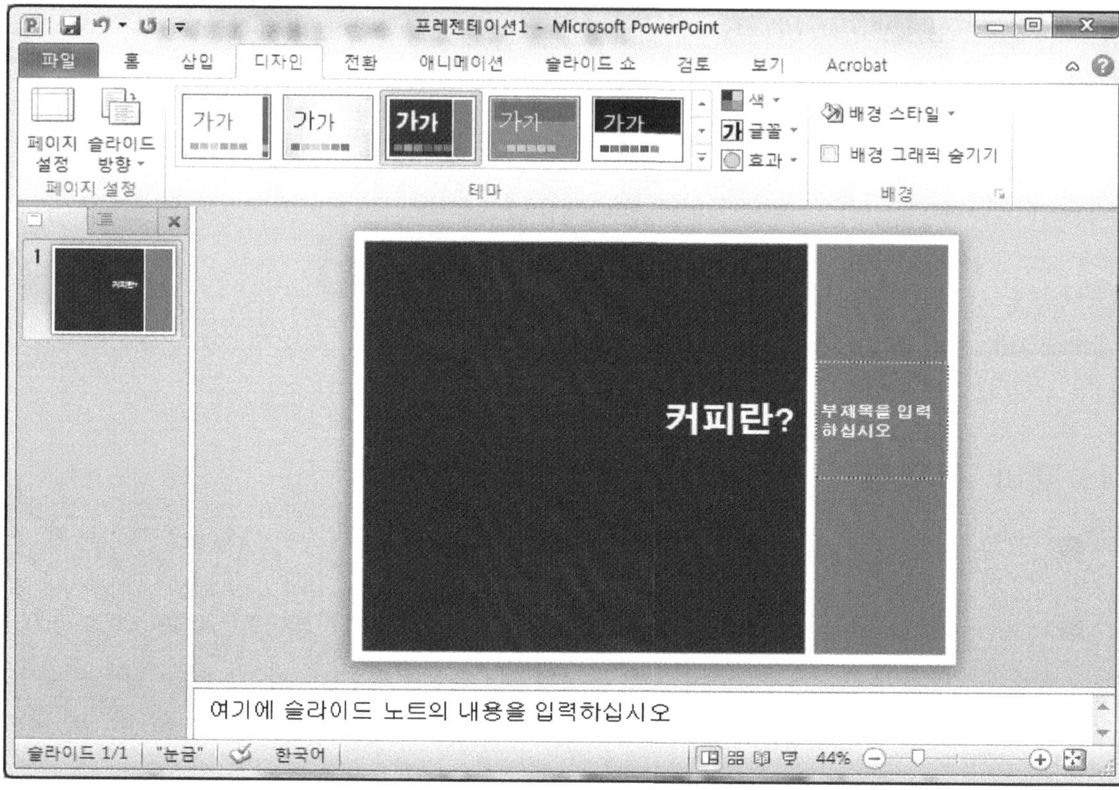

만약에 모든 슬라이드에 적용하지 않고 원하는 슬라이드만을 적용하기를 원한다면 원하는 테마위에서 오른쪽 버튼을 눌러 **[선택한 슬라이드에 적용]**을 클릭한다.

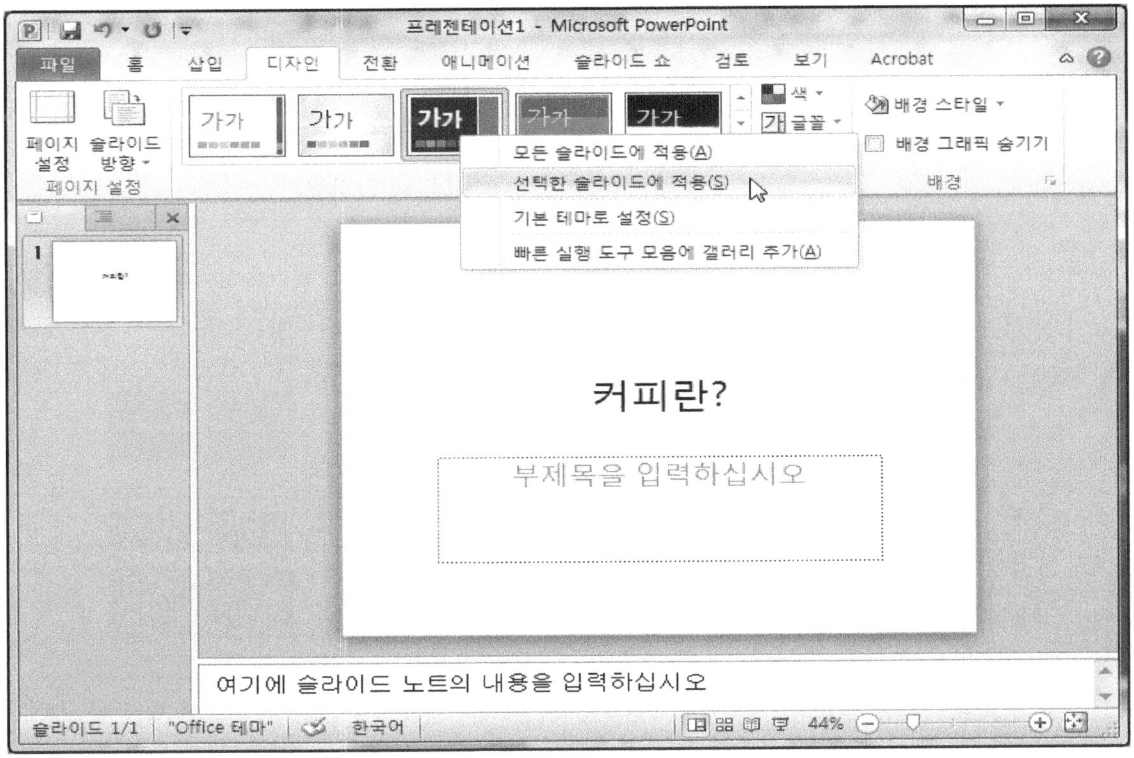

[2] 테마 수정하기

테마를 약간 수정해 보면 더 흥미로울 것이다.

디자인 탭에는 테마를 수정하려는 경우에 사용할 수 있는 다른 갤러리도 있다. 갤러리의 선택 항목 위에 마우스 포인터를 놓으면 슬라이드에서 해당 항목이 적용된 모양을 미리 볼 수 있다.

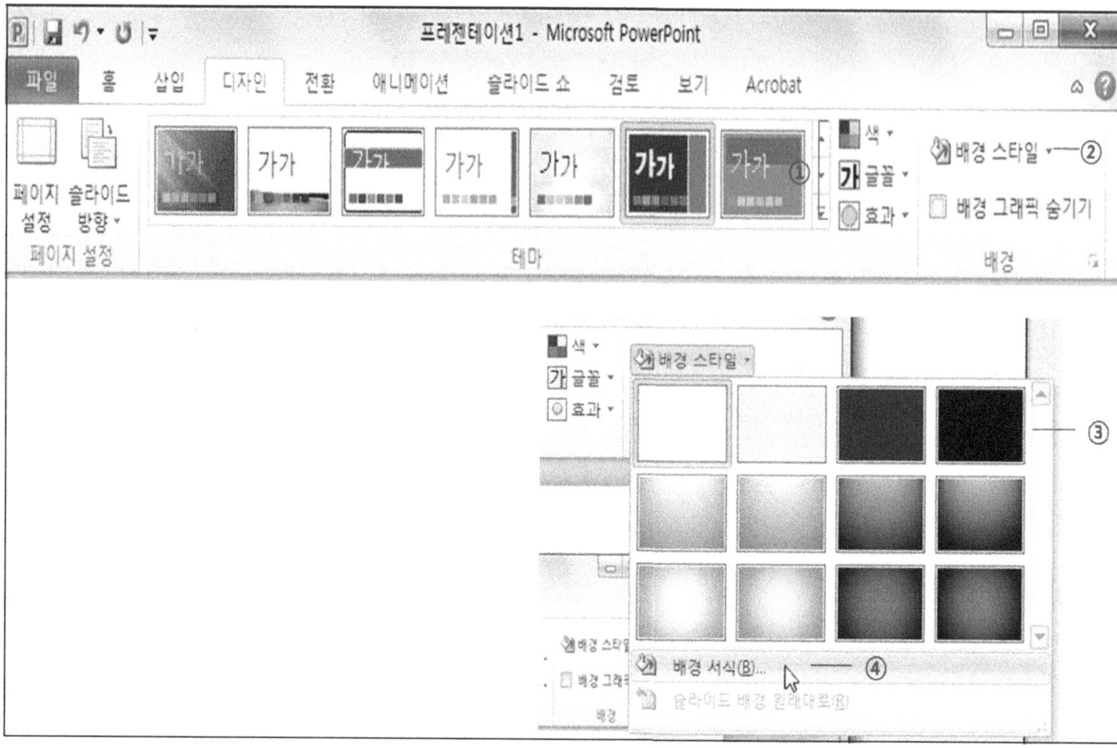

① 디자인 탭의 **색, 글꼴 및 효과 갤러리**를 사용한다.

② 다른 **배경 스타일**을 표시한다. 이때 선택 항목에는 현재의 테마 색이 적용되어 있다.

③ 축소판 그림을 가리켜서 다른 배경을 미리 본다.

④ 사진과 같이 고유한 배경을 적용하려면 배경 서식을 클릭한다.

테마수정하기

- **색** : 사용할 수 있는 각 테마에는 일련의 색이 사용되어 있다. 하지만 원하는 테마 색을 선택하거나 기존 색을 수정할 수도 있다.
- **글꼴** : 슬라이드에 적용할 글꼴을 선택한다. 각 글꼴에는 제목 텍스트용 글꼴과 본문 텍스트용 글꼴이 포함되어 있다.
- **효과** : 네온, 부드러운 가장자리, 3차원 모양 등 도형에 사용할 수 있는 다양한 시각적 효과이다.
- **배경 스타일** : 현재 테마 색의 범위 내에서 테마 배경을 미묘하게 변경한다. 그림에는 배경 스타일의 샘플이 나와 있다.

[3] 슬라이드 레이아웃 결정하기

슬라이드를 삽입할 때 자동으로 레이아웃이 적용되는 슬라이드를 삽입할 수 있다. 또한 슬라이드를 삽입하기 전에 레이아웃을 선택할 수 있다.

1 **[홈]-[슬라이드]-[새 슬라이드]** 선택한다.

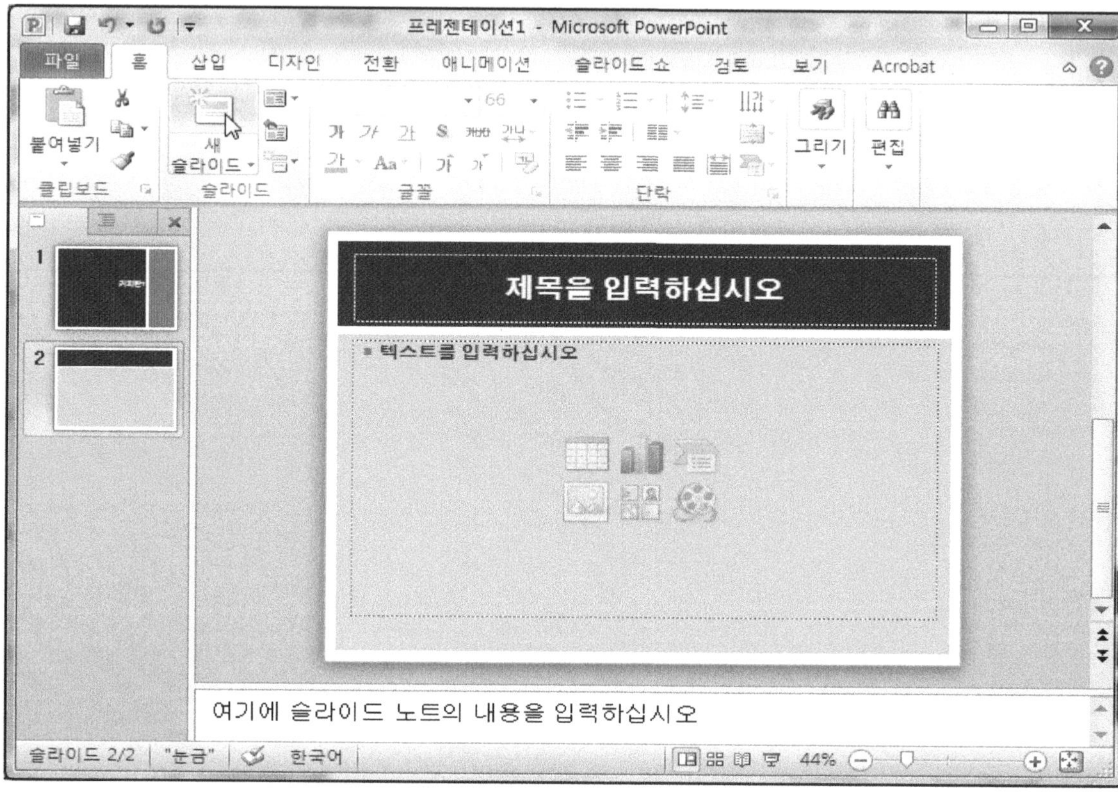

2 기본 레이아웃 슬라이드가 추가된다.

3 새 슬라이드를 누르기 전에 아래로 화살표를 누르면, 원하는 레이아웃의 슬라이드를 삽입할 수 있다.

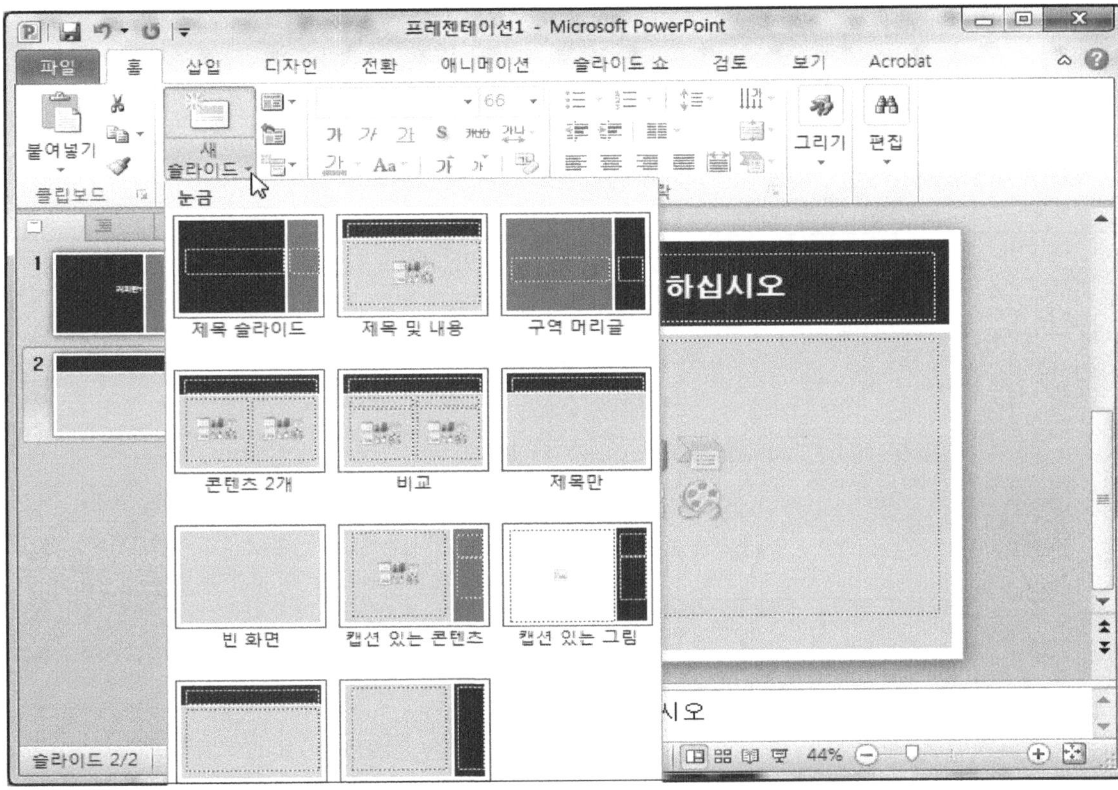

3.2 그림 이용하기

시청각 효과를 통한 정보 전달을 목적으로 하는 것이 프레젠테이션이다. 따라서 눈에 보이는 사진이나 클립아트 등의 그림을 삽입함으로써 집중도를 높일 수 있다.

두 번째 슬라이드에 그림이나 사진을 그림 개체로서 삽입하고 편집해 본다.

[1] 그림 삽입하기

1. **[홈]-[새 슬라이드]-[레이아웃]**에서 콘텐츠 2개를 선택한다.

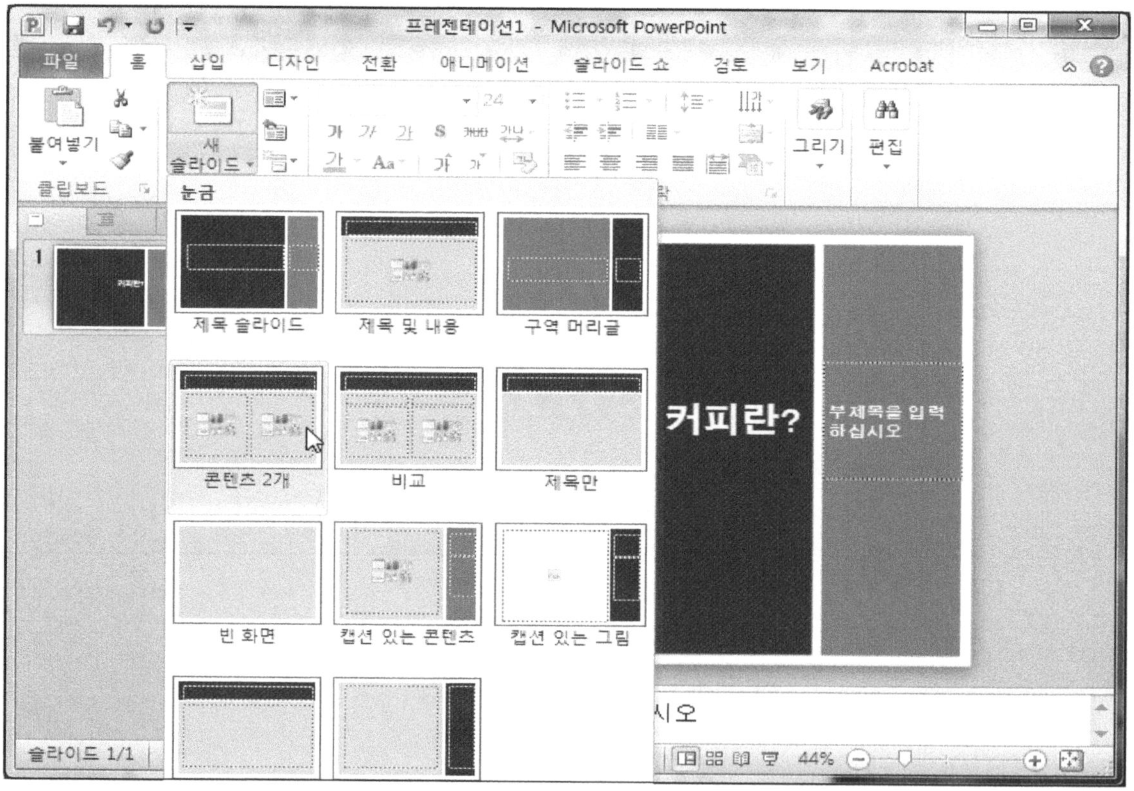

2. 제목에 「커피란?」이라고 입력한다.

3. 왼쪽의 콘텐츠 박스에 다음과 같이 입력한다.

커피나무에서 생두를 수확하여, 가공공정을 거쳐 볶은 후 한 가지 혹은 두 가지 이상의 원두를 섞어 추출/분쇄하여 마시는 기호음료 이다.

카페인을 함유하고 있으며, 독특한 향기가 있어 차의 원료로 널리 애용되고 과자나 음료수의 복합 원료로도 많이 활용된다.

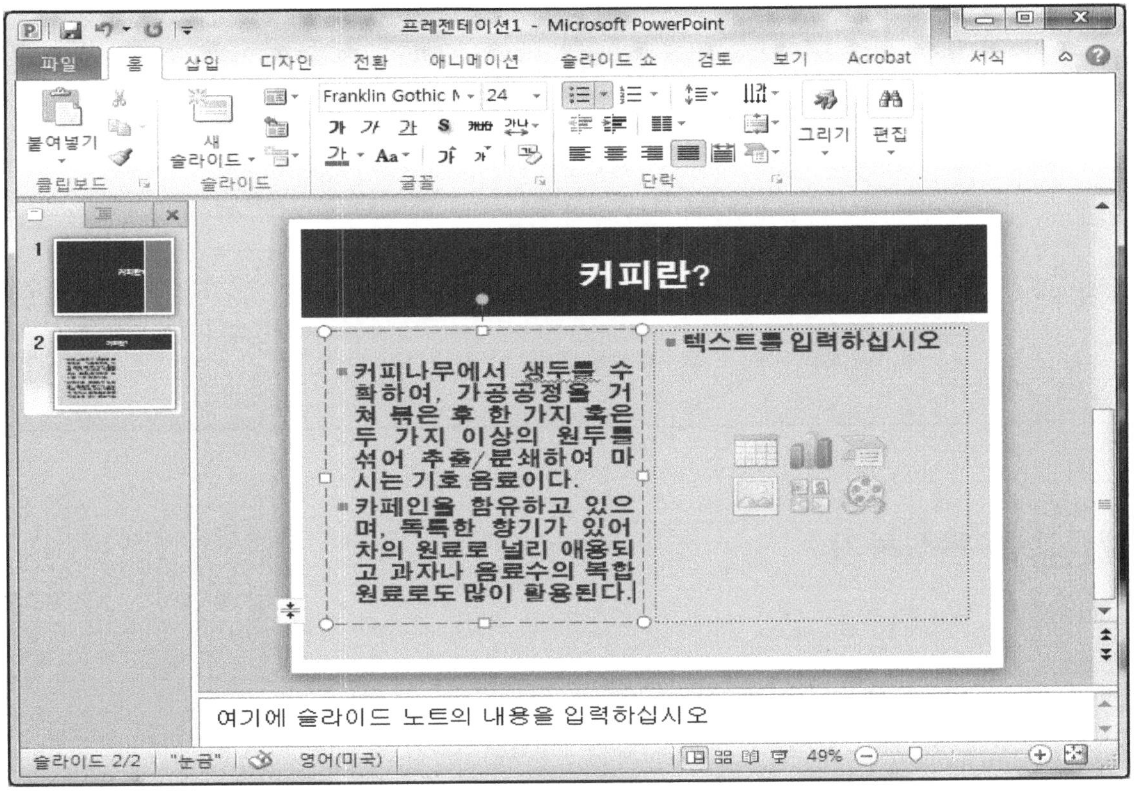

4 **[삽입]-[그림]**을 선택하거나, 오른쪽 콘텐츠에서 그림( )을 선택한다.

5 원하는 그림을 선택한 후 [삽입]을 누른다.

6 그림 크기 조절 핸들을 이용하여 알맞은 크기로 그림을 조절한다.

[2] 그림 편집하기

그림도구 추가메뉴에는 그림 개체를 편집할 수 있는 기능이 있다.

추가메뉴인 **[그림도구]-[서식]**에는 그림에 맞는 메뉴가 나타난다.

또한 **[조정], [그림 스타일]**의 메뉴와 함께 **[정렬], [크기]**의 메뉴가 나타난다.

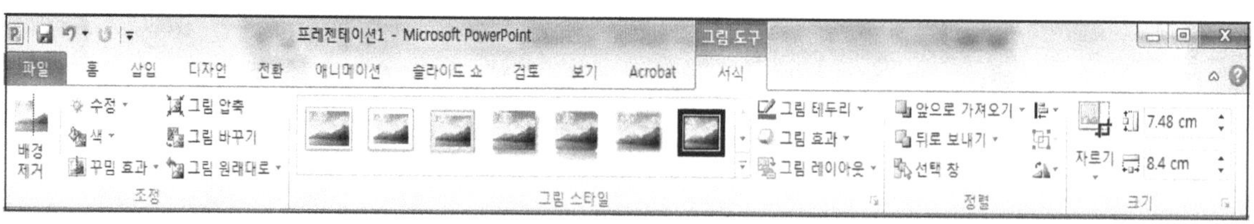

1 삽입한 사진을 선택한 후, **[그림 도구]-[서식]-[그림 스타일]-[반사형 입체, 흰색]**을 선택한다.

② **[그림 스타일]-[그림 테두리]-[황갈색, 강조1, 25% 더 어둡게]**을 선택하여 그림 테두리를 편집한다.

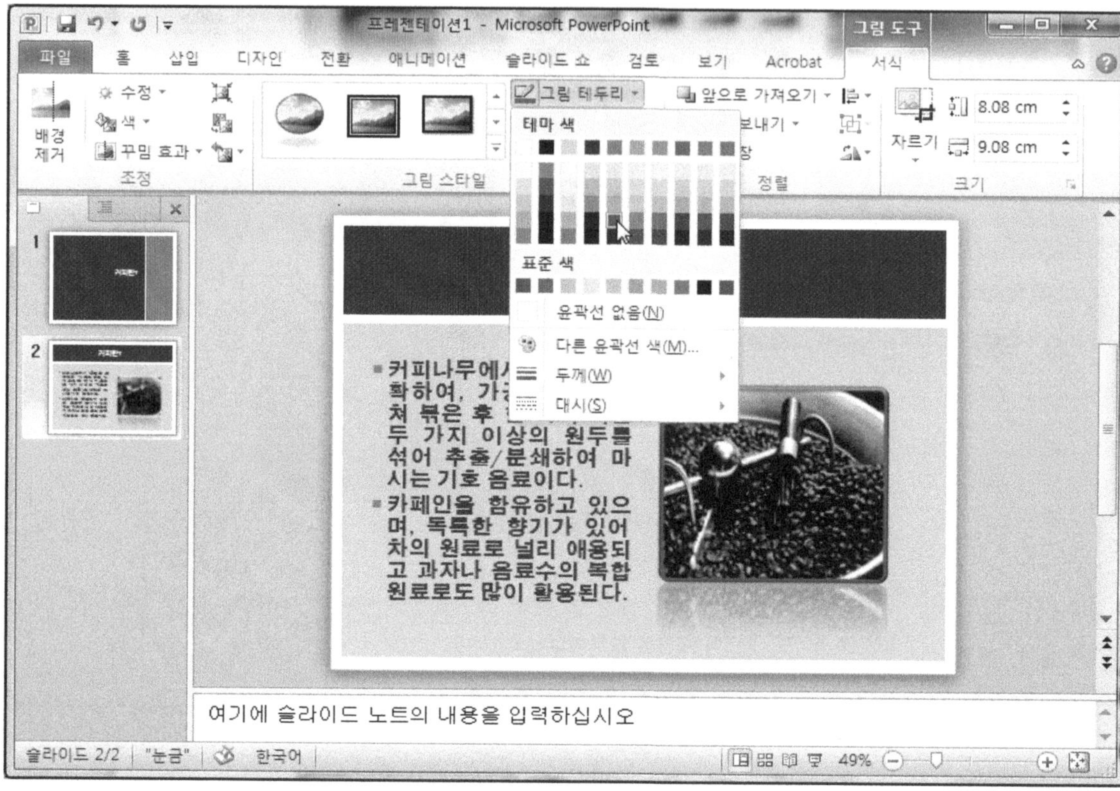

■ 테마가 적용된 그림에 **[조정]-[색]-[다시 칠하기]**에서 원하는 것을 선택하여 그림에 효과를 준다.

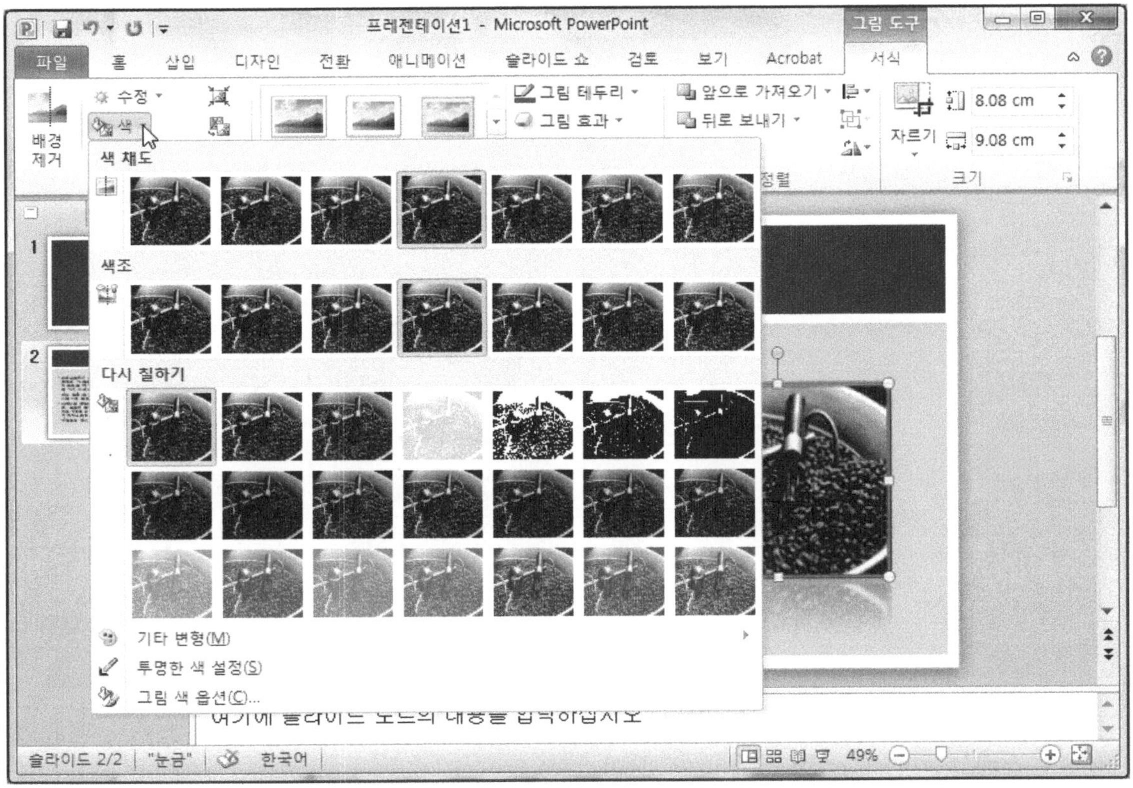

추가메뉴

[추가메뉴]-[그리기 도구]-[그림 스타일 옵션]과 [추가메뉴]-[그리기 도구]-[조정]의 메뉴

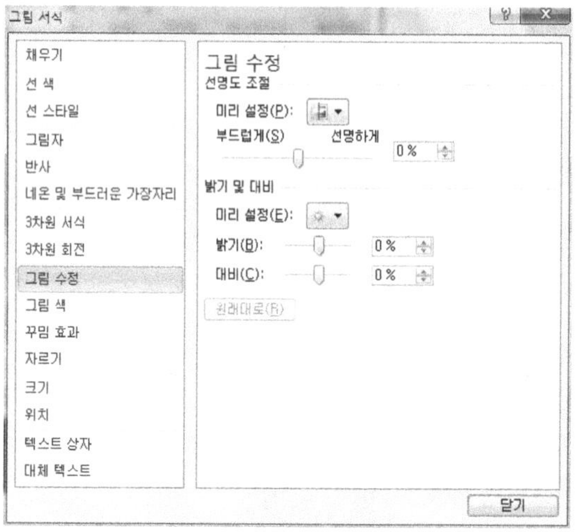

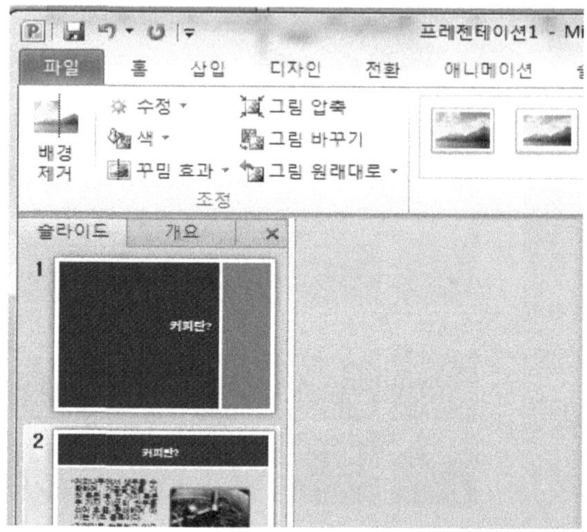

① 그림 서식의 대화상자는 그림에 할 수 있는 모든 옵션이 지정되어있어 한 번에 편집하기가 편리하다.

② **[추가메뉴]-[그리기 도구]-[조정]**

- **수정** : 그림의 밝기, 대비 및 선명도를 높인다.
- **색** : 품질을 향상시키거나 문서 내용에 맞추기 위해 그림색을 변경한다.
- **꾸밈효과** : 그림에 꾸밈효과를 추가하여 좀 더 스케치 또는 회화처럼 보이도록 만든다.
- **그림 압축** : 문서에서 그림을 축소하여 크기를 줄인다.
- **그림 바꾸기** : 현재 그림의 서식과 모양을 유지하면서 다른 그림으로 변경한다.
- **그림 원래대로** : 이 그림에 대해 변경한 서식을 모두 최소 한다.

3.3 사진 앨범 만들기

사진 앨범 기능을 이용하여 개인용 사진이나 업무용 사진을 쉽게 정리하고 보여줄 수 있다. 단순하게 사진만 나열하는 것이 아니라 편집에 따라 시선을 끌 수 있는 슬라이드 전환, 다양한 테마를 적용할 수 있고, 사진마다 캡션을 넣을 수 있다.

[1] 새 사진 앨범 만들기

앨범으로 만들 사진이 준비되면 언제든지 만들 수 있다. 사진의 크기는 일정하게 하는 것이 좋다.

[삽입]탭의 **[이미지]** 그룹에 있는 **사진앨범**( )에서 **[새 사진 앨범]**을 선택하면 사진을 삽입하고 간단한 편집을 할 수 있는 사진 앨범 대화상자가 나타난다.

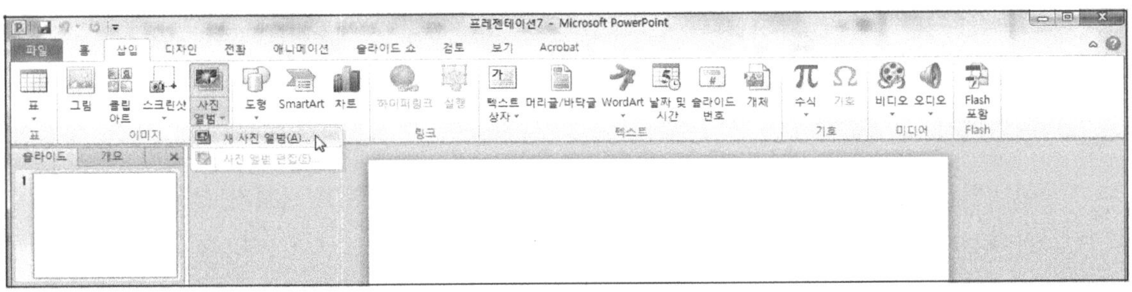

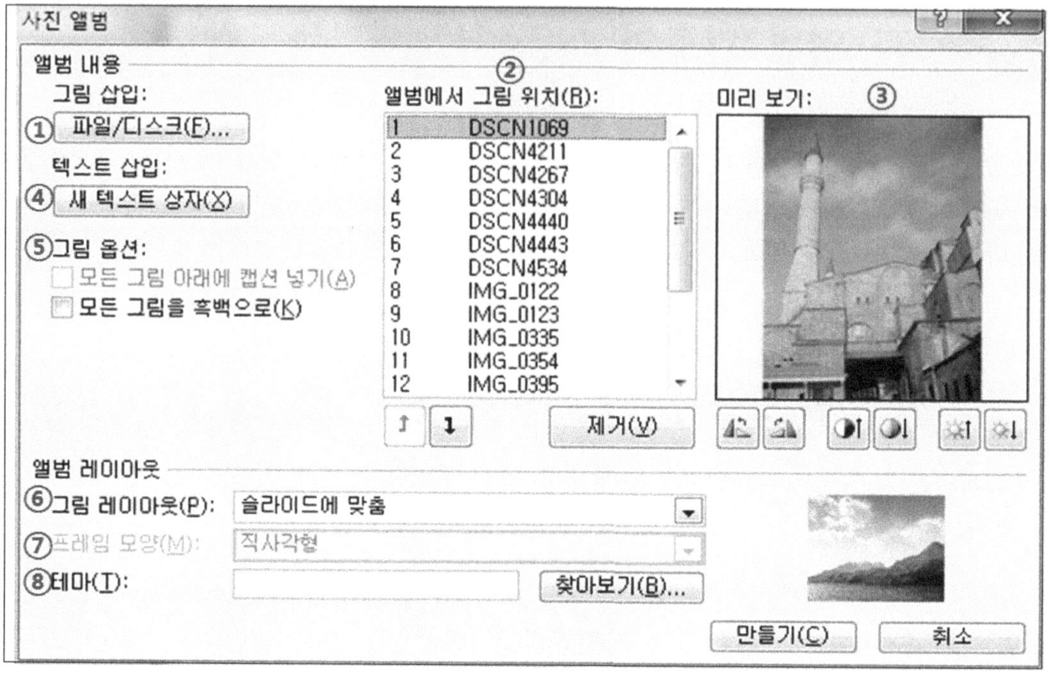

① **파일/디스크 :** 클릭하여 추가할 사진을 선택 한다. Shift 키나 Ctrl 키를 이용하여 한꺼번에 여러 파일을 선택할 수 있다.

② **앨범에서 그림 위치 :** 앨범에 삽입될 사진들이 나열된다. 목록에서 사진 이름을 선택한 후 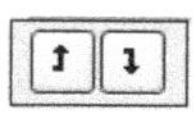 를 눌러 사진의 위치를 바꿀 수 있고, **[제거]** 단추를 눌러 목록에서 제거할 수도 있다.

③ **미리보기 : ②앨범에서 그림 위치**에서 사진이름을 클릭하면 이곳에 표시된다. 미리보기 창 아래의 도구들을 이용하여 간단하게 사진을 편집할 수 있다.

 : 사진을 회전 시킨다.

 : 사진의 대비를 조절한다.

 : 사진의 밝기를 조절한다.

④ **텍스트 삽입 :** 슬라이드에 텍스트를 넣으려고 할 때 **[새 텍스트 상자]**를 클릭한다.

⑤ **그림 옵션 :**

- 모든 그림 아래에 캡션 넣기 : 그림마다 바로 아래에 간단한 캡션을 넣는다.
- 모든 그림을 흑백으로 : 앨범안의 모든 사진을 흑백으로 표시한다.

⑥ **그림 레이아웃 :** 슬라이드에 표시할 사진개수를 표시한다.

「슬라이드 맞춤」과 「그림 1개」는 모두 슬라이드 한 장에 한 장의 그림을 표시하지만, 「그림 1개」를 선택하면 슬라이드에 여백을 두고 그림을 표시한다.

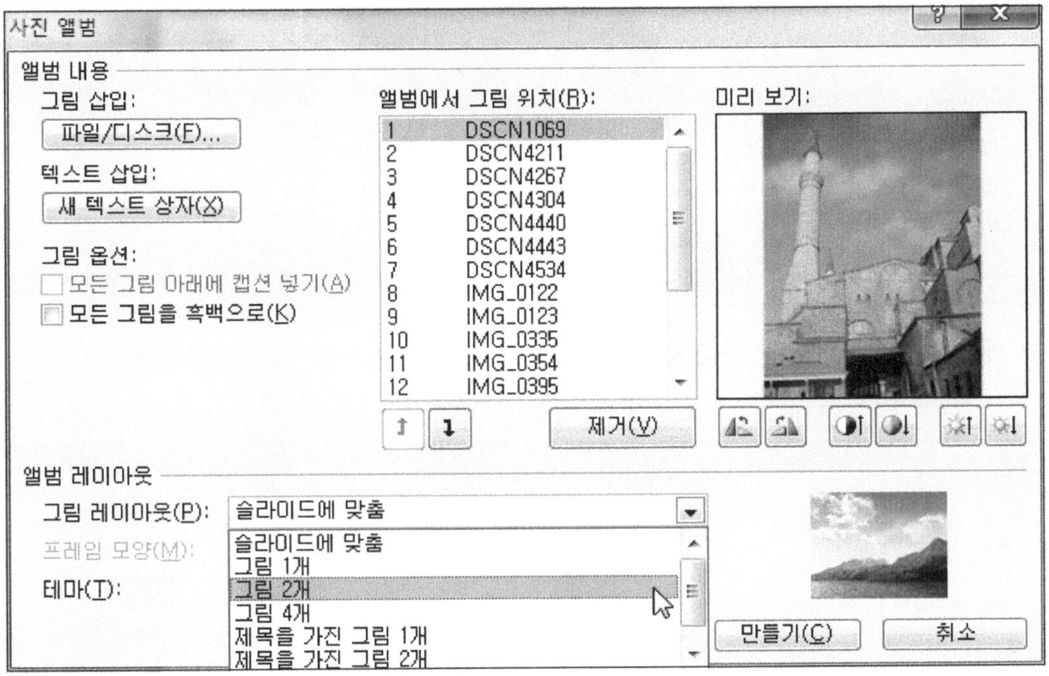

⑦ **프레임 모양 :** 사진의 프레임 모양을 선택할 수 있다. 목록을 펼친 후 항목을 선택하면 오른쪽에 작은 그림으로 표시되므로 작은 그림을 확인하면서 원하는 프레임을 선택한다.

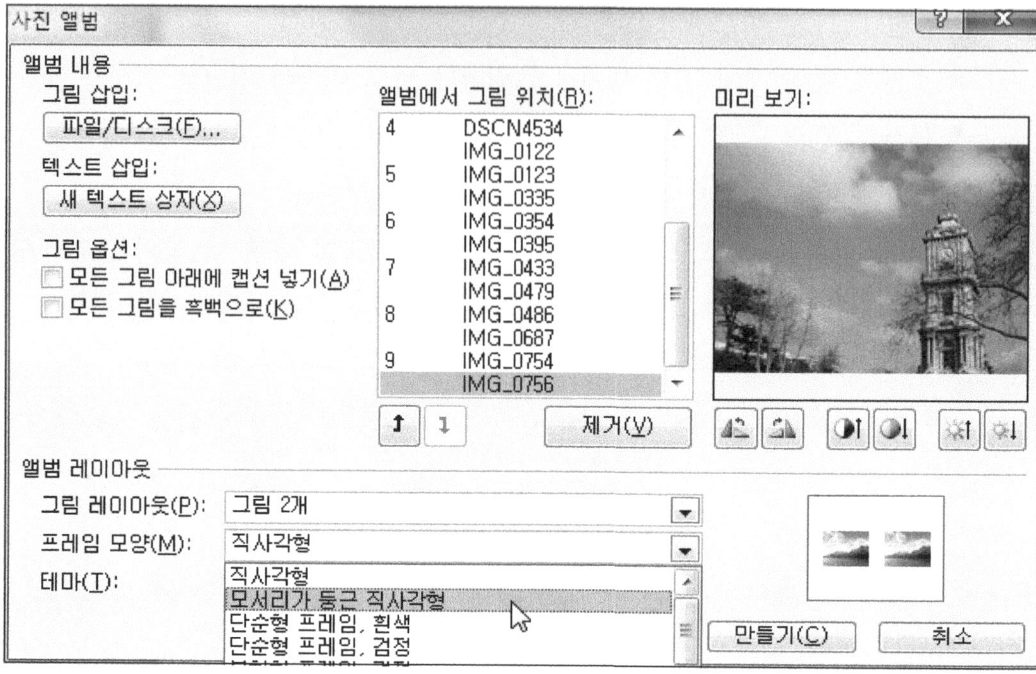

⑧ **테마 : [찾아보기]**를 클릭하면 마이크로소프트 오피스의 테마를 선택할 수 있는 폴더가 열린다. 원하는 테마를 선택한다.

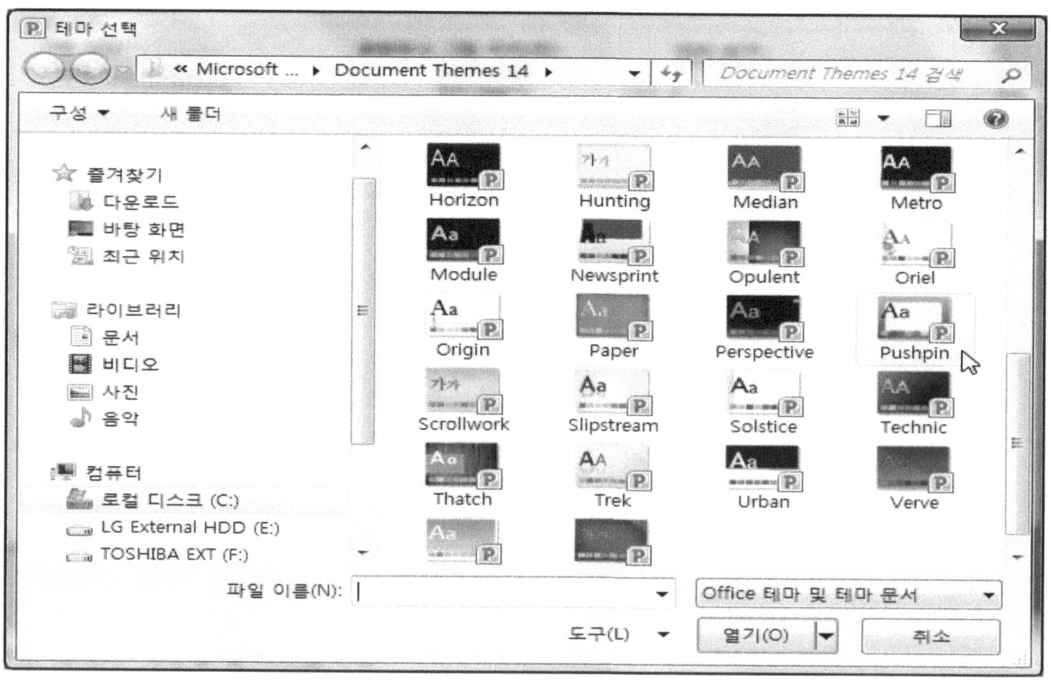

다음은 슬라이드당 2개의 그림이 표시 되도록 하고 프레임이 모서리가 둥근 직사각형, 테마가 Pushpin을 선택하여 완성된 사진 앨범이다.

[2] 사진 앨범 편집하기

1 현재 사진 앨범이 열려있을 경우 **[삽입]-[일러스트레이션]** 그룹에 있는 사진앨범 ( )에서 **[사진 앨범 편집]**을 선택하면 사진 앨범 편집 대화상자가 나타난다.

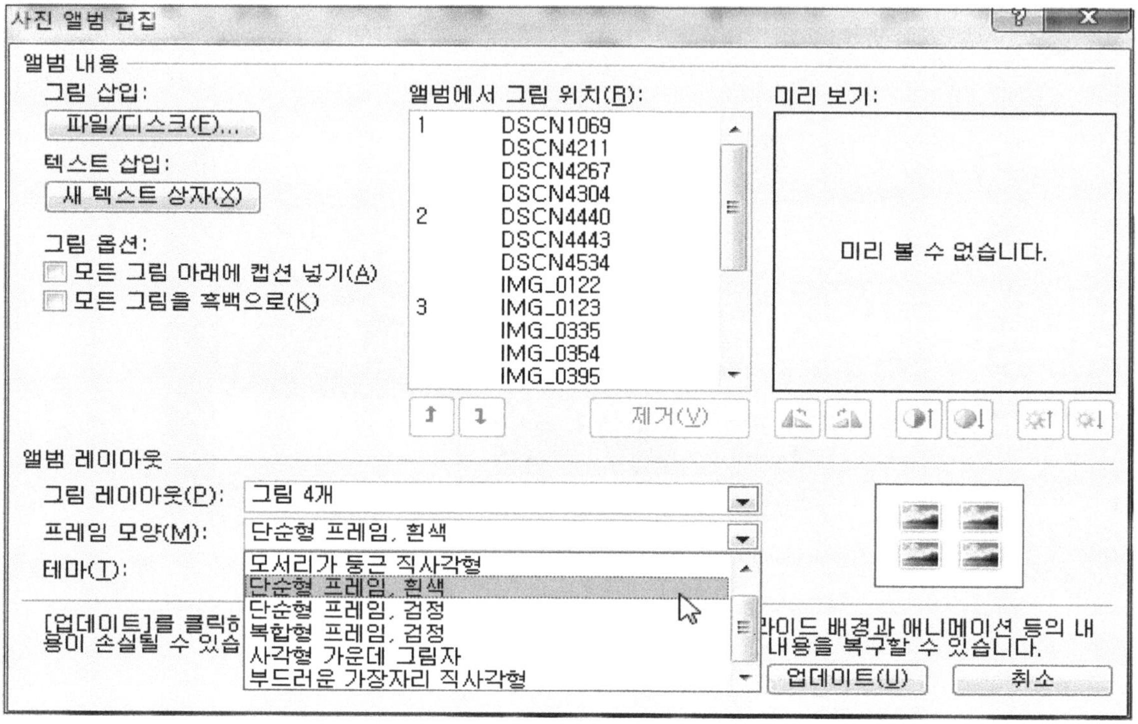

2 필요한 항목을 수정한 후 **[업데이트]**를 클릭하면 사진 앨범을 수정할 수 있다.

3.4 클립아트 이용하기

클립아트는 파워포인트에서 제공하는 대량의 기본적인 사진 및 그림 이미지, 동영상, 사운드 등을 말한다. 프레젠테이션 할 때 적절한 클립아트의 삽입은 전달하고자하는 내용을 좀 더 효과적이고 간결하게 표현 할 수 있다.

[1] 클립아트 삽입

1 **[삽입]-[클립아트]**를 클릭하거나, 슬라이드 추가할 때 보이는 레이아웃화면에서 클립아트( )를 클릭한다.

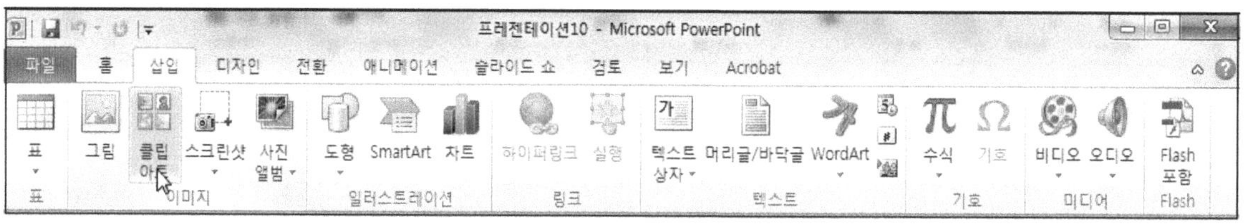

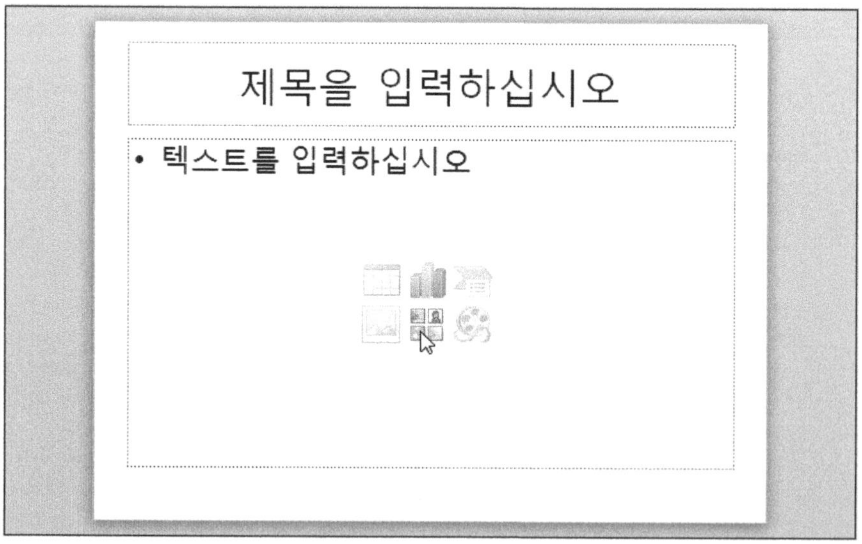

2 클립아트 도구 상자가 나타나면 검색 대상에 과일을 입력하고 이동을 클릭한다. 또는 검색대상 없이 이동을 클릭하면 클립아트가 나타난다.

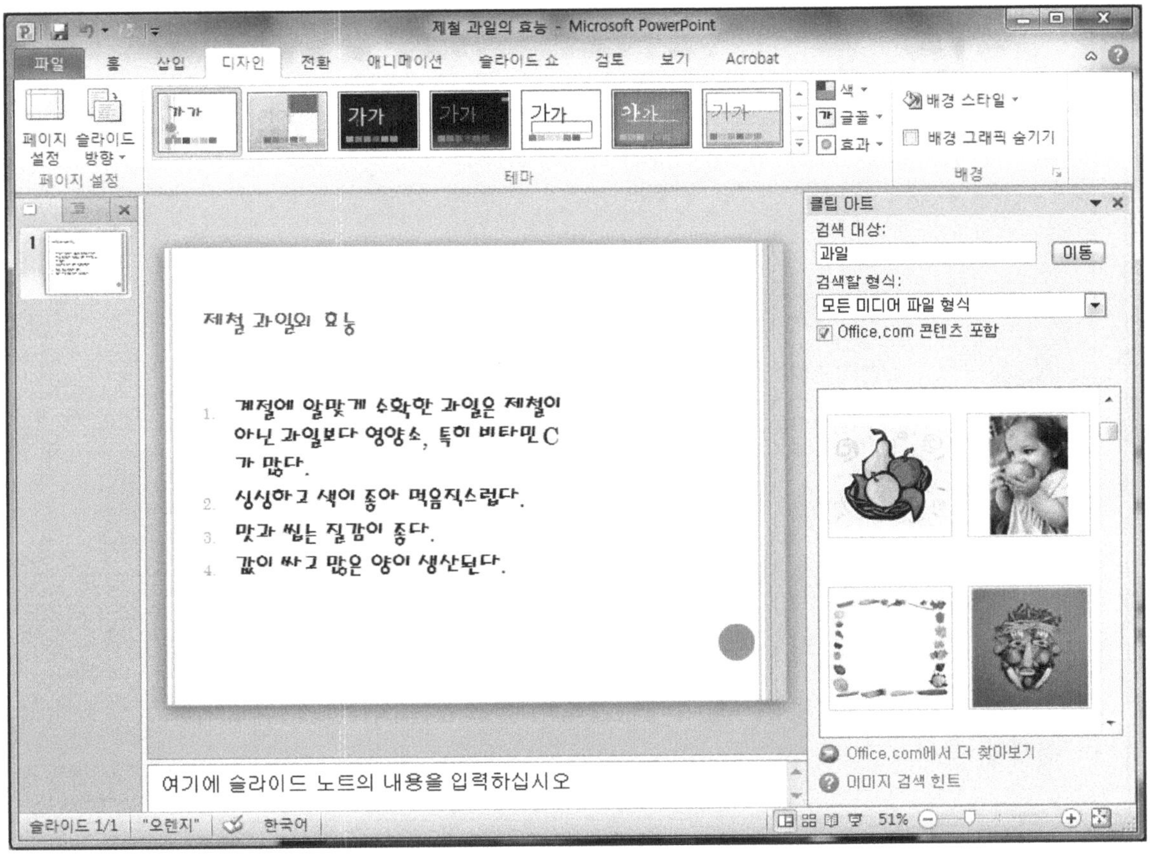

3 원하는 클립아트를 선택하여 슬라이드에서 클릭한다.

4 입력한 클립아트의 크기조절 핸들을 이용하여 적당한 크기로 조절한다.

5 클립아트 또한 그림속성을 지니고 있기 때문에, **[그림도구]-[서식]**의 추가 메뉴가 생성된다. 원하는 대로 효과를 준다.

클립아트 검색

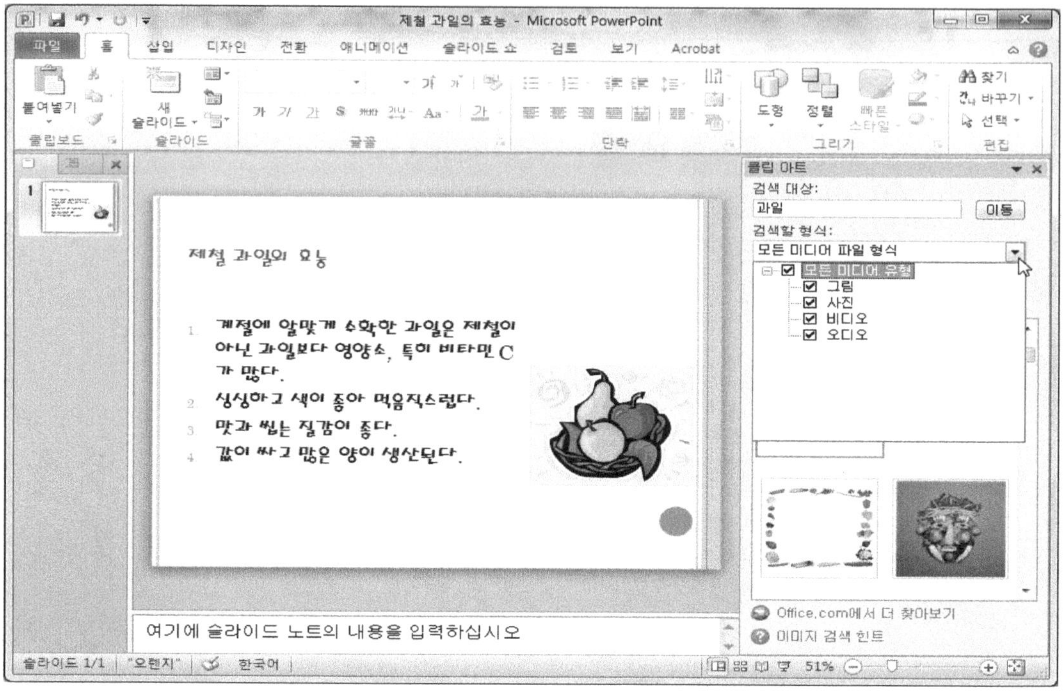

- **검색대상** : 검색어 입력란
- **검색할 형식** : 그림, 사진, 비디오, 오디오 및 모든 유형을 선택할 수 있다.

[2] 클립아트 변형하여 사용하기

❶ 클립아트를 선택한다.

❷ **[그림 도구]**-**[서식]**탭에서 **[정렬]**-**[그룹]**을 클릭한 후 **[그룹해제]**를 선택한다.

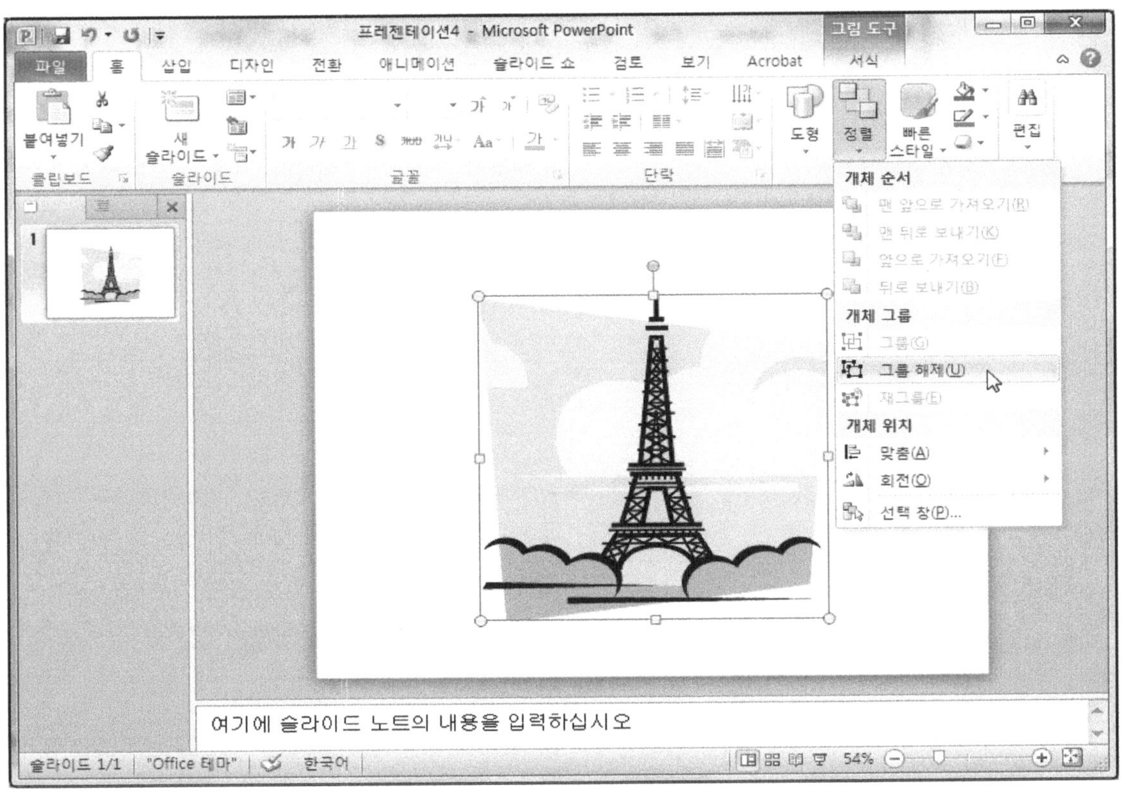

3 클립아트를 그리기 개체로 변환할지를 묻는 메시지 창이 나타나면 **[예]**를 클릭한다.

4 Ctrl+Shift+G를 눌러 한 번 더 그룹을 해제하여 클립아트를 세세한 여러 개의 개체로 만든다.

여기서 그룹 단축키는 Ctrl+G 이고, 그룹 해제 단축키는 Ctrl+Shift+G 이다.

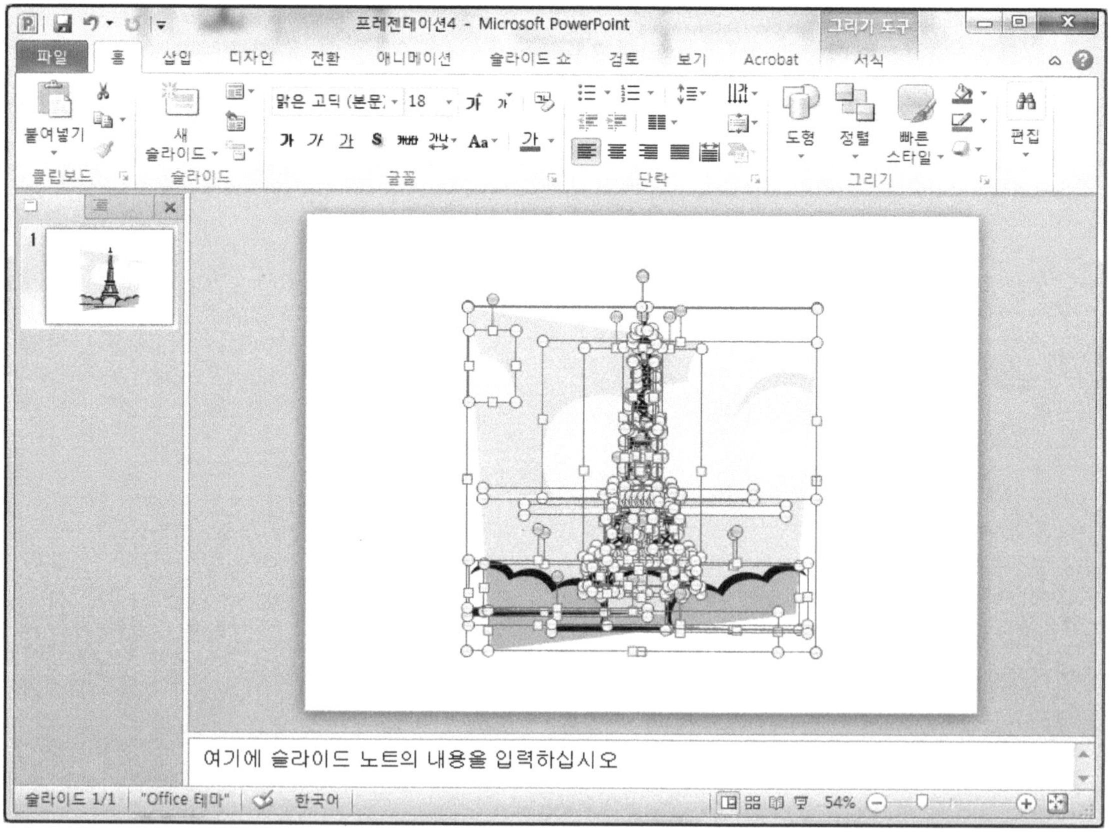

5 그룹 해제한 개체 중에서 원하는 불필요한 개체를 선택한다. 여기서는 3개를 선택한다. 선택한 후 Delete를 눌러 삭제한다.

6 나머지 개체를 선택한 후 그룹화 한다.

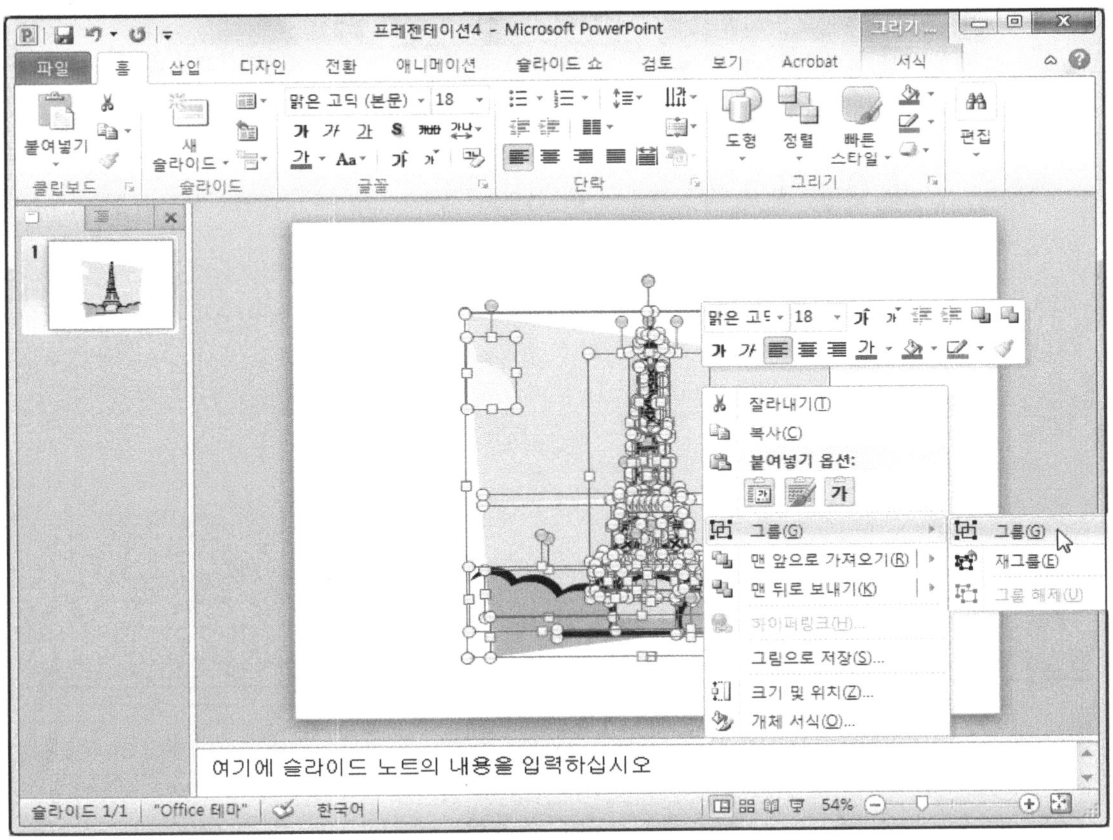

7 클립아트나 그림 등의 개체 꾸미기는 방법이 동일하다. **[그리기 도구]-[서식]**탭의 **[도형 스타일]** 그룹에서 **[미세효과 - 자주 강조 4]**를 선택하여 꾸민다.

수정한 클립아트는 개체위에서 오른쪽 버튼을 눌러 바로가기 메뉴에서 **[그림으로 저장]**을 선택하여 저장한다.

3.5 도형 이용하기

도형을 이용하여 프레젠테이션을 만들어 본다.

도형을 삽입하는 방법은 **[홈]-[그리기]-[도형]**을 클릭하거나, **[삽입]-[일러스트레이션]-[도형]**을 클릭하면 된다.

도형에는 선, 사각형, 기본도형, 블록 화살표, 수식도형, 순서도, 별 및 현수막, 설명선 및 실행단추를 제공한다.

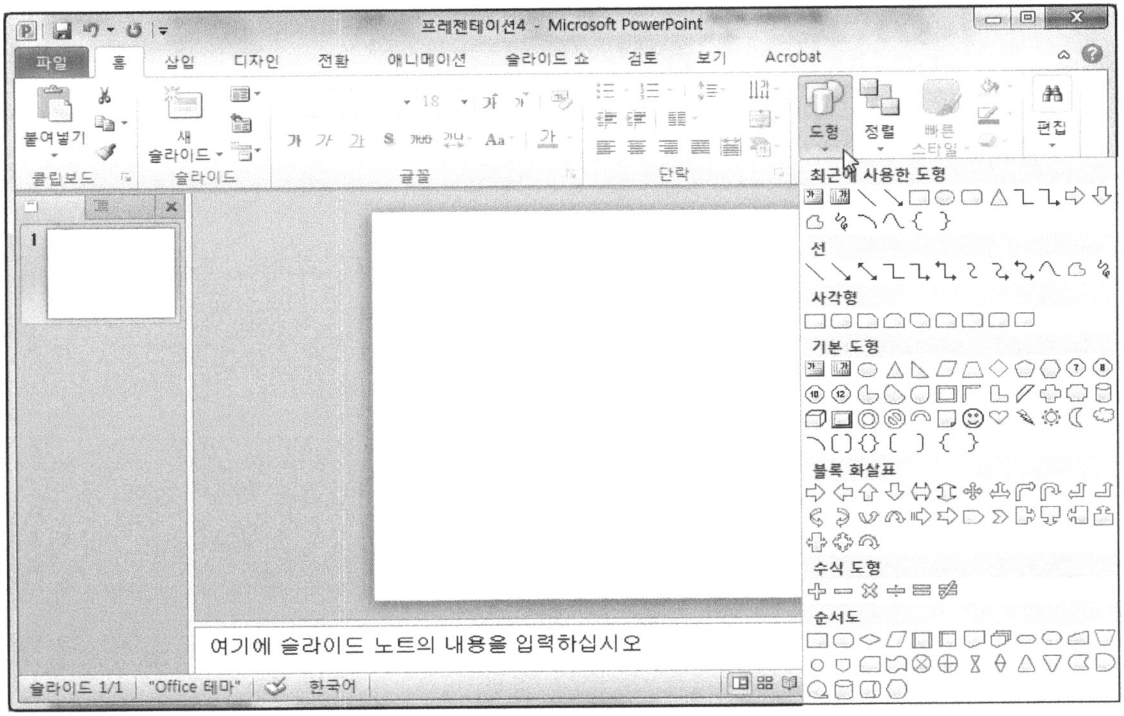

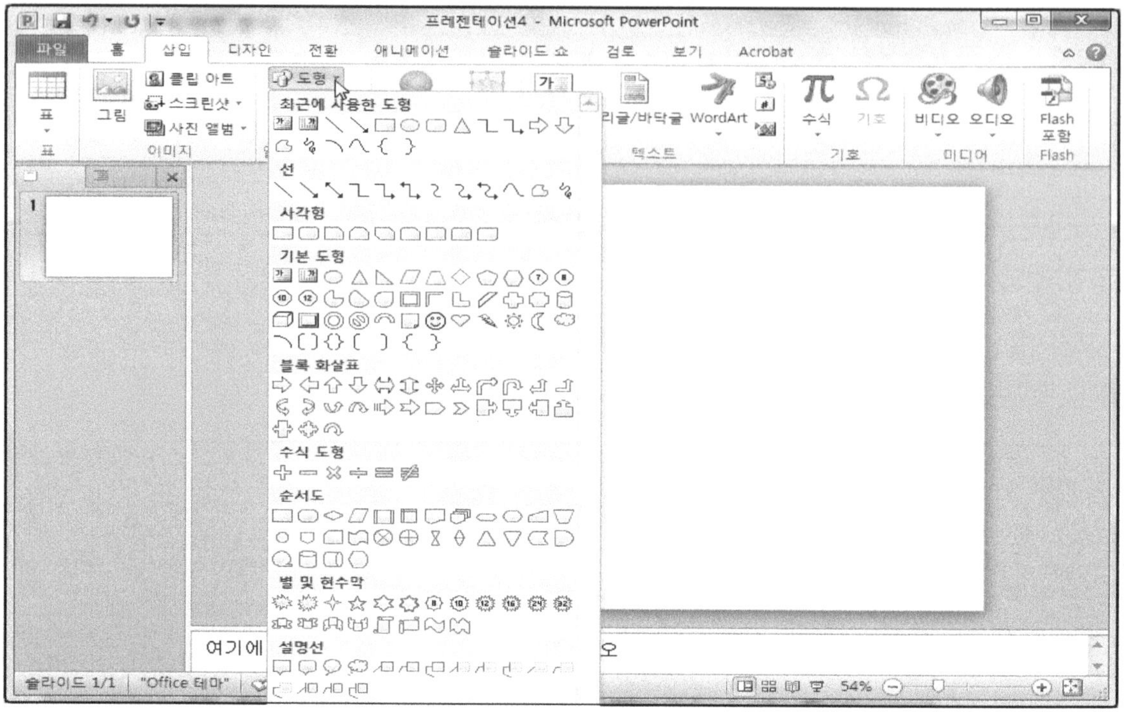

[1] 도형 삽입하기

도형을 삽입하여 다음의 슬라이드를 완성한다.

1. 슬라이드를 삽입한다.
2. 슬라이드의 레이아웃을 빈 화면으로 선택한다.
3. **[홈]-[그리기]-[도형]**을 클릭하거나, **[삽입]-[일러스트레이션]-[도형]**을 클릭하여 원하는 도형을 선택한다.
4. 원형을 선택하여 그린다.
5. 도형에 글을 삽입하기 위해 선택된 도형에서 글을 입력하거나, 오른쪽 버튼을 누르고 **[텍스트 편집]**을 선택하여 글을 입력한다.

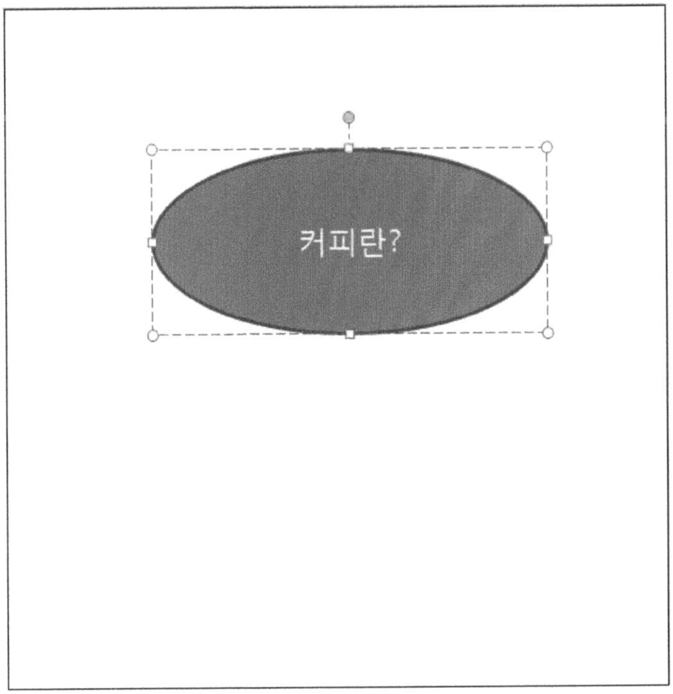
커피란?

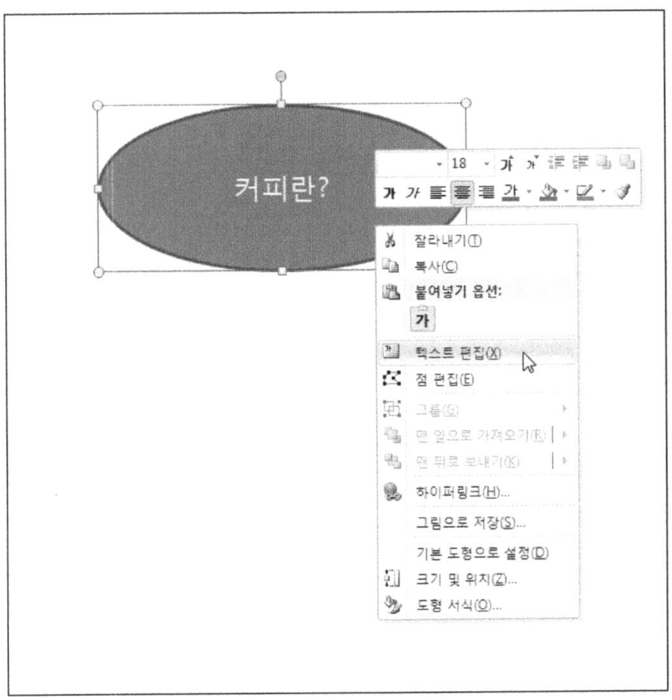
커피란?
18
잘라내기(T)
복사(C)
붙여넣기 옵션:
가
텍스트 편집(X)
점 편집(E)
그룹(G)
맨 앞으로 가져오기(R)
맨 뒤로 보내기(K)
하이퍼링크(H)...
그림으로 저장(S)...
기본 도형으로 설정(D)
크기 및 위치(Z)...
도형 서식(O)...

6 첫 번째 도형에 커피란?, 커피콩의 종류, 커피 종류 및 커피 머신 4개의 도형을 완성한다. 동일한 형식의 도형을 작업하기 위해서는 첫 번째 도형에서 텍스트(크기, 글자체, 색 등) 및 도형의 편집을 완성하여 복사하면 빠르게 완성할 수 있다.

첫 번째 도형에

- **[홈]**-**[글꼴]**-**[HY견명조, 18pt]**,
- **[그리기 도구]**-**[서식]**탭의 **[도형스타일]**-**[밝은색, 윤곽선, 색채우기-주황, 강조6]**,
- **[도형효과]**-**[네온]**-**[주황, 18pt 네온, 강조색6]**으로 편집한다.

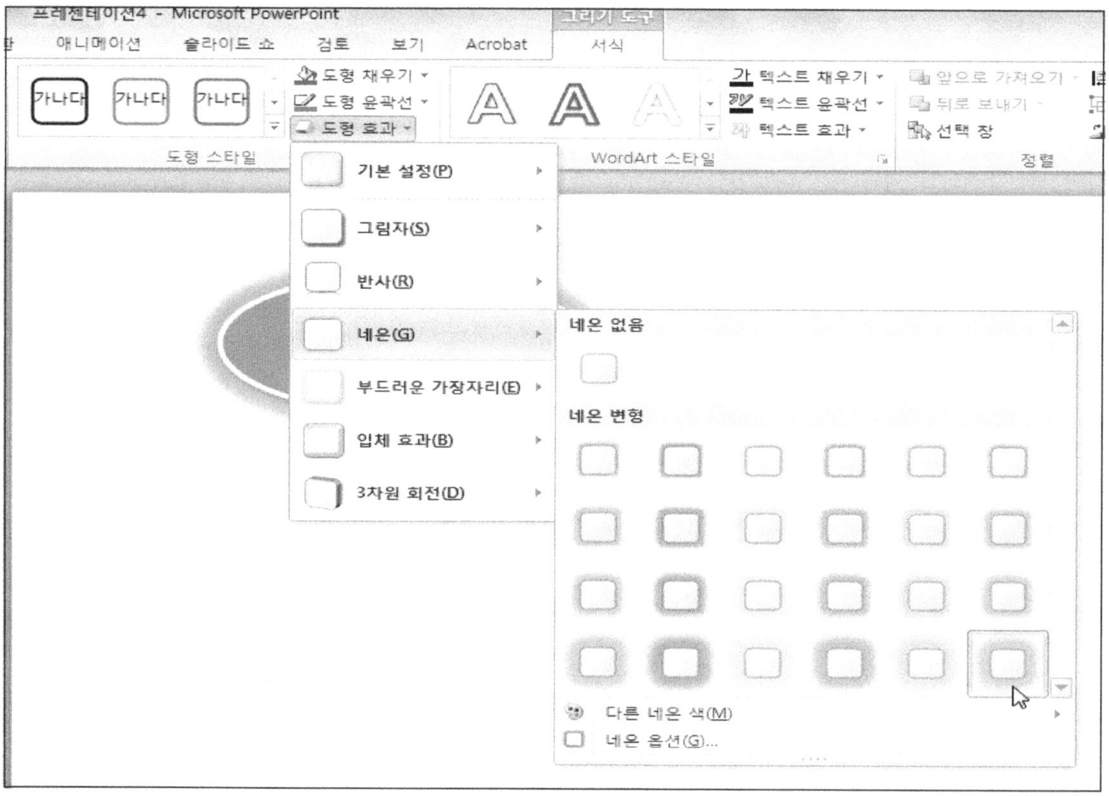

7 도형을 3개 복사해서 일렬로 나열한다.

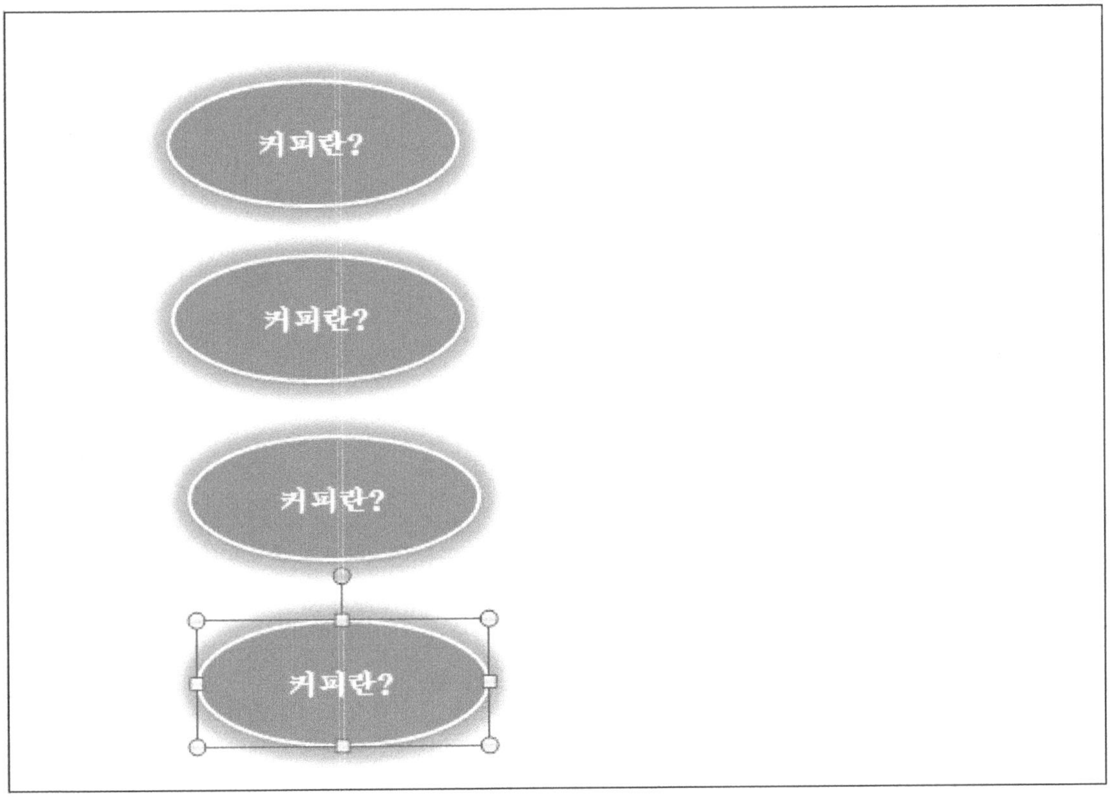

8 이어서 커피콩의 종류, 커피 종류 및 커피 머신 4개의 도형을 완성한다.

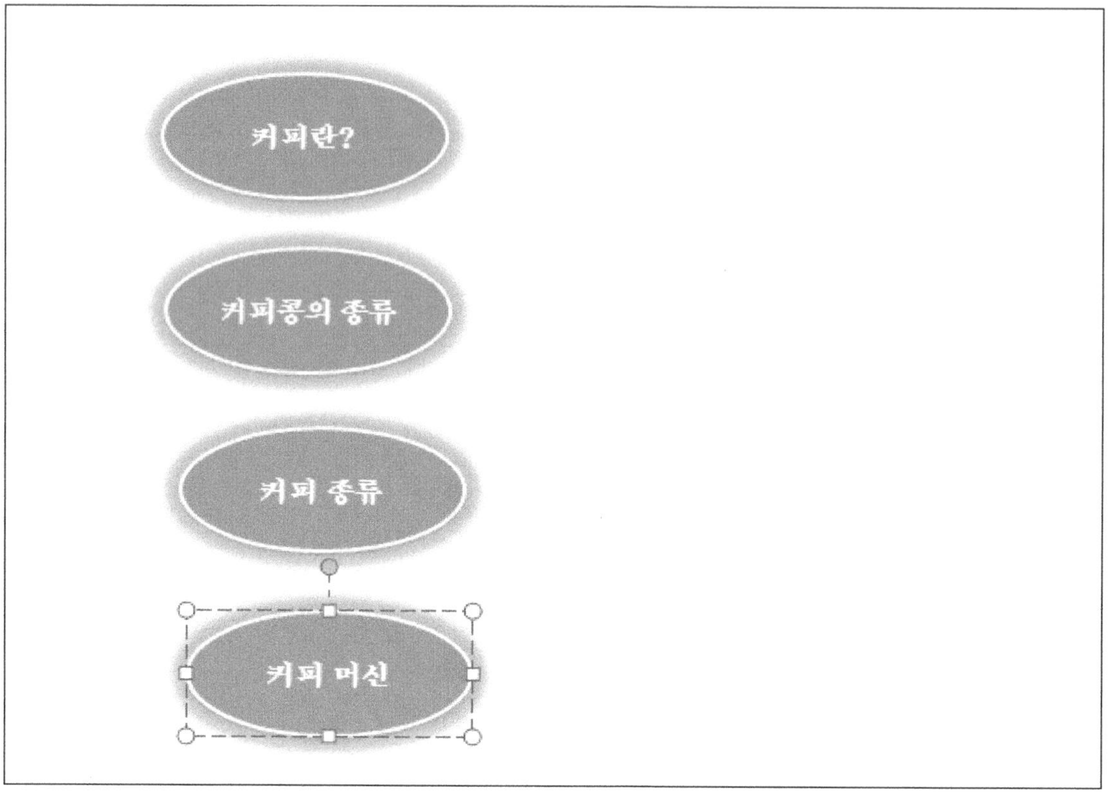

9 지금처럼 작업을 시행하면 복사한 각각의 도형에 편집을 하지 않아도 기본적인 편집이 완성된다.

[2] 도형 편집하기

단순하게 원형으로 완성된 슬라이드를 사용자가 편리하게 편집할 수 있도록 해본다.

복사를 통해 간단히 만들긴 하였으나 완전한 정렬이 되어있지 않다. 따라서 보다 편리하게 정렬하기 위해서는 마치 하나의 도형인 것처럼 선택한 후에 작업해야 한다.

1 도형 4개를 모두 선택한다. 방법은 첫 번째 도형을 클릭한 후 나머지 도형들은 키보드 왼쪽의 Shift 또는 Ctrl을 누른 상태에서 클릭하면 모두 선택된다.

또 다른 방법은 도형 근처에서 박스를 그리듯이 드래그하면 모두 선택되어진다.

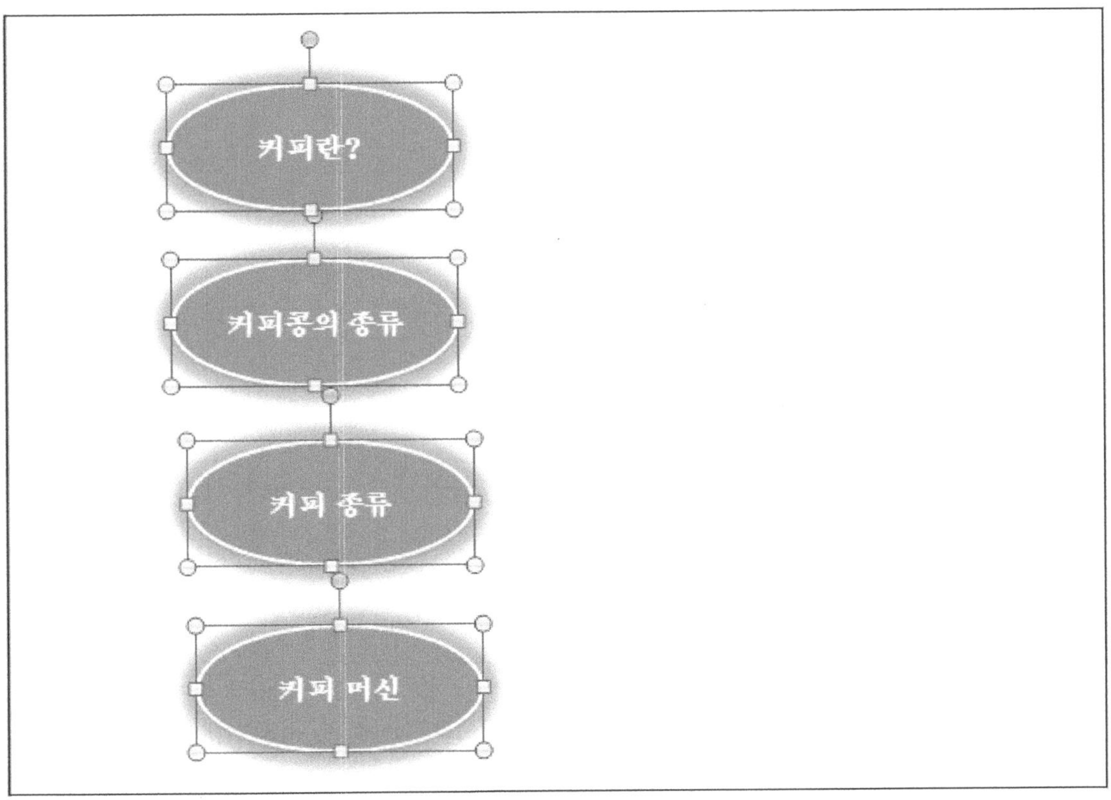

2 모두 선택한 다음에는 **[홈]-[정렬]-[개체 위치]-[맞춤], [그리기 도구]-[서식]-[맞춤]**을 이용하여 도형을 일정하게 정렬한다.

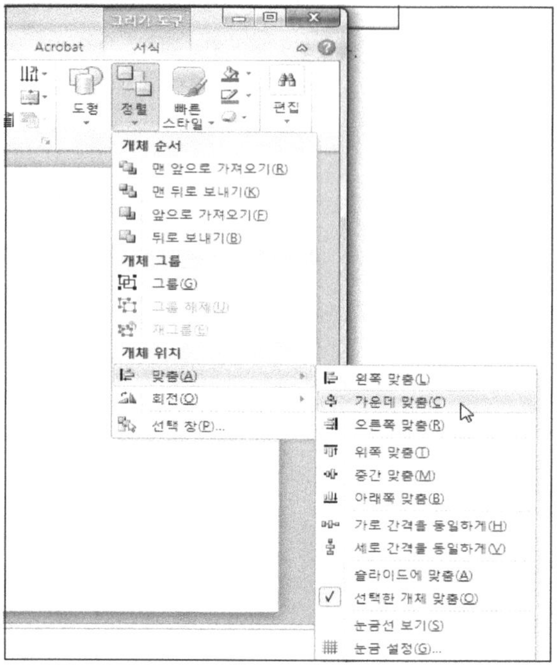

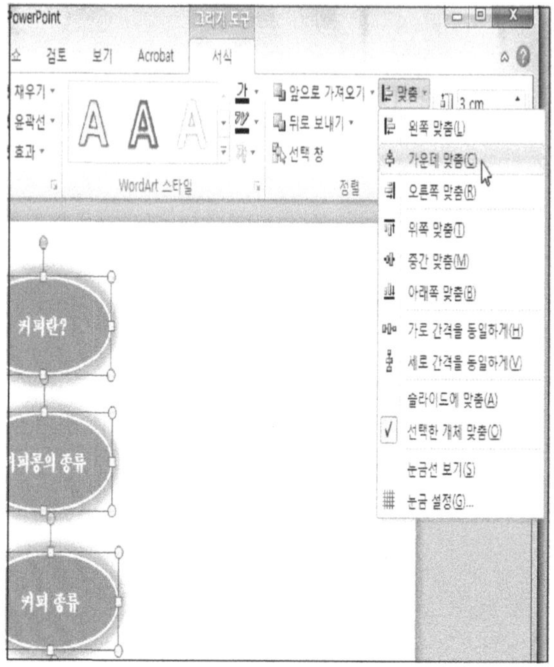

예제의 도형은 세로로 놓여있기 때문에 **왼쪽, 가운데, 오른쪽 맞춤** 중에 선택하게 되면 시작점이 일정하게 정렬된다.

3 시작점은 일정하게 정리되었으나 도형들 간의 간격은 일정하게 정리되지 않았다.

이를 정리하는 방법은 **[홈]-[정렬]-[맞춤]-[세로 간격을 동일하게]** 또는 **[그리기 도구]-[서식]-[맞춤]-[세로 간격을 동일하게]**를 선택하면 일정한 간격을 유지하게 된다.

4 이후에 이들 도형을 함께 작업해야 할 일들이 많아진다면 이들을 하나로 묶어서 작업하면 쉬워진다. 이를 그룹 이라한다.

그룹은 묶고자하는 도형을 선택한 후 **[홈]-[그리기]-[정렬]-[그룹], [그리기 도구]-[서식]-[정렬]-[그룹]** 또는 선택된 도형에서 오른쪽 버튼을 눌러 **[그룹]**을 선택한다. 그룹이 형성되면 도형 각각의 조절점들이 커다란 도형처럼 하나의 조절점으로 묶여지게 된다.

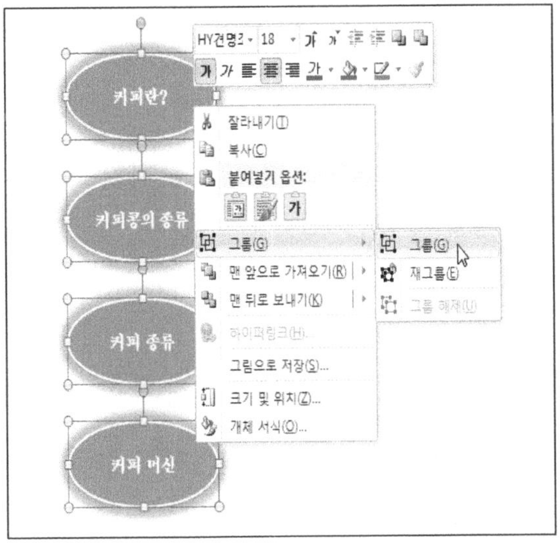

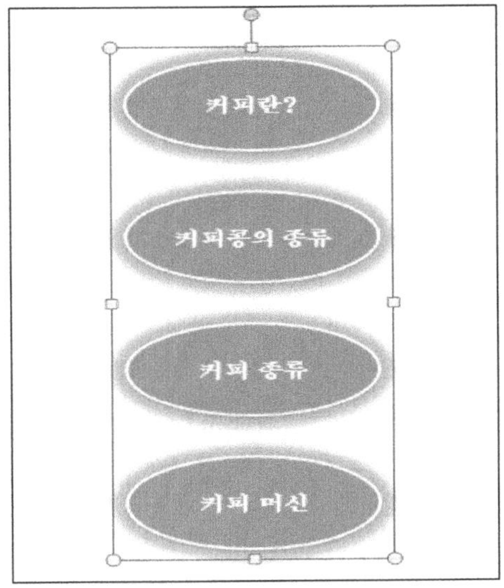

■5 도형을 조금 더 편집하고자 한다면 **[그리기 도구]-[서식]-[도형서식]**을 클릭하거나, 선택한 도형에서 오른쪽 버튼을 눌러 **[도형서식]**을 선택하여 각각의 스타일을 편집할 수 있다.

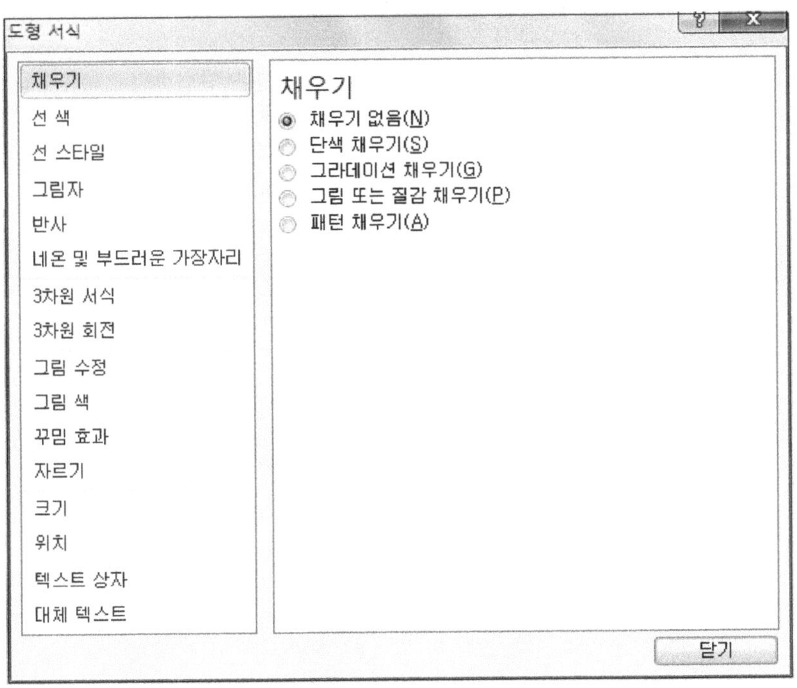

[3] 평면도형을 3차원 입체도형으로 편집하기

지금까지 작업한 도형으로 입체적인 도형으로 편집한다.

1. 슬라이드의 도형을 선택한 후 **[그리기 도구]-[서식]-[도형서식]**을 클릭 또는 선택한 도형에서 오른쪽 버튼을 눌러 **[도형서식]**을 선택한다.
2. **[도형서식]** 대화상자에서 **[3차원 서식]**항목을 선택한 후 입체효과, 깊이 및 표면을 다음과 같이 설정한다.
   - **[입체효과]-[위쪽 - 너비 : 6pt, 높이 : 6pt] [아래쪽 - 너비 : 6pt, 높이 : 6pt]**
   - **[깊이]-[30pt]**
   - **[재질]-[부드러운 가장자리]**
   - **[조명]-[아침], [각도]-[40도]**

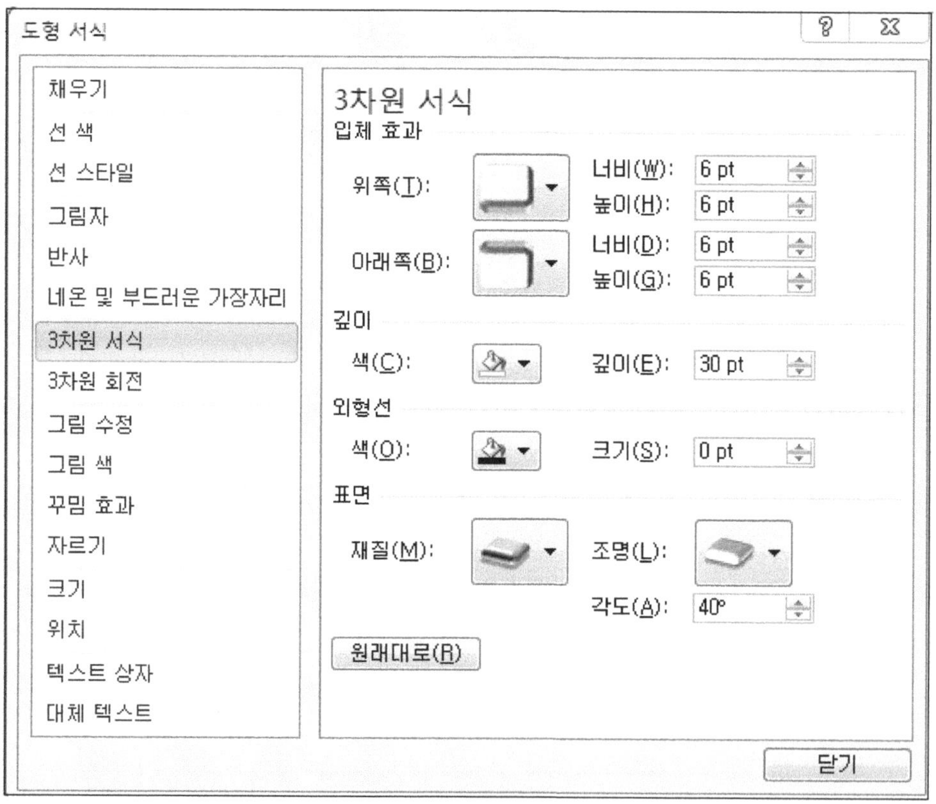

❸ 이어서 **[도형서식]** 대화상자에서 **[3차원 회전]**항목을 선택한다. **[미리설정]**에서 **[축 분리 1 오른쪽으로]**를 선택하고 **[닫기]**를 눌러 대화상자를 닫는다.

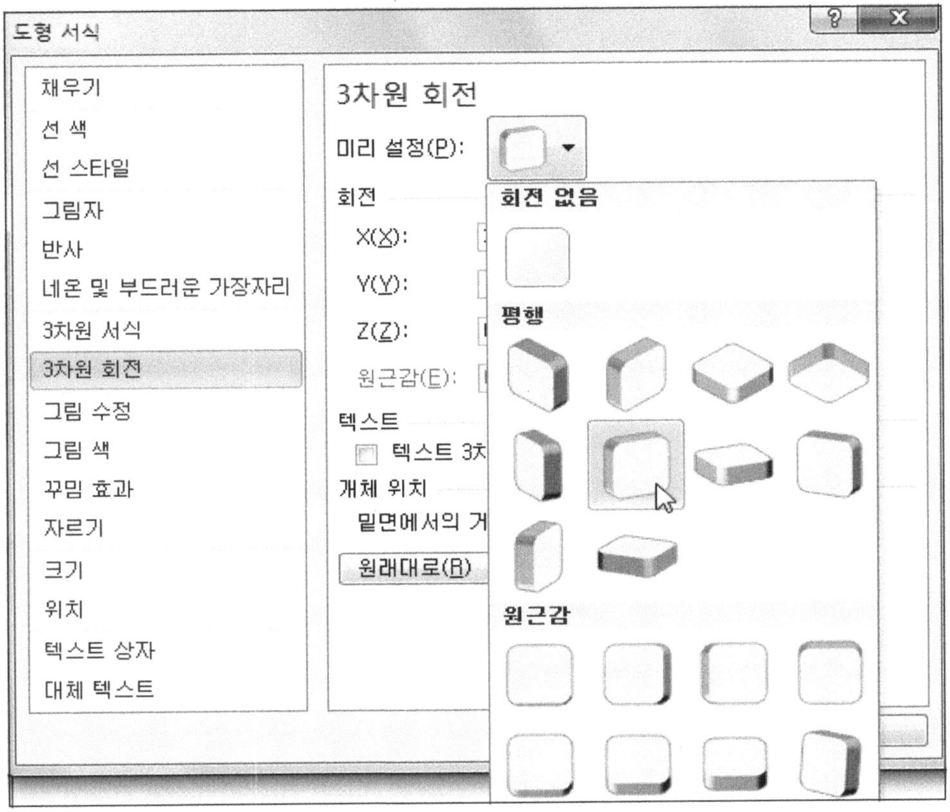

4 아래와 같이 도형이 완성된다.

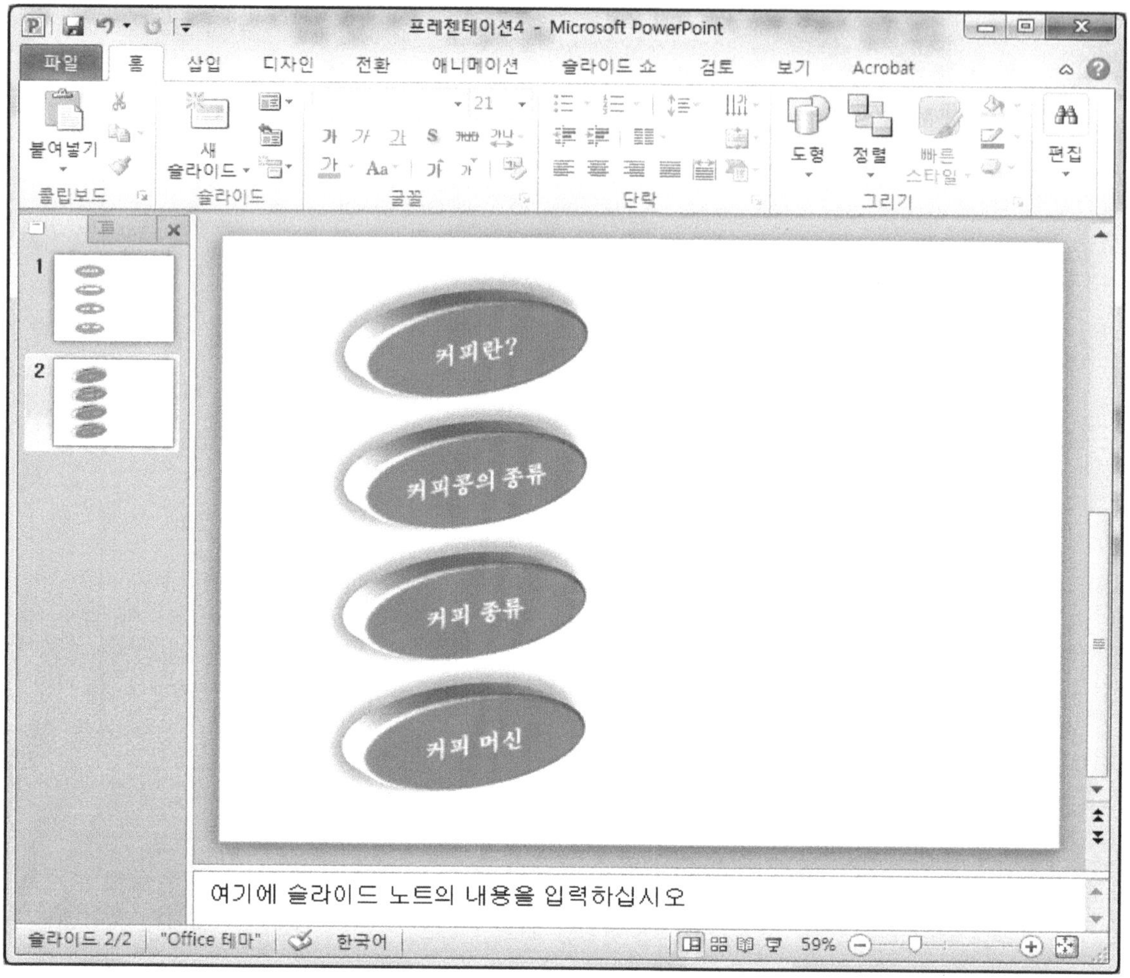

3.6 워드아트 이용하기

일반적인 텍스트는 도형처럼 채우기 효과, 그림자 스타일, 3차원 스타일 등과 같은 화려한 효과를 적용하기는 어렵다. 내용으로 채워지는 부분에서는 화려한 효과를 필요로 하지 않는다. 그러나 제목 텍스트만큼은 화려하고 멋지게 편집할 수 있다면 더 좋은 효과를 볼 수 있을 것이다.

이때 이용되는 것이 워드아트라 할 수 있다. 워드아트는 텍스트를 도형처럼 편집하고 디자인할 수 있다.

[1] 워드아트 삽입

1 **[삽입]-[텍스트]-[WordArt]**를 선택한다.

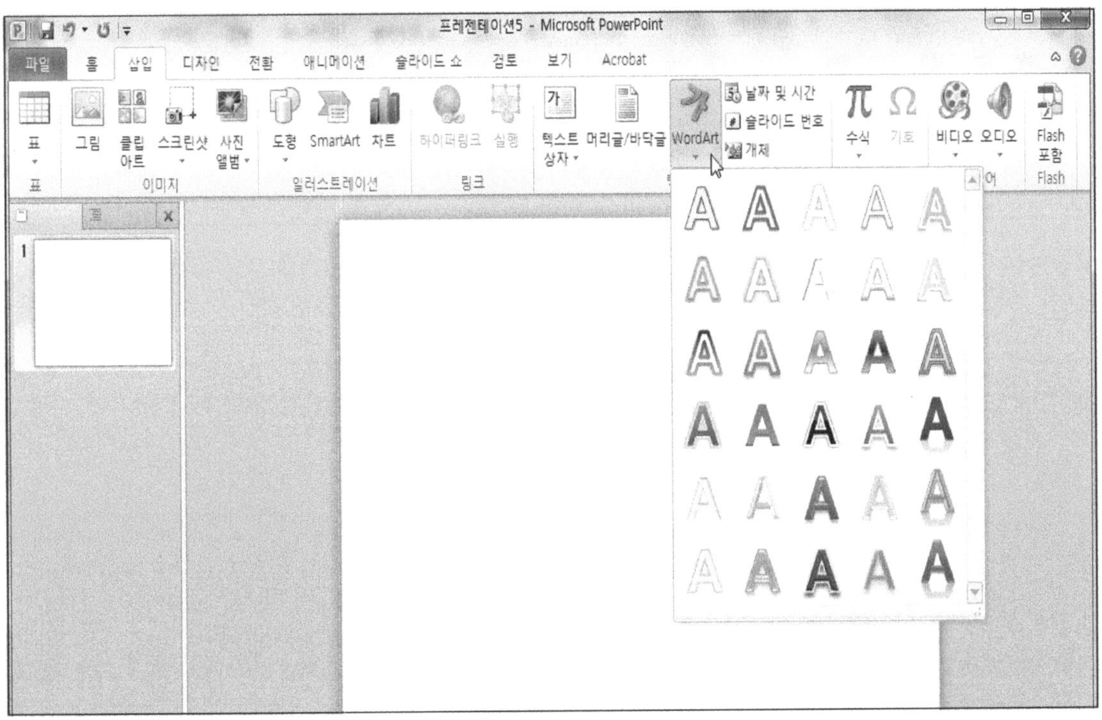

2 원하는 워드아트를 선택하면 기본적으로 슬라이드 중앙에 **[필요한 내용을 적으십시오.]**라고 표시된다.

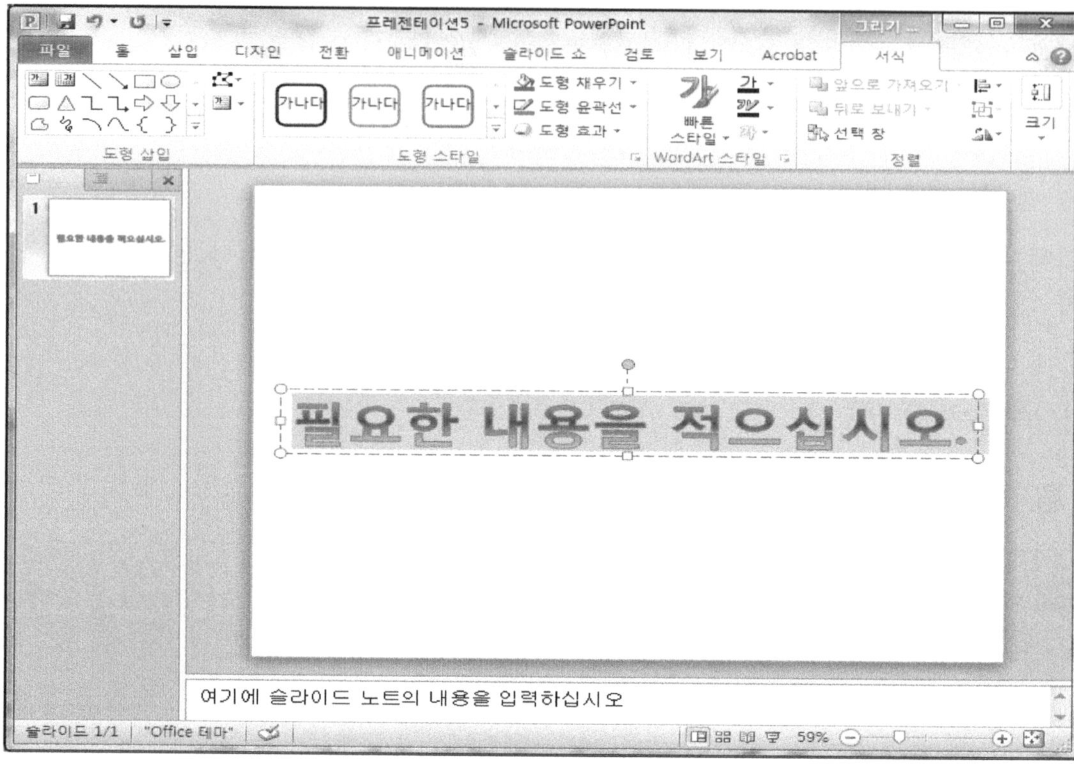

3 입력된 워드아트는 도형과 같이 인식되며 **[그리기 도구]**추가 메뉴가 생긴다.

단축키 이용방법

[추가 메뉴]-[그리기 도구]

삽입한 개체에 그림, 도형 등 그리기에 관한 속성이 존재하면 그리기 도구 추가메뉴가 생성된다. **[그리기 도구]-[서식]**에는 도형삽입, 도형스타일, WordArt 스타일, 정렬, 크기 설정 탭이 존재하며, 각 탭마다 추가적인 옵션을 지정하고자 할 때에는 오른쪽 아래의 화살 버튼을 클릭한다.

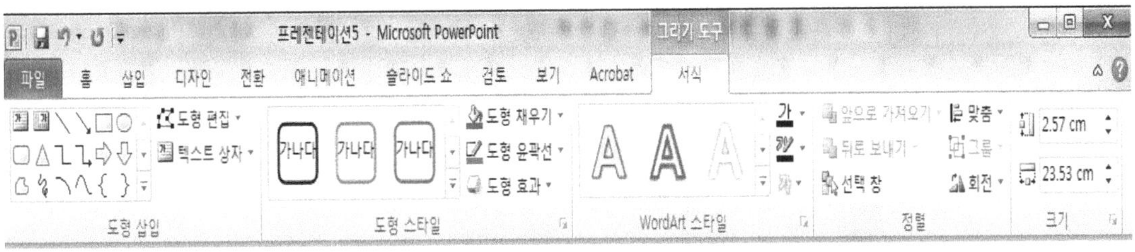

[2] 워드아트 속성 변경

삽입된 워드아트에 새로운 속성을 추가하거나 변경 또는 삭제할 수 있다.

다음의 예제처럼 워드아트의 입력과 함께 속성을 변경하여 완성하여본다.

1. 슬라이드에 워드아트를 삽입한 후, **「파워포인트 따라 하기」**를 입력한다.
2. **[도형스타일]-[미세효과-빨강, 강조 2]**를 선택한다.

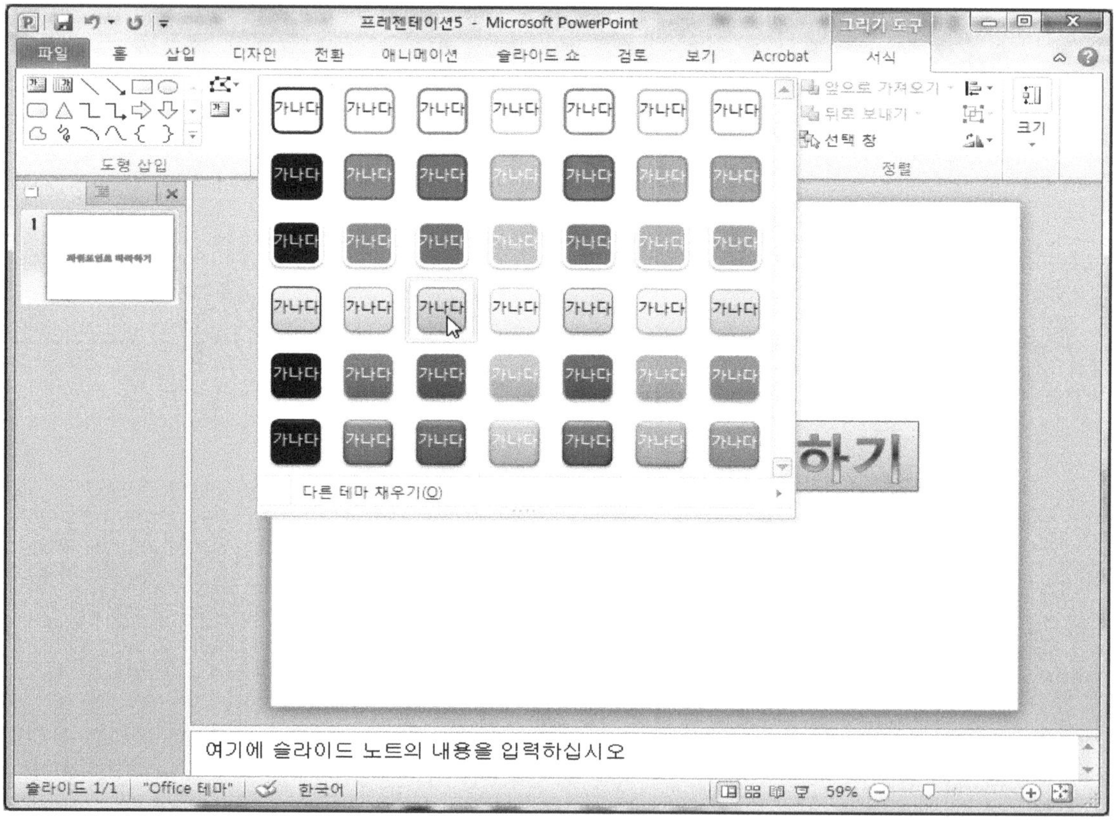

❸ [WordArt 스타일]-[텍스트효과]-[입체효과]-[각지게]를 선택한다.

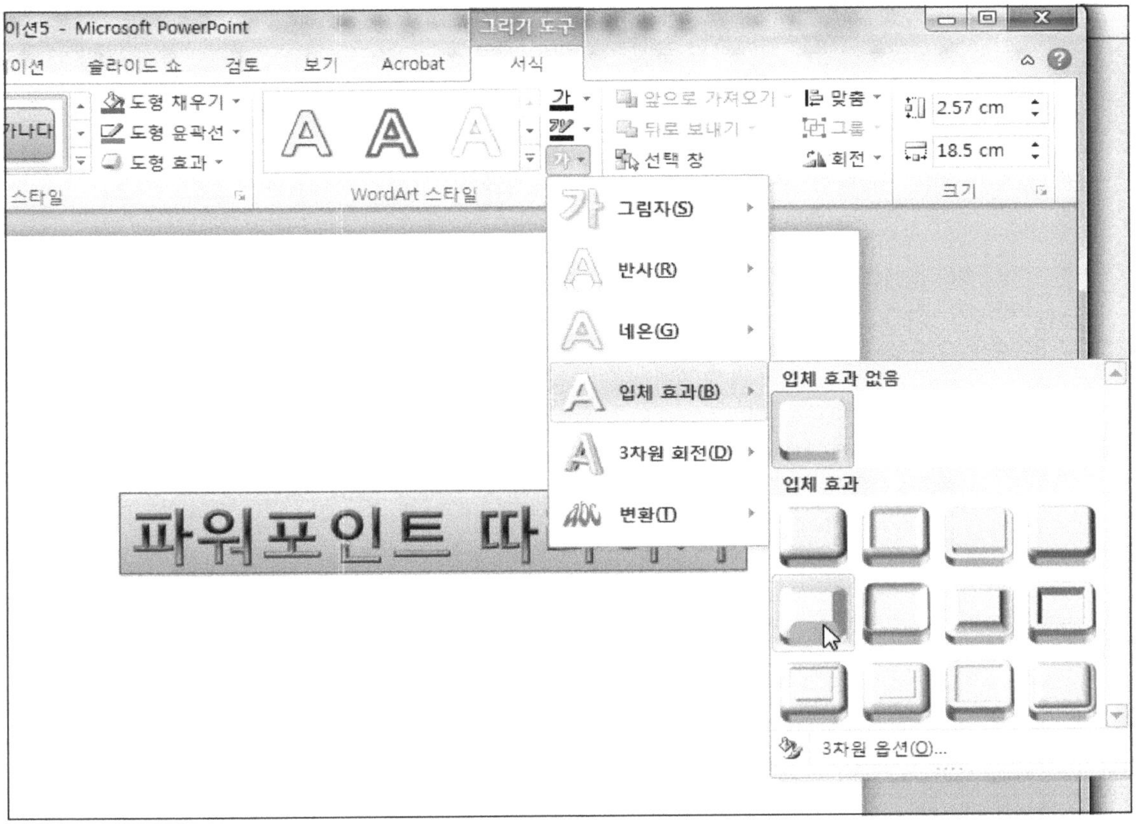

4 조금 더 변화를 주고 싶다면 **[WordArt 스타일]-[텍스트효과]-[변환]-[이중물결 1]** 을 선택하여 굴곡 있는 워드아트로 편집한다.

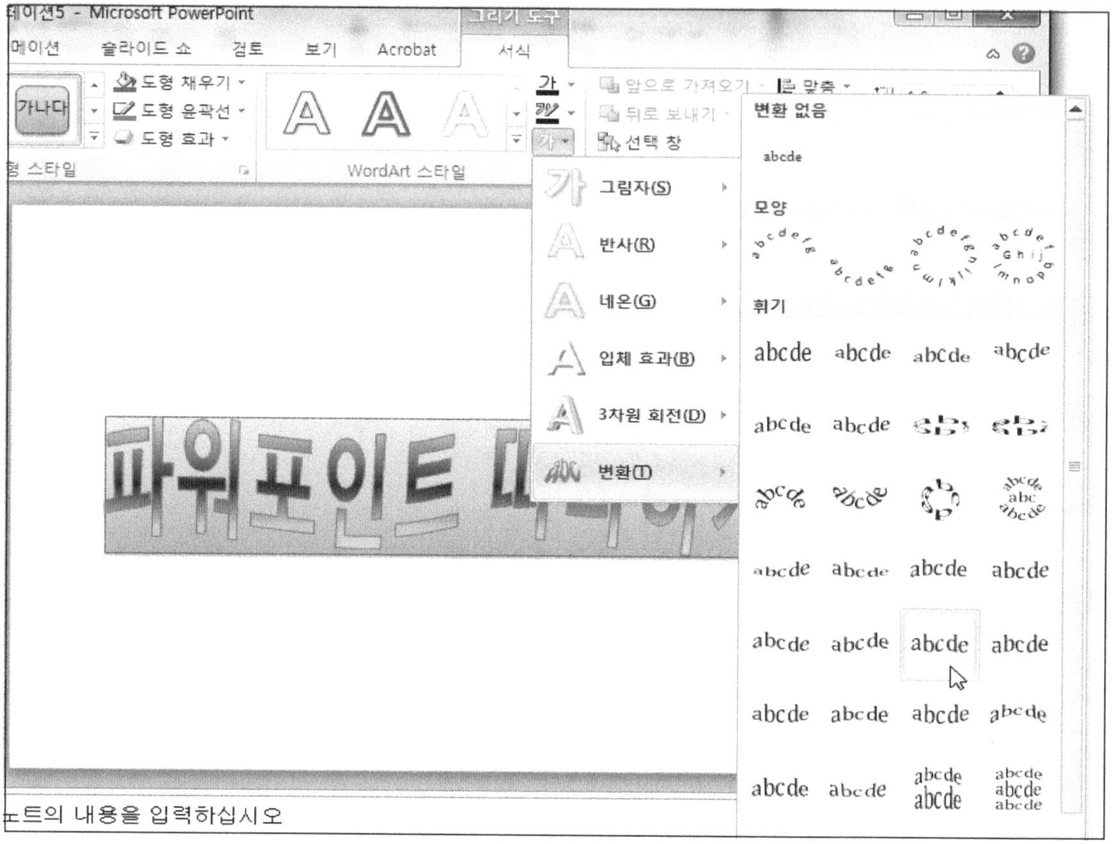

5 다음의 완성된 워드아트를 선택하면 녹색의 원형과 핑크색의 다이아몬드 모형이 생성된다. 이때 모든 개체에 있는 녹색 원형위에 마우스 포인트를 맞추면 회전이 가능하게 된다. 핑크 다이아몬드에 마우스 포인트를 맞추면 각도를 조절할 수 있다. 선택된 메뉴에 따라서 생성되는 숫자가 달라진다.

[회전]

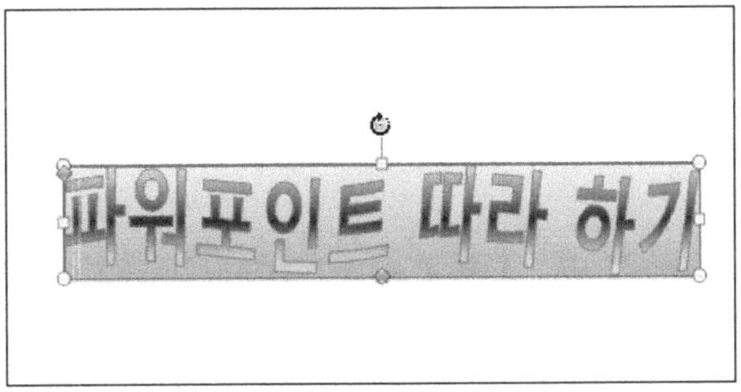
파워포인트 따라 하기

[각도 조정]

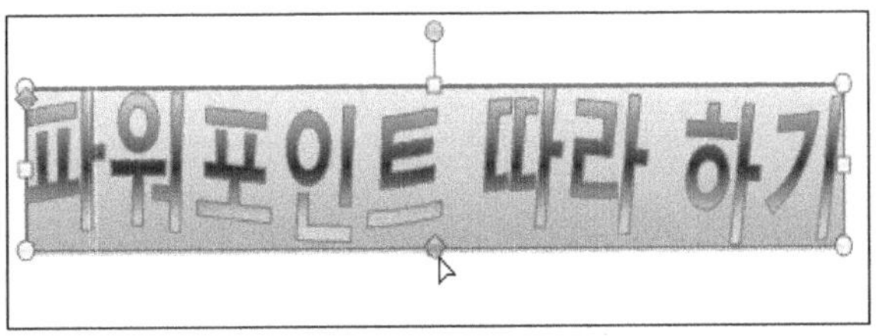
파워포인트 따라 하기

[완성]

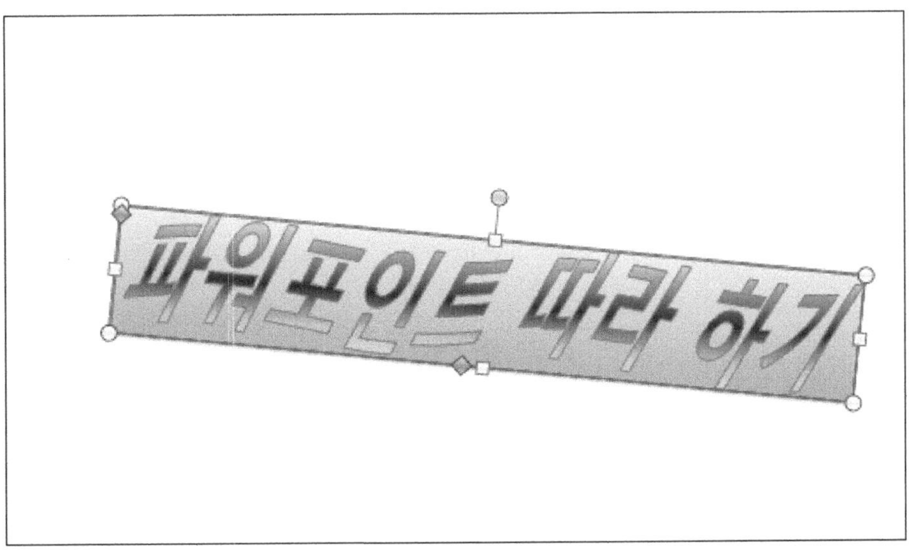
파워포인트 따라 하기

3.7 SmartArt 그래픽 이용하기

다이어그램이란 텍스트를 포함한 간단한 도형이나 기호들을 이용하여 대상들 간의 관계를 간략히 표현한 것이다.

파워포인트 2010에서 SmartArt 그래픽은 여러 레이아웃에서 원하는 옵션을 선택하여 빠르고 쉽게 만들 수 있는 정보의 시각적 표현으로, 메시지나 아이디어를 효과적으로 전달할 수 있다.

SmartArt는 그래픽 목록과 프로세스 다이어그램, 벤 다이어그램, 조직도와 같은 좀 더 복잡한 그래픽을 지원해준다.

[1] 프로세스형 다이어그램 만들기

1 **[삽입]-[SmartArt]**를 클릭하거나, 슬라이드 추가시 보이는 레이아웃화면에서 **SmartArt( )**를 클릭한다.

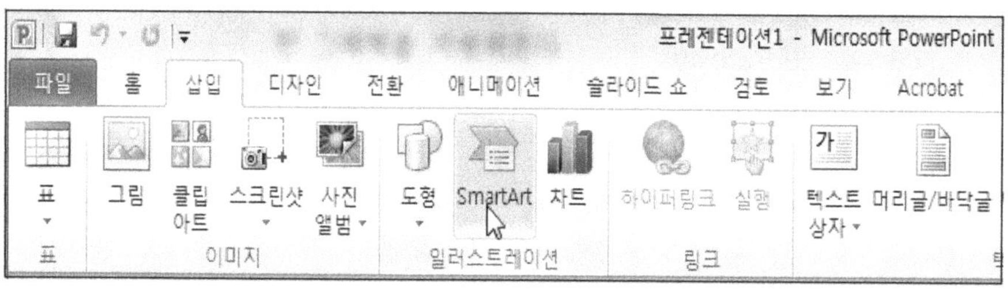

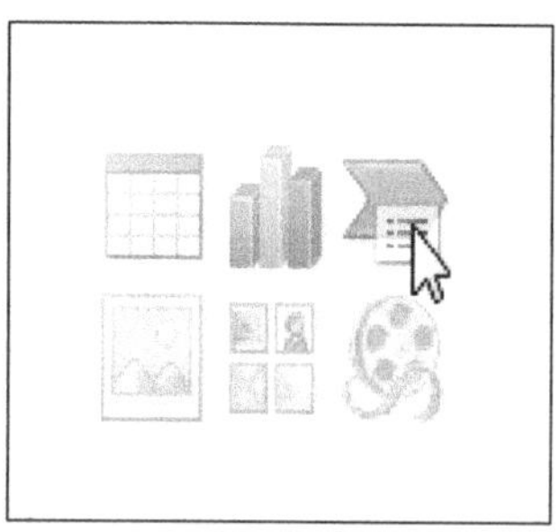

2 SmartArt 그래픽 선택 대화상자에서 **[프로세스형]-[기본 갈매기형 수장 프로세스형]**을 선택한다.

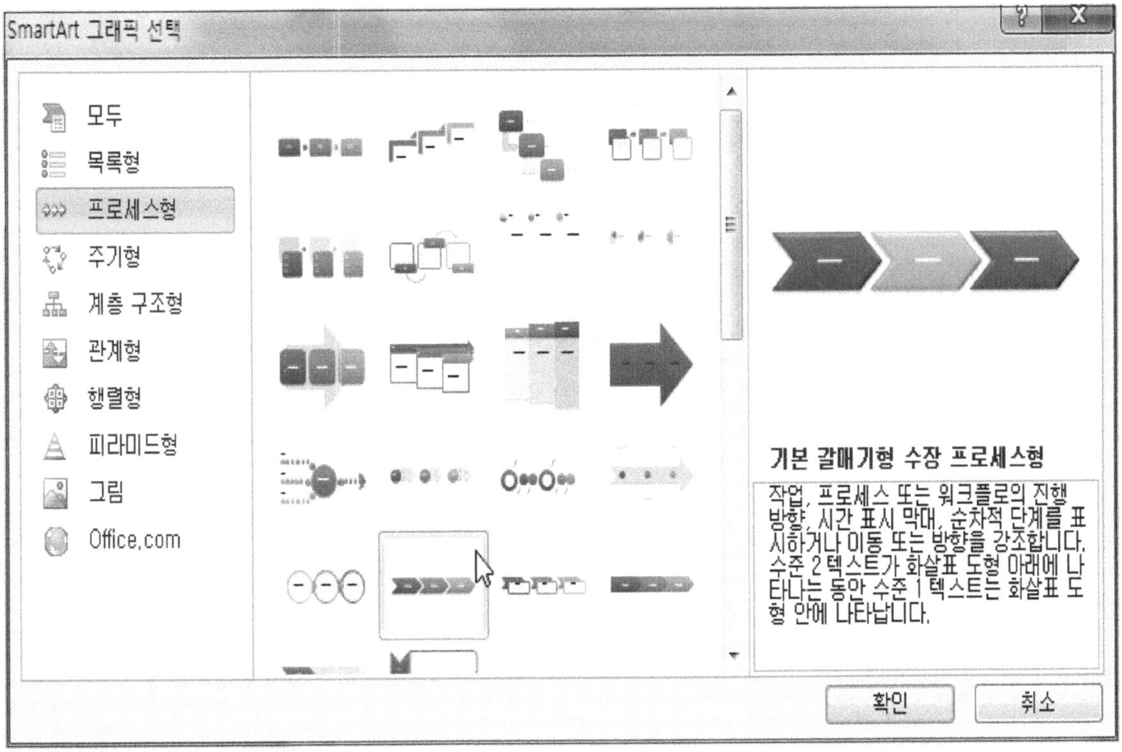

3 추가메뉴로 SmartArt 도구상자가 나오며, **[디자인]**과 **[서식]**탭으로 나누어진다.

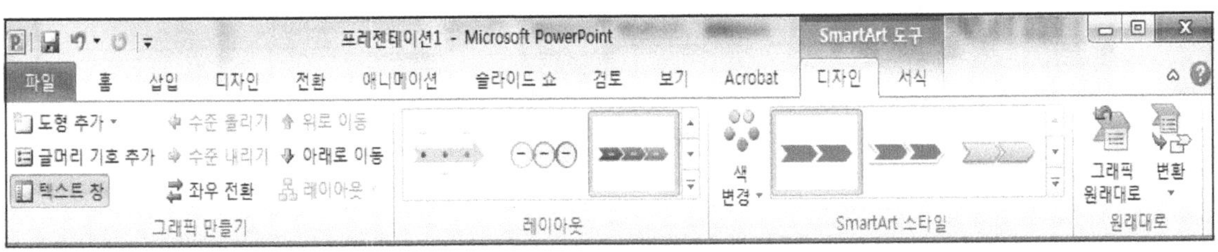

[2] 프로세스형 다이어그램 편집

1. 제목에 상담서비스 절차를 입력한다.

2. **[SmartArt 도구]-[디자인]** 탭에서 **[그래픽 만들기]-[도형 추가]**에서 도형 2개를 추가 하여 상담서비스 절차를 완료한다.

   도형 추가/삭제로 디자인을 먼저 정하고 내용 입력을 추천한다.

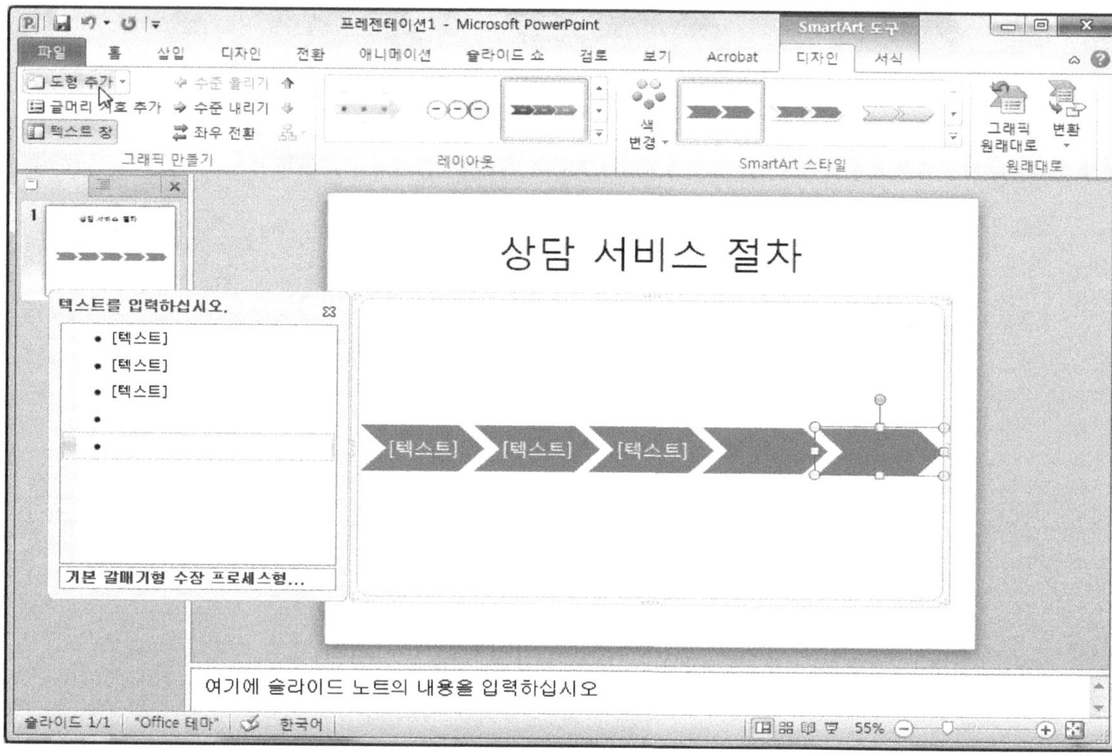

각 도형에 상담 대상자 신청/선정, 1차 상담 진단, 2차 상담 솔루션 제공, 3차 상담 모니터링, 상담 완료를 입력한다. 또는 텍스트 창에 입력해도 가능하다.

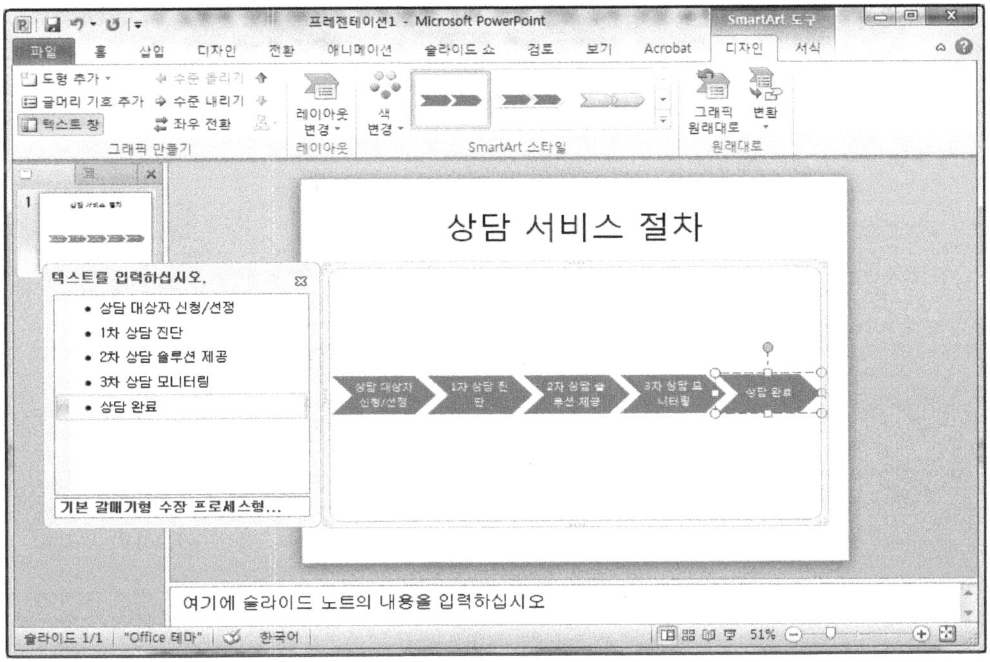

3 레이아웃을 **「연속 블록 프로세스형」**으로 변경한다.

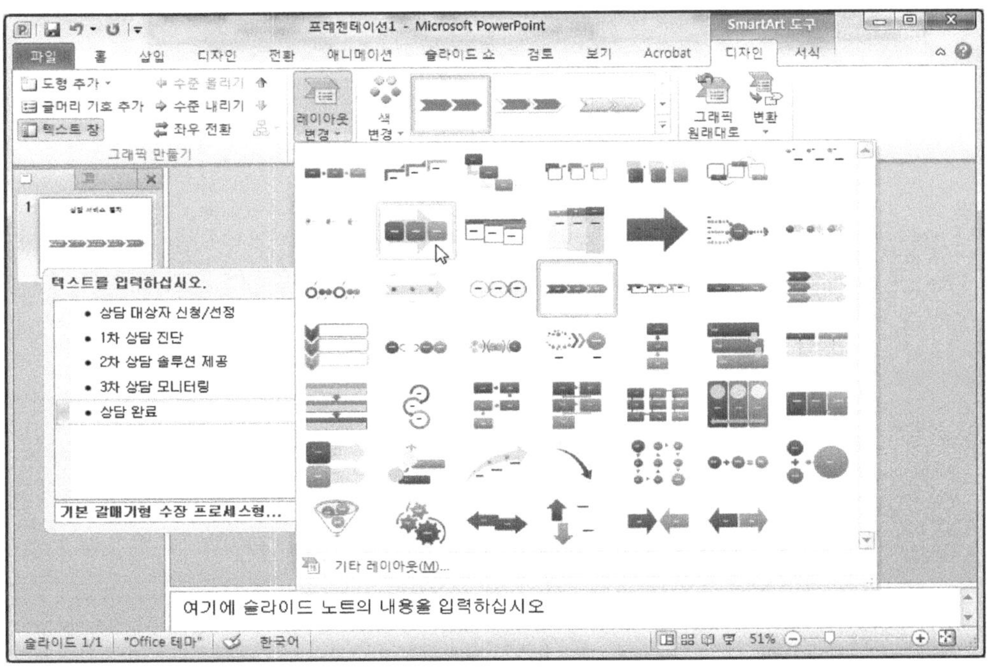

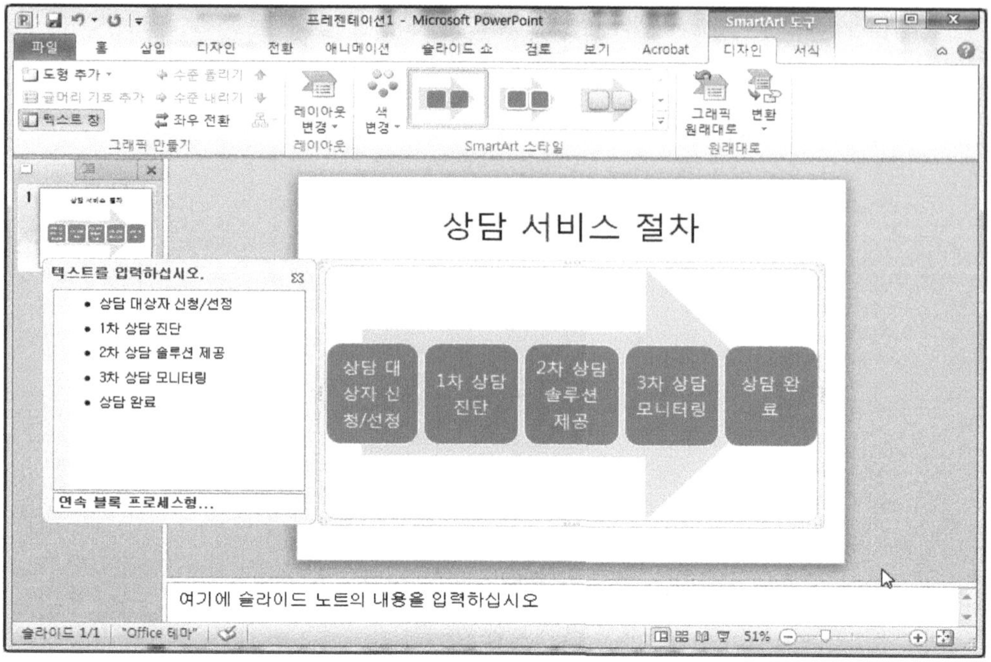

■4 **[SmartArt 도구]-[디자인]탭에서 [SmartArt 스타일]-[색 변경]-[색상형-강조색]**으로 색을 변경시킨다.

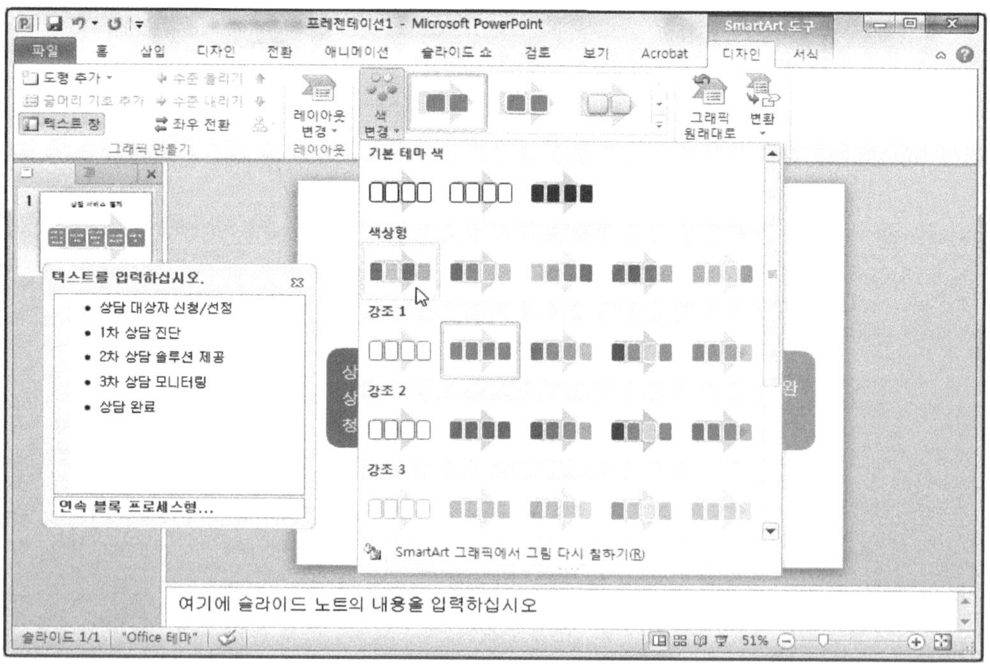

5 스타일을 적용시켜 **[SmartArt 도구]-[디자인]탭에서 [SmartArt 스타일]-[3차원]-[경사]**를 선택하여 입체감을 준다.

6 워드아트를 이용하여 제목 **「상담서비스 절차」**를 편집한다.

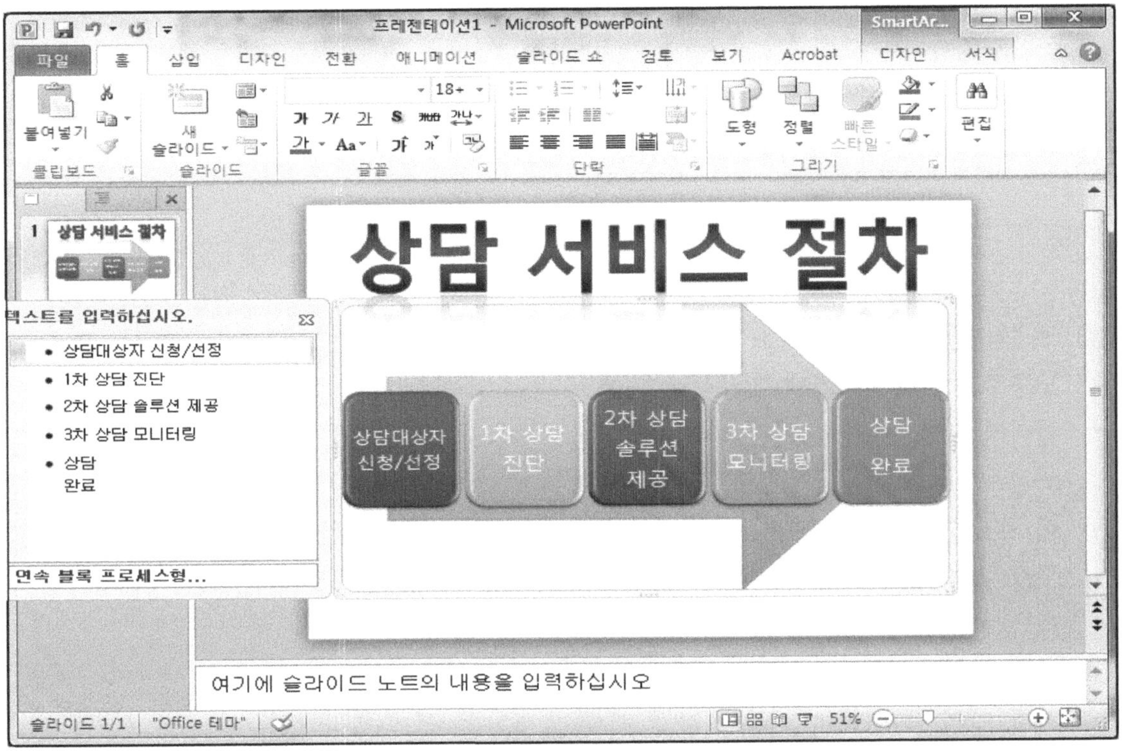

SmartArt 그래픽 종류

- **목록형** : 차례 및 목록을 표시할 때 쓰인다.
- **프로세스형** : 흐름도 및 프로세스 순서를 그릴 때 쓰인다.
- **주기형** : 일정한 주기로 반복되는 형상을 표현한다.
- **계층 구조형** : 계층관계를 나타낼 때 쓰인다.
- **관계형** : 과녁이나 결과, 서로 인과관계를 지닌 경우에 쓰인다.
- **행렬형** : 개별 구성원들이 모두 같은 위치에 속할 때 행렬을 쓴다.
- **피라미드형** : 단계적으로 진행되는 구조적인 모습을 나타낸다.

SmartArt 도구상자

SmartArt를 사용하여 다이어그램을 삽입하면 추가메뉴로 SmartArt 도구가 생긴다. 해당메뉴에는 「그래픽 만들기」, 「레이아웃」, 「SmartArt 스타일」, 「원래대로」 탭이 나타난다.

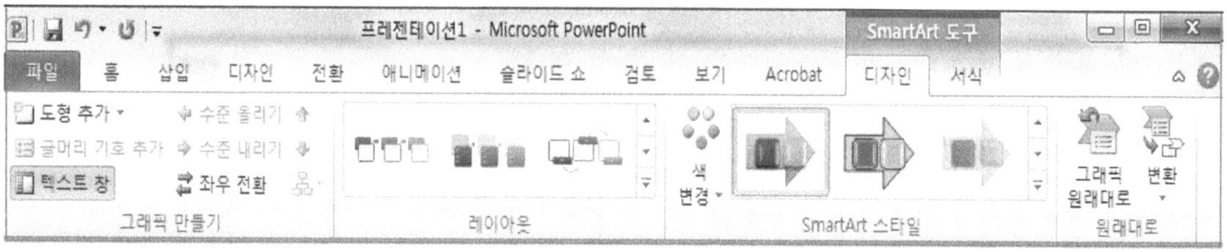

① **그래픽 만들기**

- **도형추가 :** 다이어그램 앞/뒤/옆 등에 도형을 추가한다.
- **글머리 기호 추가 :** 해당 다이어그램이 글머리 기호 추가 기능을 지원해야 활성화됨
- **텍스트 창 :** 계층구조로 된 텍스트 창을 보여주거나 감춘다.
- **수준 올리기/내리기 :** 선택한 글머리 기호 또는 도형의 수준을 올리기/내리기. 텍스트 창을 사용할 때 가장 유용하다.
- **좌우 전환 :** 다이어그램의 위치를 좌/우 전환시킨다.
- **선택 영역 위/아래로 이동** : 현재 선택한 항목을 위/아래로 이동
- **조직도 레이아웃 :** 선택한 도형의 분기 레이아웃을 변경한다. 조직도 레이아웃을 사용하는 경우에만 사용할 수 있다.

② **레이아웃**

기본 레이아웃을 바꾸는 기능이다.

③ **SmartArt 스타일**

- **색 변경 :** 다이어그램의 색을 변경한다.
- **SmartArt 스타일 :** 다이어그램 전반적인 효과 테마를 입힌다.

④ **원래대로**

- **그래픽 원래대로 :** 적용된 그래픽 효과를 삭제하고 원래대로 돌린다.
- **변환** : SmartArt를 도형 또는 텍스트로 변환한다.

⌘ 연습문제 1

다음과 같이 도형과 클립아트를 이용하여 완성한다.

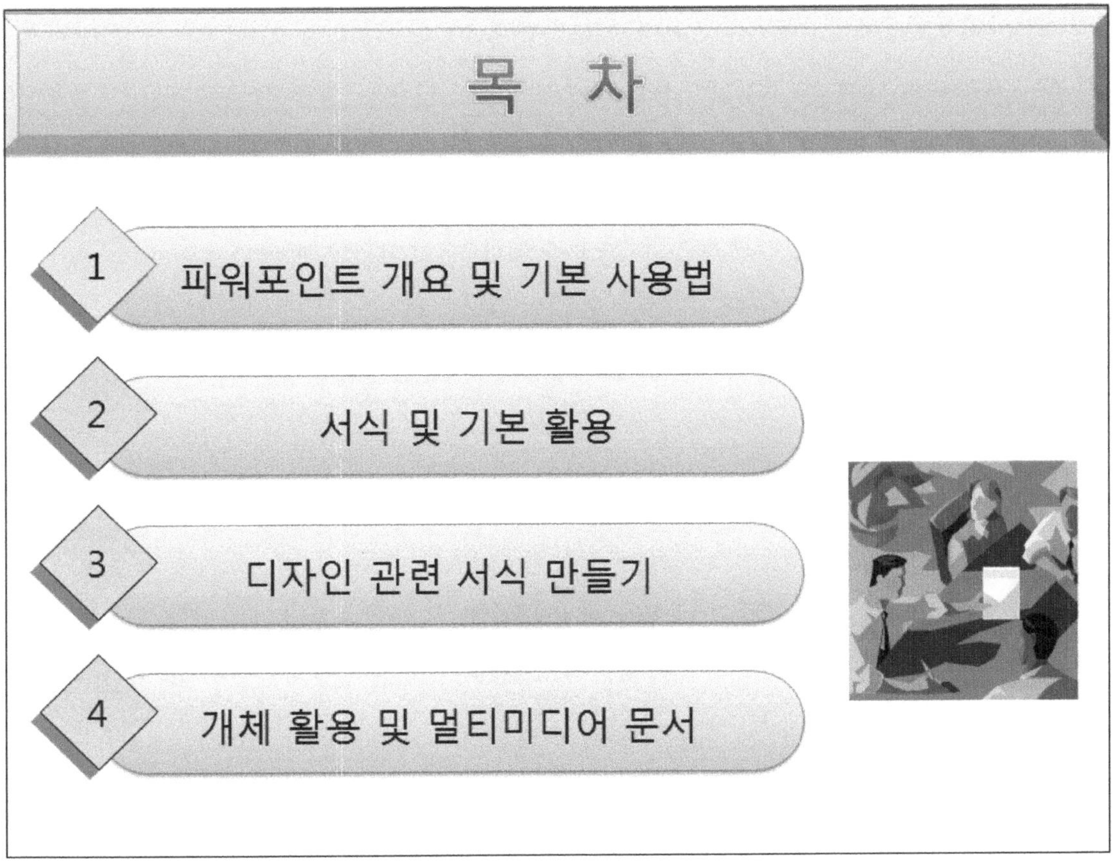

➽ 처리조건

① 제목: [기본 도형-빗면] 이용, 워드아트

① 도형 이용하여 본문 완성

② 클립아트 삽입

⌘ 연습문제 2

다음의 재래시장의 장점을 SmartArt를 활용하여 완성한다.

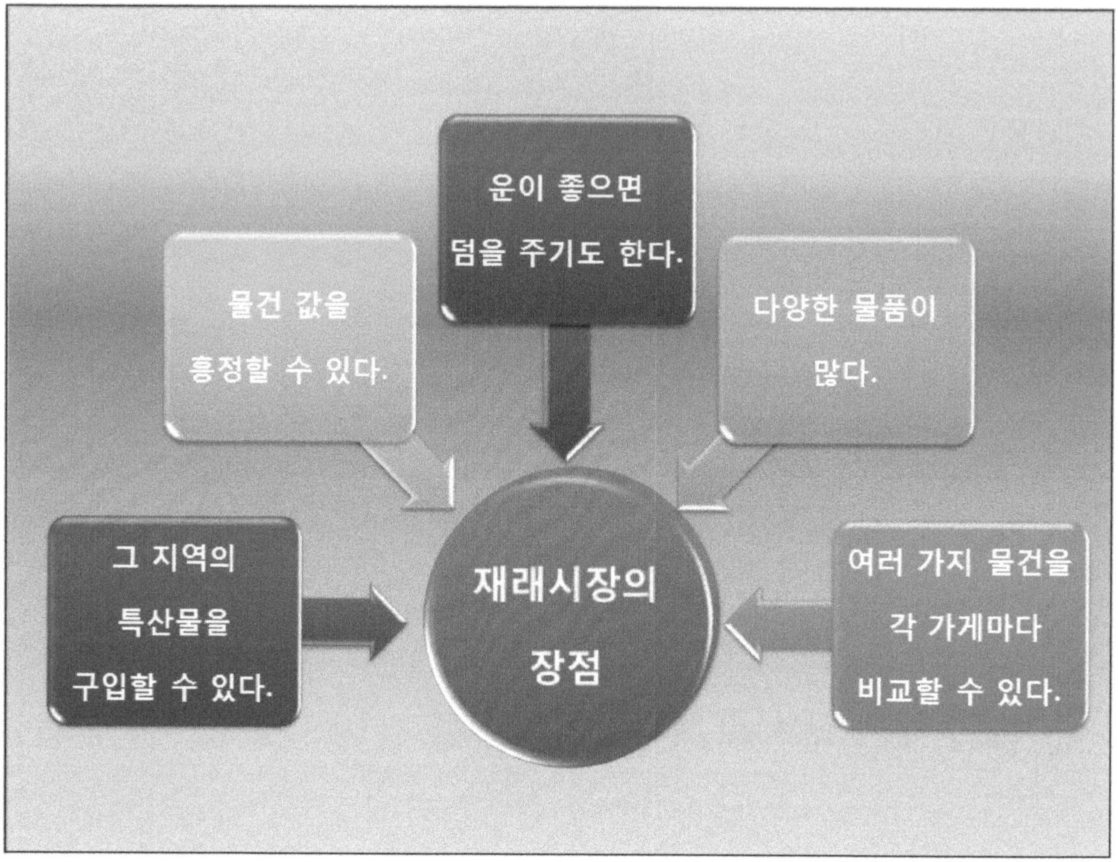

➽ 처리조건

① SmartArt 수렴 방사형 이용
② SmartArt 색변경, 스타일 활용
③ 배경 서식 이용 [그라데이션 채우기]

⌘ 연습문제 3

SmartArt와 도형을 이용하여 마케팅 전략을 완성한다.

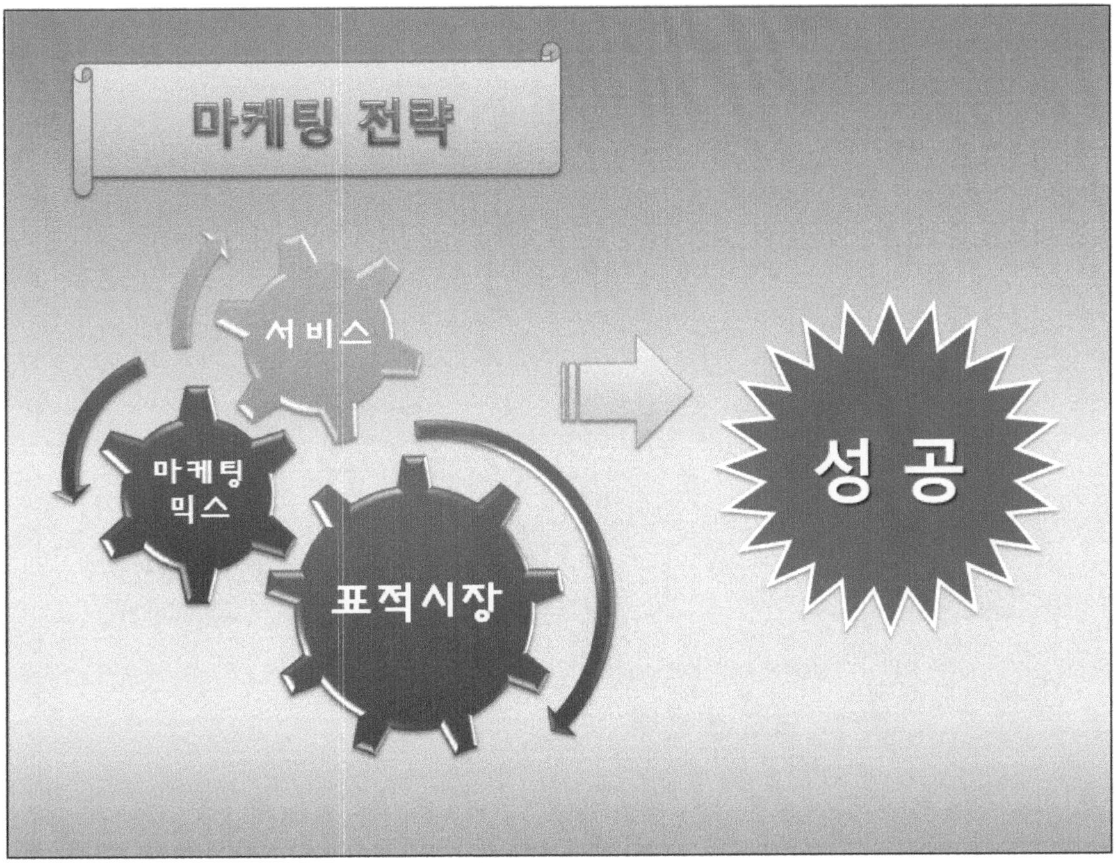

▶ 처리조건

① 제목 : 워드아트
① SmartArt 프로세스형의 톱니바퀴형 이용
② SmartArt 스타일 활용
③ 화살표와 「성공」 도형 이용
④ 배경 서식 이용

⌘ 연습문제 4

다음의 고객서비스 조직도를 완성한다.

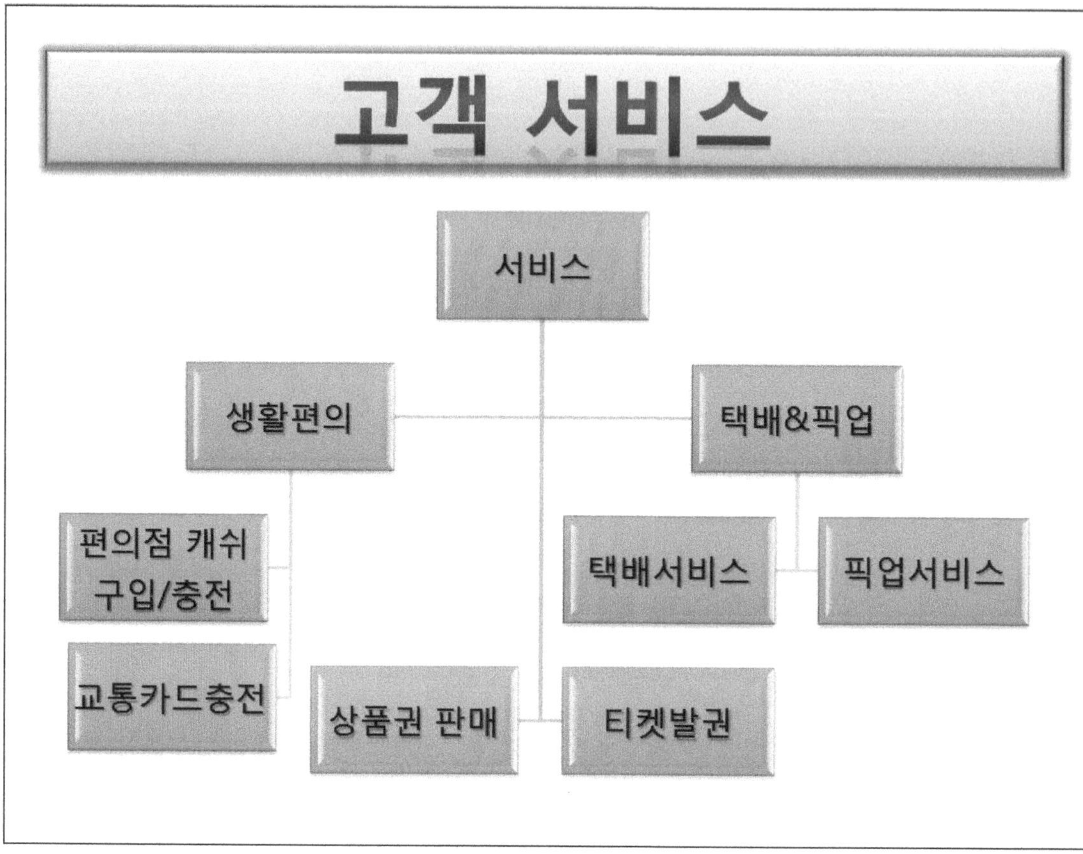

➽ 처리조건

① 제목 : 워드아트

① SmartArt 계층구조형의 조직도 이용

② SmartArt 색변경[투명 그라데이션범위- 강조5]

③ SmartArt 스타일 활용[경사]

⌘ 연습문제 5

도형과 디자인 테마를 활용하여 제품 유형의 분류 및 특징을 완성 한다.

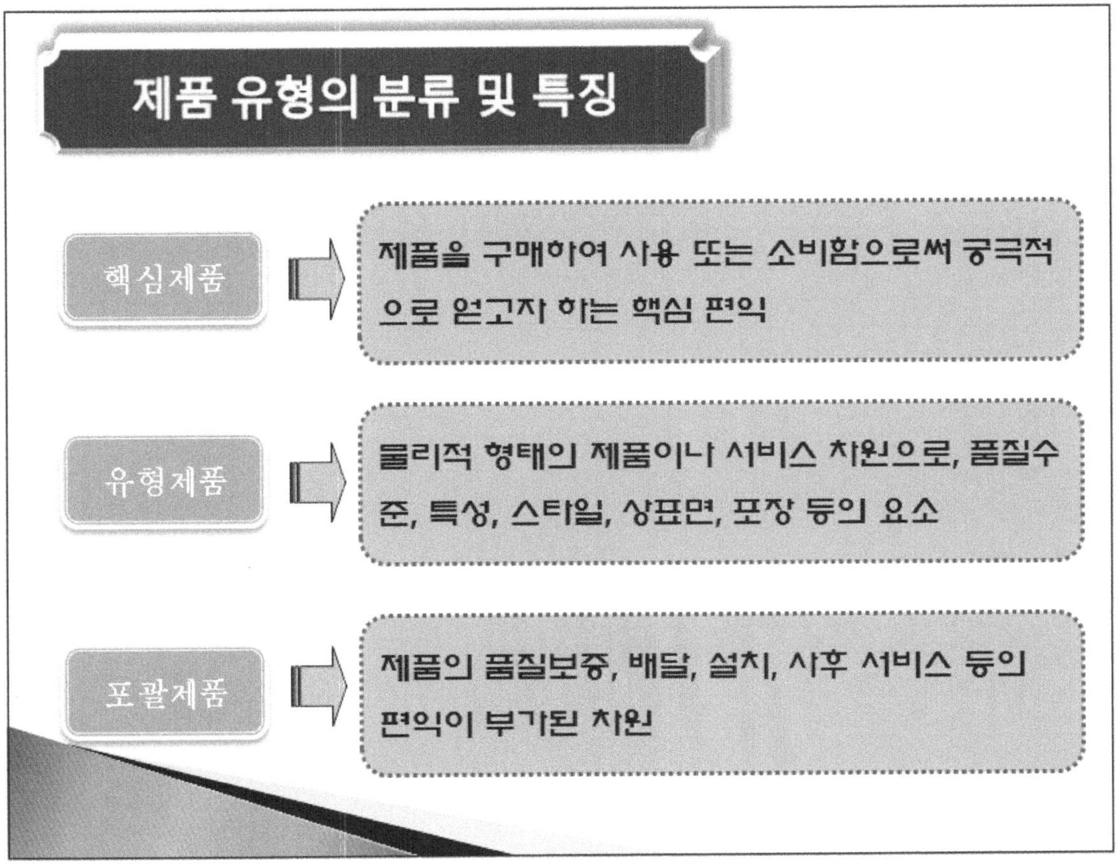

➽ 처리조건

① 제목 : [기본도형-배지] 이용, [도형서식-3차원 서식, 3차원 회전] 활용, 워드아트
① 도형 이용
② 디자인 테마 광장 활용
③ 그리기도구 서식 활용

4

표와 차트활용 문서 만들기

4.1 표 활용하기

프레젠테이션 하는데 있어 표를 이용하면 해당 내용을 한눈에 알아 볼 수 있기 때문에 더욱 효과적인 전달이라 할 수 있다.

[1] 표 삽입하기

1. 표를 삽입하기 위해 **[삽입]-[표]**를 클릭하거나, 슬라이드 삽입 시 보이는 레이아웃 화면에서 표()를 클릭한다.

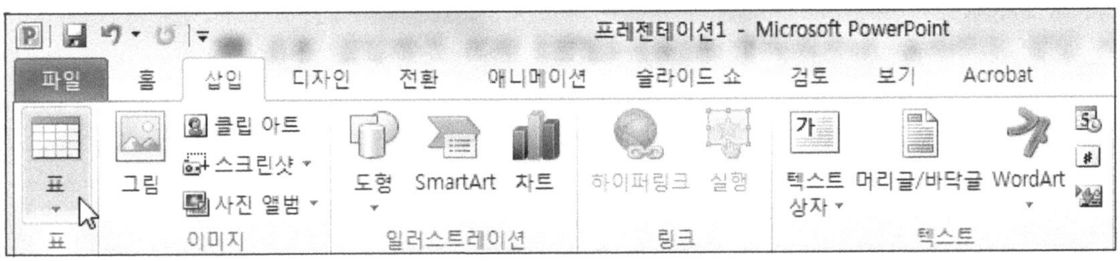

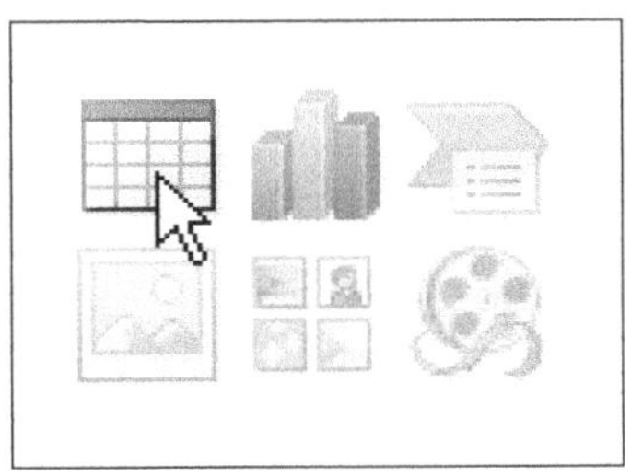

2. 먼저 **[삽입]-[표]**를 클릭하게 되면 원하는 표의 행과 열을 드래그로 지정하여 표를 삽입하게 된다.

   다른 방법으로 슬라이드내의 **[표]** 아이콘을 클릭하거나, **[삽입]-[표]-[표 삽입]**을 클릭하게 되면 표 삽입 대화상자가 나타난다. 이때 원하는 행과 열의 개수를 지정하면 표가 삽입된다.

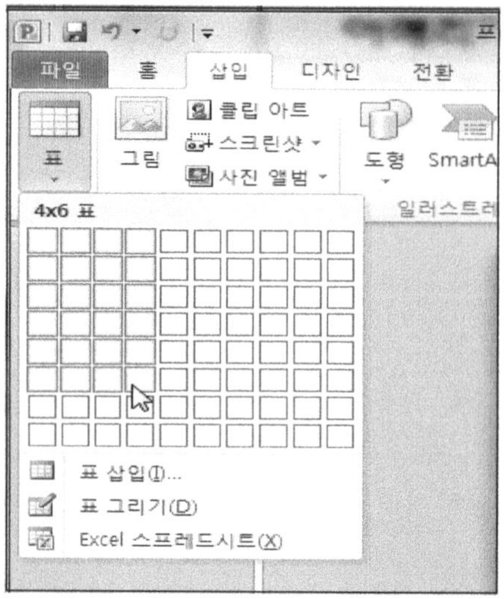

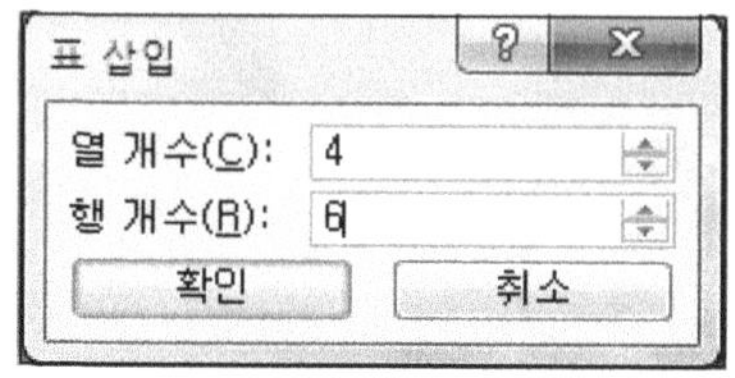

■3 4열 6행의 표를 설정하면 다음과 같이 표가 삽입된다. 아래와 같이 데이터를 입력한다.

커피의 종류

종류	원산지	가격	칼로리
아메리카노	미국	2,800	15 kcal
에스프레소	이탈리아	2,200	5 kcal
카푸치노	이탈리아	3,300	77 kcal
카페모카	이탈리아	3,800	246 kcal
카라멜 마키아토	이탈리아	4,300	159 kcal

[2] 표 편집하기

삽입한 표를 선택하면 **[표 도구]** 메뉴가 생성 된다. **[표 도구]**메뉴는 **[디자인]**탭과 **[레이아웃]** 탭으로 나누어진다.

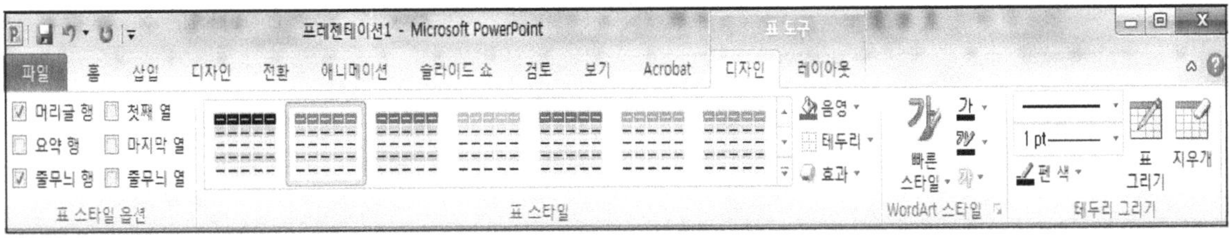

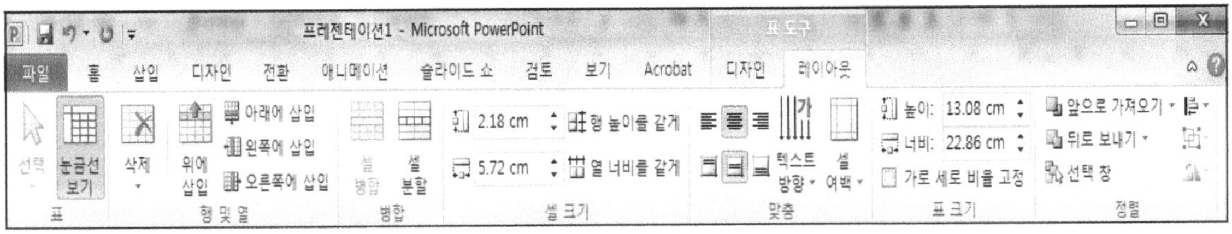

❶ 표의 조절점에 맞추어 원하는 크기를 조절 한다.

❷ **[레이아웃]-[맞춤]**에서 표 안의 글들을 정렬한다.

커피의 종류

종류	원산지	가격	칼로리
아메리카노	미국	2,800	15 kcal
에스프레소	이탈리아	2,200	5 kcal
카푸치노	이탈리아	3,300	77 kcal
카페모카	이탈리아	3,800	246 kcal
카라멜 마키야토	이탈리아	4,300	159 kcal

3 행이나 열을 합하고자 할 경우엔 **[레이아웃]-[병합]-[셀 병합]**의 메뉴를 클릭한다. 본 예제에서는 병합 후에 이탈리아가 4개가 모여지게 되면 3개는 삭제한다.

또한 행이나 열을 삽입하고자 할 경우엔 **[레이아웃]-[행 및 열]**의 메뉴에서 원하는 셀의 삽입 삭제를 정한다.

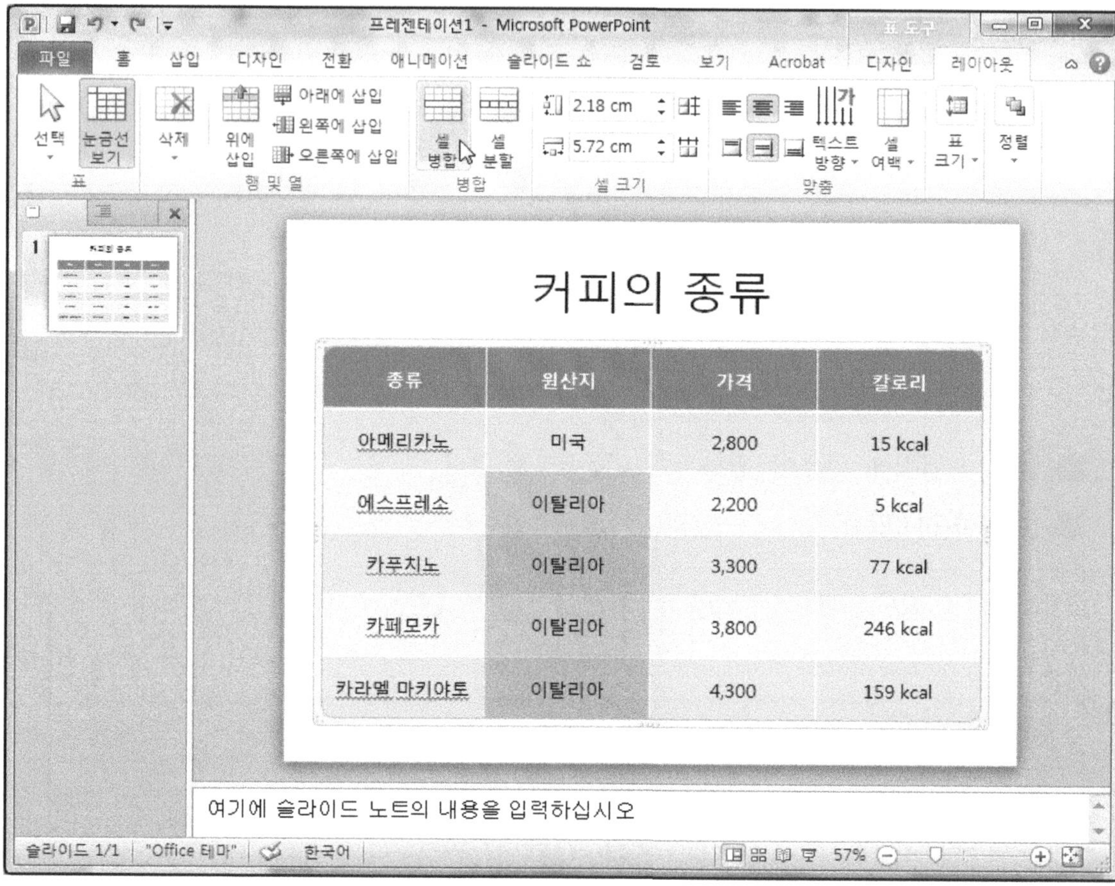

4 [표 도구]-[디자인]-[표 스타일]에서 **[밝은 스타일 3 - 강조 6]** 을 선택하고, **[효과]-[셀 입체 효과-둥글게]** 등을 지정하여 입체감 있는 표로 완성한다.

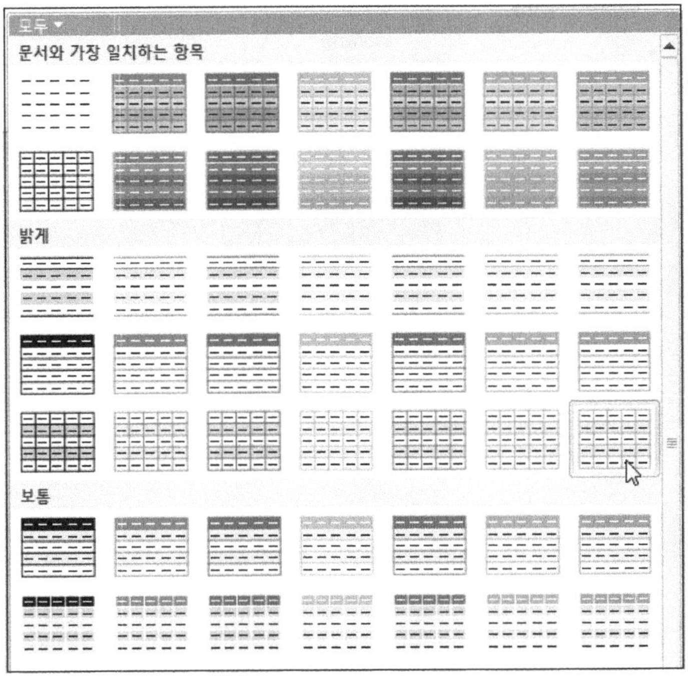

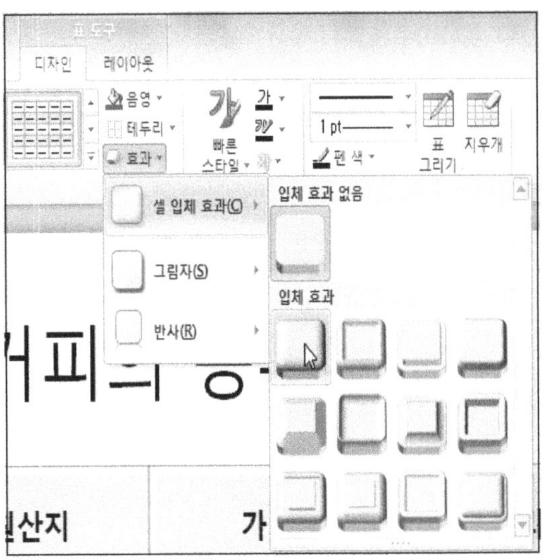

5 제목은 워드아트를 적용하여 다음의 표가 완성된다.

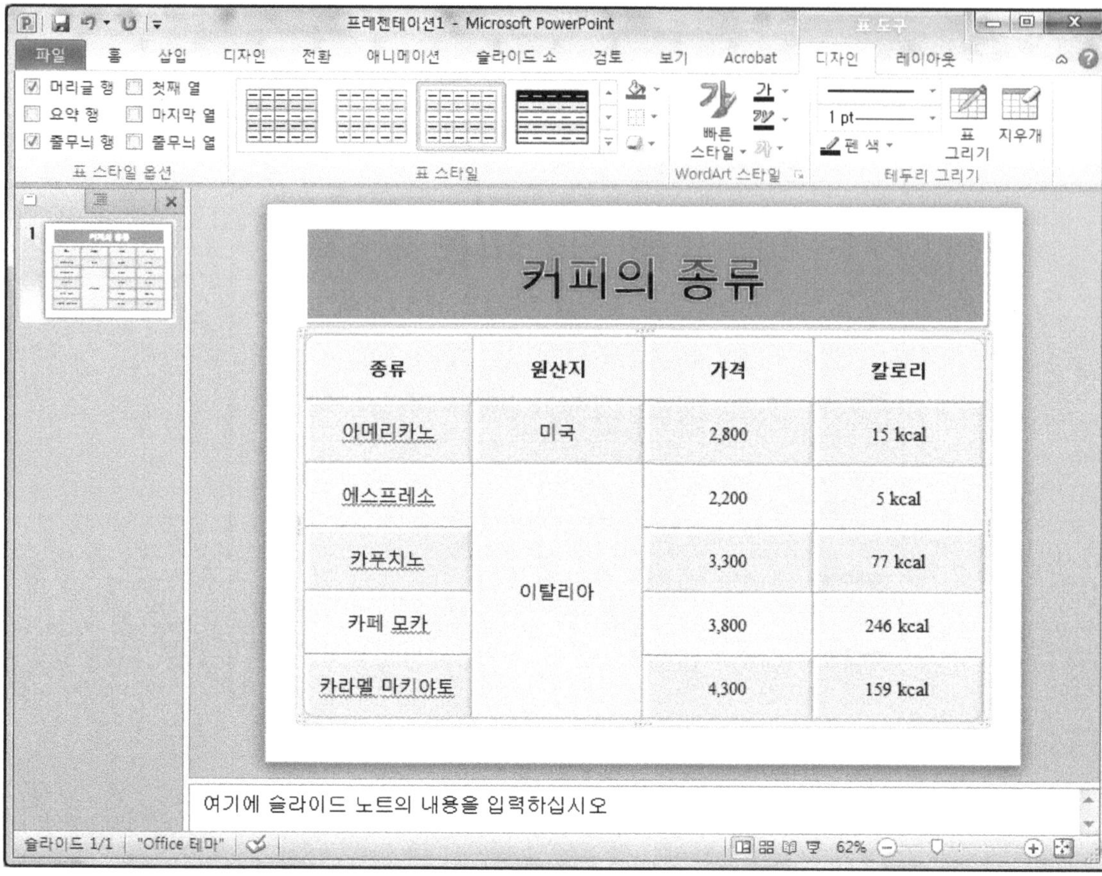

4.2 차트 삽입하기

[1] 차트 삽입하기

■1 차트를 삽입하기 위해 **[삽입]-[차트]**를 클릭하거나, 슬라이드 추가시에 보이는 레이아웃화면에서 차트( )를 클릭한다.

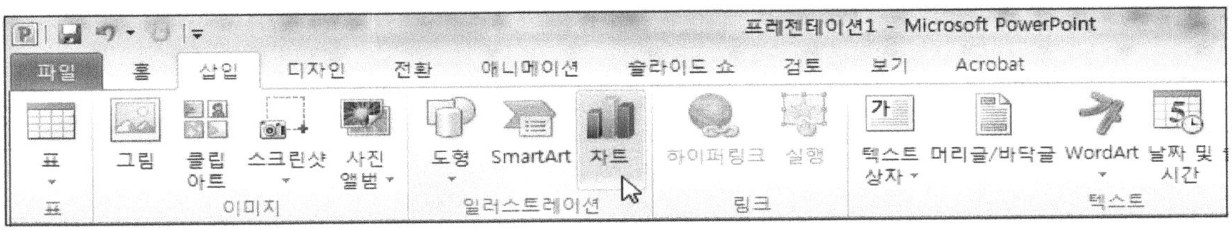

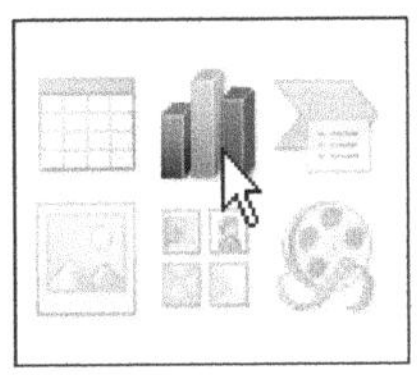

■2 차트 삽입 대화상자가 나타나면 삽입하고자 하는 차트의 모양을 결정한다.
본 예제인 「남산 타워 방문객 수」에 대한 차트를 완성하기 위해 세로막대형의 첫 번째인 **[묶은 세로 막대형]**을 선택한다.

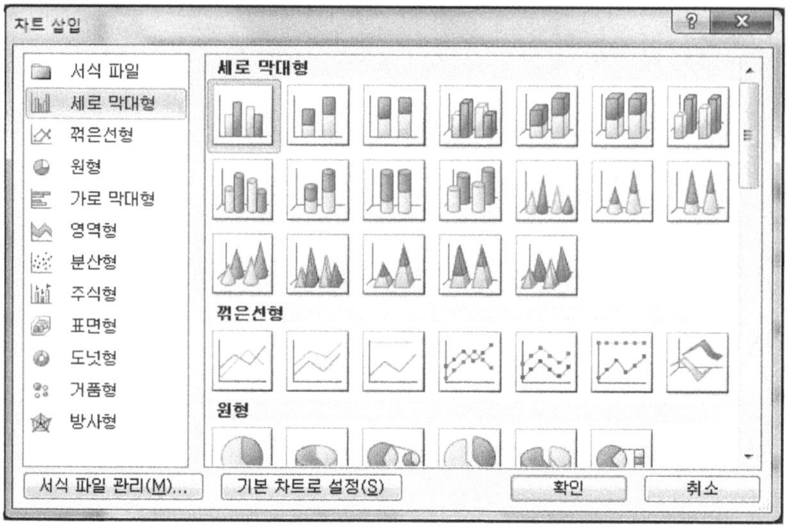

■3 차트 삽입 대화상자에서 **[확인]**을 클릭하면 다음과 같은 엑셀창이 함께 나온다. 이렇게 생성된 테이블에 값을 입력하고 행과 열을 설정하면, 바로 파워포인트에 삽입되는 차트의 데이터를 적용시킬 수 있다.

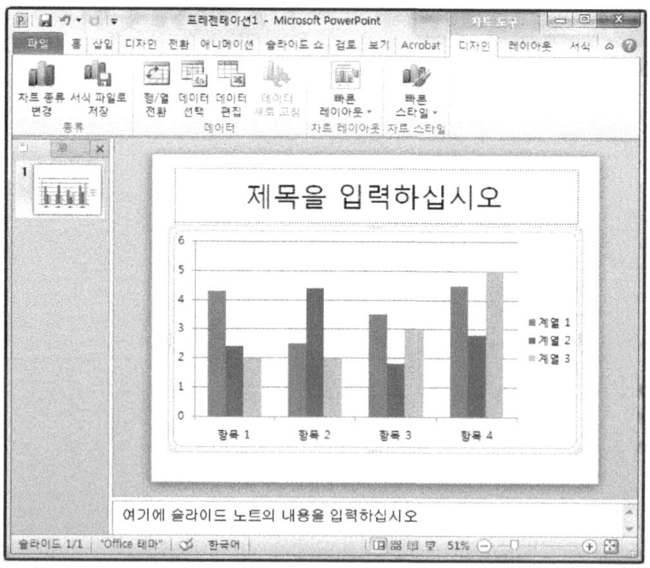

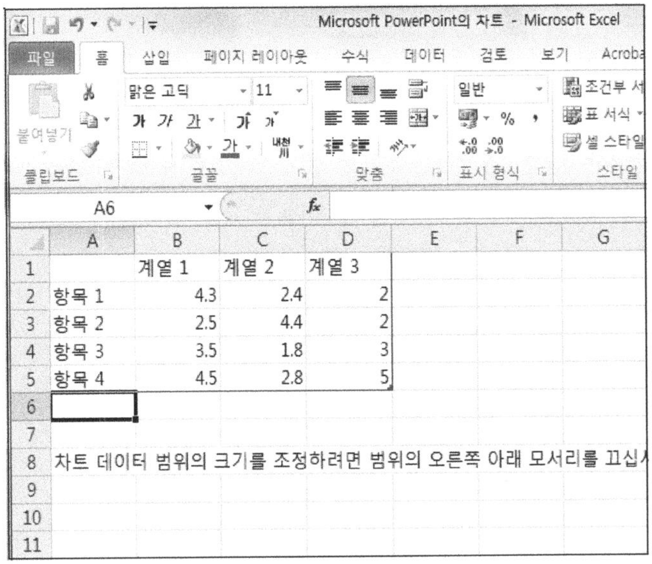

4 생성된 엑셀에는 임의의 데이터가 입력되어 있다. 이미 입력되어 있는 데이터는 신경 쓰지 않아도 된다. 표시 되어 있는 대로, **「차트 데이터 범위의 크기를 조정하려면 범위의 오른쪽 아래 모서리를 끄십시오.」** 라고 표시되어 있으니 임의로 설정하여 다음의 데이터를 입력한다. 데이터 범위 크기 조정의 또 다른 방법은 셀의 행이나 열전체를 삭제하는 방법이다. 여기에서 입력데이터가 적으면 크기를 조정해야 하지만, 입력데이터가 많으면 데이터를 그냥 입력하면 된다.

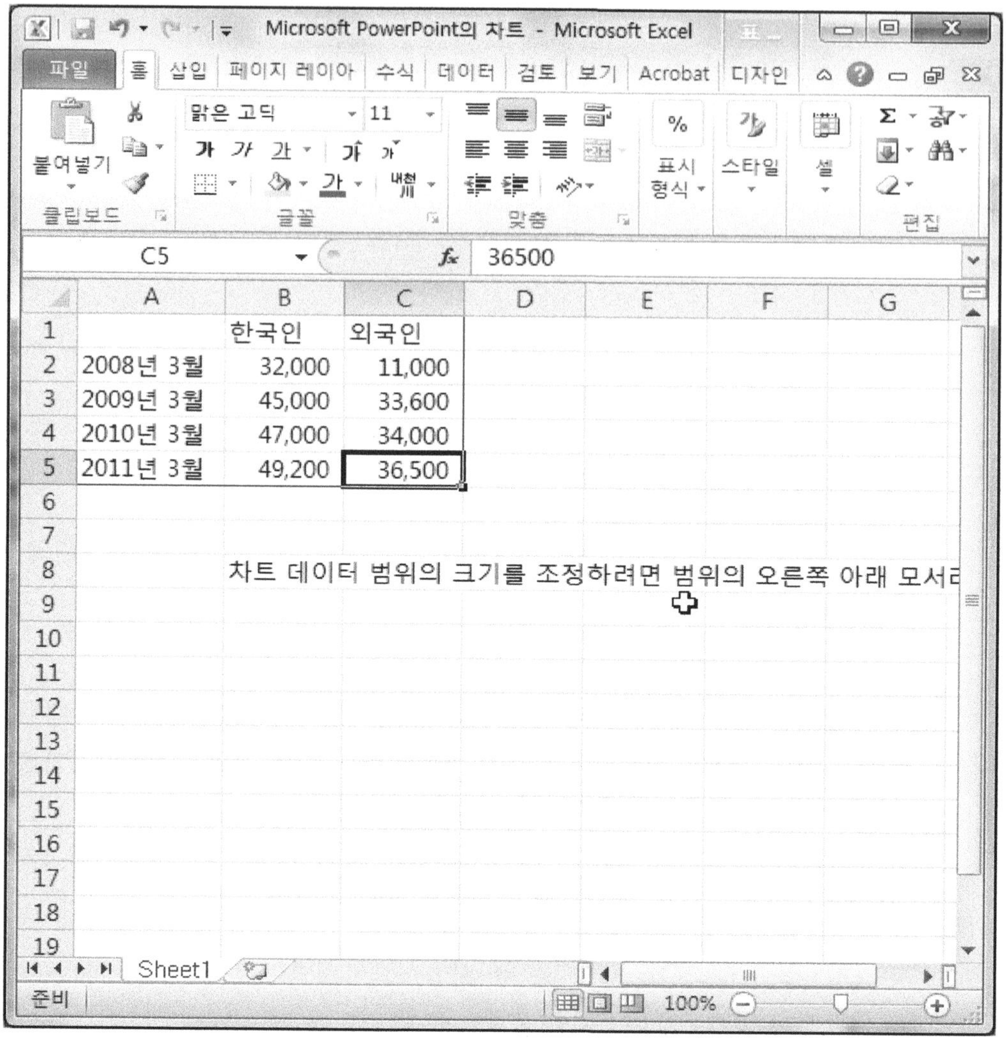
Microsoft PowerPoint의 차트 - Microsoft Excel
파일
홈
삽입
페이지 레이아웃
수식
데이터
검토
보기
Acrobat
디자인
맑은 고딕
11
붙여넣기
클립보드
글꼴
맞춤
표시 형식
스타일
셀
편집
C5
36500
한국인
외국인
2008년 3월 32,000 11,000
2009년 3월 45,000 33,600
2010년 3월 47,000 34,000
2011년 3월 49,200 36,500
차트 데이터 범위의 크기를 조정하려면 범위의 오른쪽 아래 모서리
Sheet1
준비
100%

5 입력된 데이터는 바로 차트에 적용되어 파워포인트에 삽입 된다.

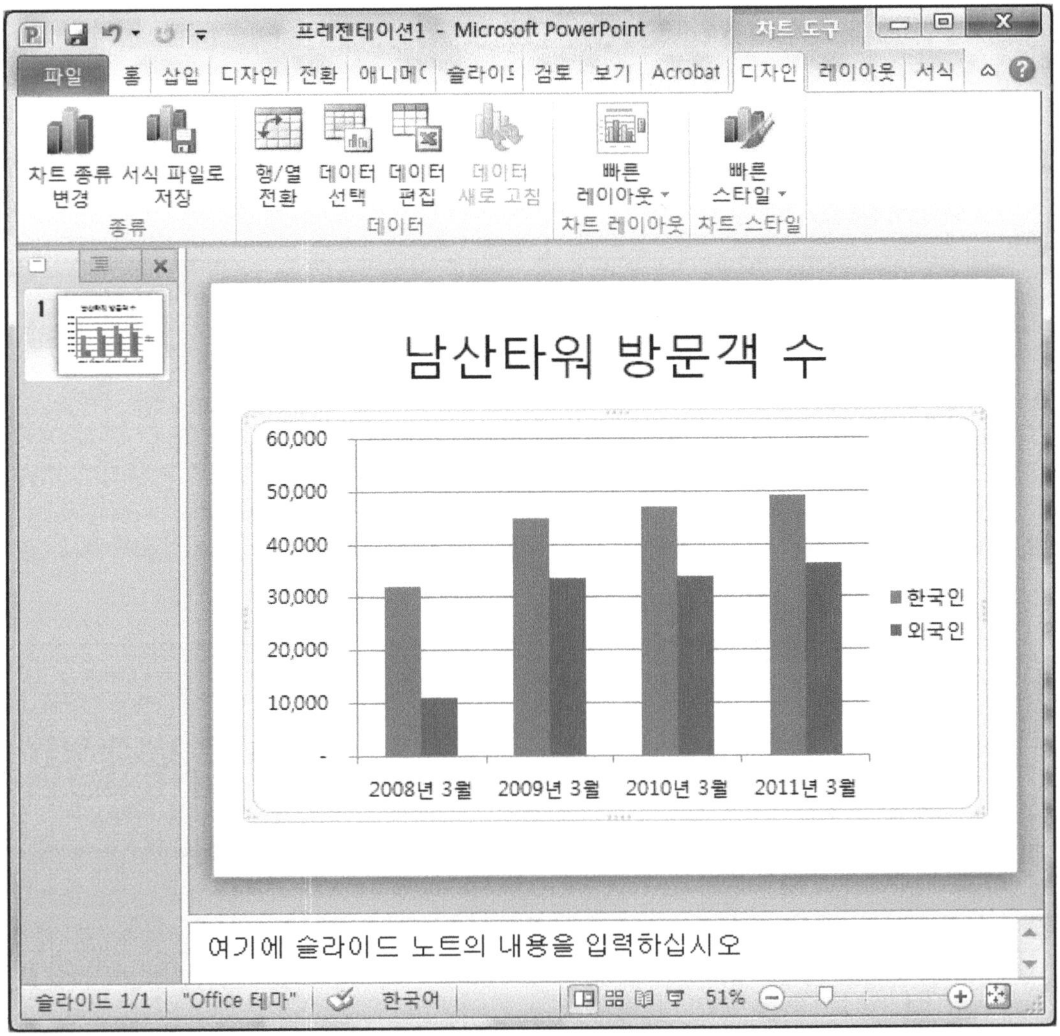

[2] 차트 편집하기

차트를 삽입한 후 **[차트]**를 선택하면 **[차트 도구]**메뉴가 생긴다. **[차트 도구]** 메뉴는 **[디자인]**, **[레이아웃]** 그리고 **[서식]**탭으로 나누어져 있다.

1. 먼저 **[디자인]** 탭에는 차트 종류, 데이터, 차트 레이아웃, 차트 스타일 등의 메뉴로 나누어진다.

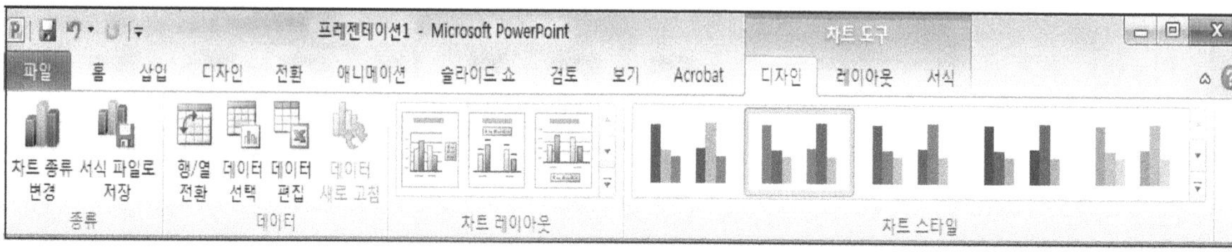

2. **[레이아웃]** 탭에는 현재 선택 영역, 삽입, 레이블, 축, 배경, 분석 등의 메뉴로 세분화되어 있다.

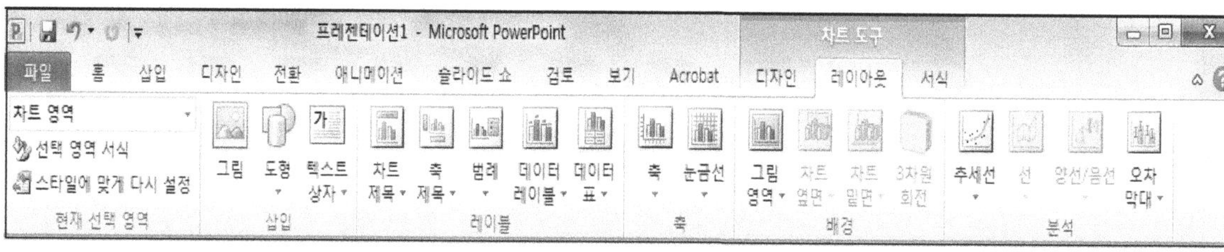

3. **[서식]**탭에는 현재 선택영역, 도형 스타일, WordArt 스타일, 정렬, 크기 등의 메뉴로 세분화되어 있다.

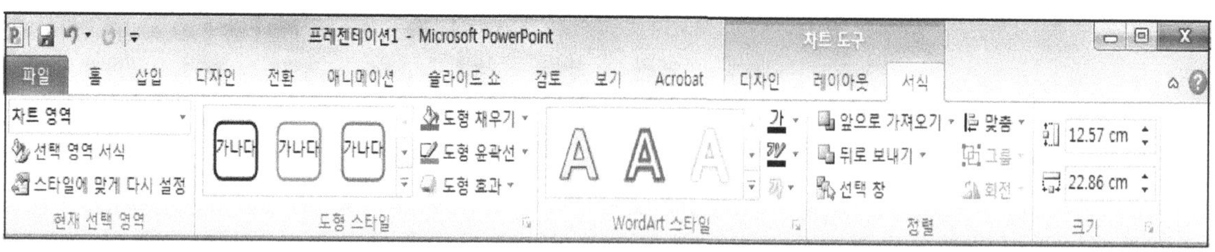

4 예제의 차트 편집은 **[디자인]-[차트레이아웃]-[레이아웃 5]**, **[서식]-[도형스타일]-[미세효과-주황, 강조 6]** 등의 편집을 거쳐 다음의 결과를 보여준다.

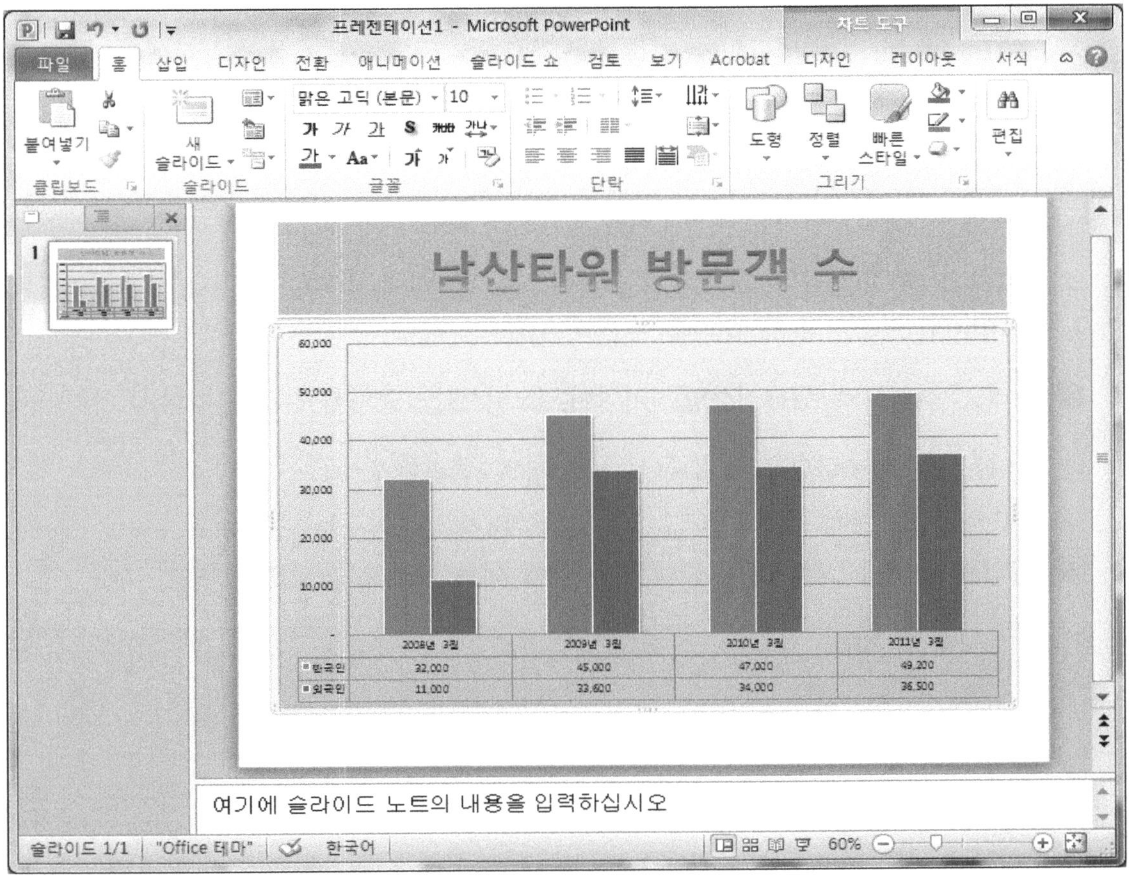

4.3 소리 삽입하기

그림뿐만이 아니라 멀티미디어의 기본인 사운드도 파워포인트에서 응용하여 사용할 수 있다.

[1] 오디오 파일 입력

프레젠테이션 중에 청중의 이목을 집중시키고자 할 때에 소리를 삽입하여 슬라이드에 오디오 파일이나 특수한 소리 효과를 직접 삽입할 수 있다.

1. 소리를 삽입하기 위해 **[삽입]-[미디어]-[오디오]**를 클릭하거나, 슬라이드 추가시에 보이는 레이아웃화면에서 미디어클립()을 클릭한다.

2. **[삽입]-[미디어]-[오디오]**를 클릭하여 **[클립 아트 오디오]**를 선택한다.

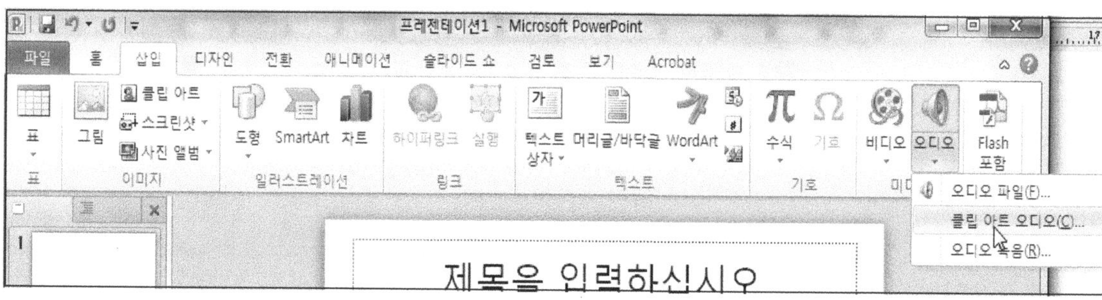

3 검색된 소리 중 **[마을테마]**를 클릭해서 삽입한다.

4 편집 작업 중인 슬라이드나 슬라이드 쇼에서 **[재생/일시중지]** 버튼을 클릭하면 소리가 재생된다.

소리 개체 도구

소리를 삽입하면 나타나는 소리 개체 도구를 이용하여 소리를 재생하거나 볼륨 등을 조절할 수 있다.

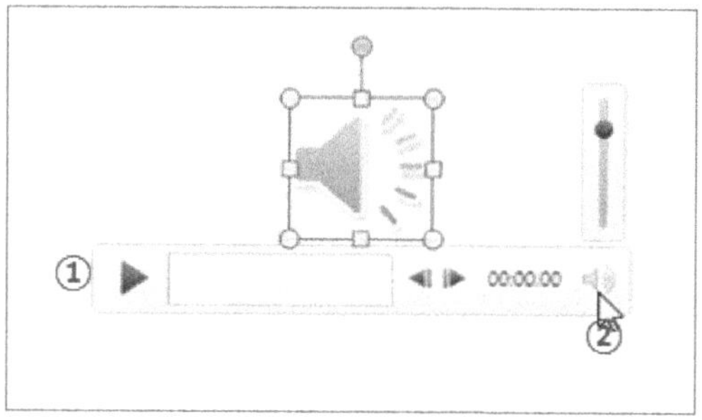

① **재생/일시중지(Alt+P)** : 소리를 재생하거나 일시 정지한다. 임의의 구간을 클릭하고 [재생/일시중지]를 클릭하면 구간별 재생이 가능하다.

② **음소거/음소거 해제(Alt+U)** : 일시적으로 소리를 없앨 수 있으며, 볼륨을 조정할 수 있다.

[2] 슬라이드 쇼 소리 재생

슬라이드에 소리개체가 보이지 않고 소리를 재생하는 방법이다.

■1 슬라이드 화면 밖으로 스피커모양의 소리개체를 드래그 한다.

F5를 누르거나 슬라이드 쇼 메뉴 등을 클릭하여 실행하면 소리가 재생되지 않는다.

2 슬라이드 쇼를 실행했을 때 동시에 소리를 재생하기 위해서는 **[오디오 도구]-[재생]** 그룹에서 **[오디오 옵션]-[시작 : 자동재생]**을 클릭한다. 슬라이드 위에는 스피커모양의 소리개체는 보이지 않는다.

3 슬라이드 쇼를 실행하면 소리가 재생된다.

[3] 소리개체 그림 바꾸기

소리를 입력하였을 경우 기본적으로 나오는 소리개체를 다른 그림으로 변경하여 자연스럽게 하고 싶을 때 하는 과정이다.

1 소리개체를 선택한 후 오른쪽 버튼을 클릭하여 **[그림 바꾸기]**를 선택한다.

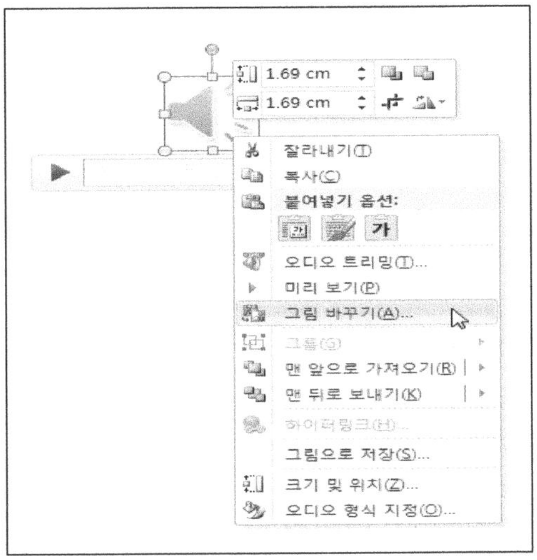

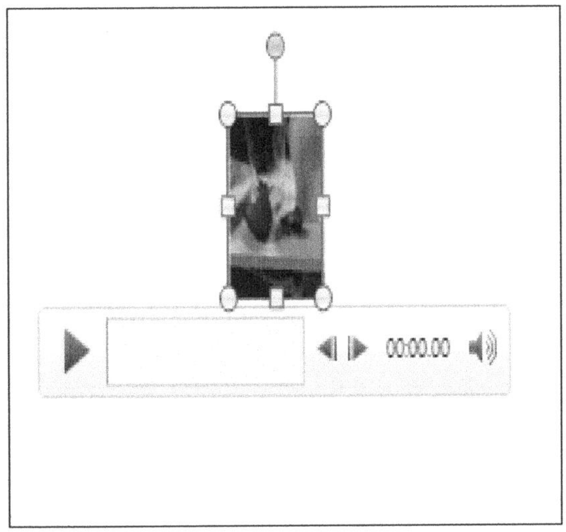

2 원하는 그림을 선택하면 개체 그림이 변경 된다.

3 크기와 위치 등을 원하는 대로 변경 한다. 이때 이전에 선택한 사양 그대로 실행된다.

4.4 동영상 삽입하기

오디오파일과 비슷하게 비디오파일도 삽입할 수 있다.

[1] 비디오 파일 삽입

1. 비디오를 삽입하기 위해 **[삽입]-[비디오]을** 클릭하거나, 슬라이드 삽입 시 보이는 레이아웃화면에서 미디어클립( )을 클릭한다.
2. **[삽입]-[비디오]**을 클릭하여 **[비디오 파일]**을 선택한다.

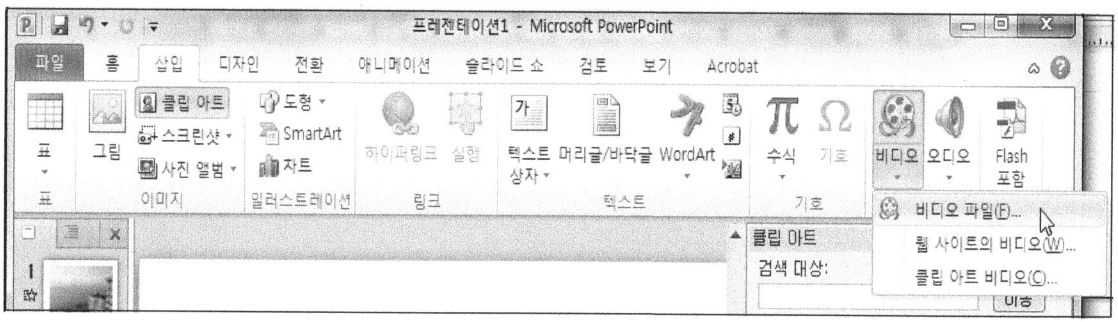

3 사용자의 폴더에서 원하는 동영상을 선택하고, 삽입버튼을 클릭한다.

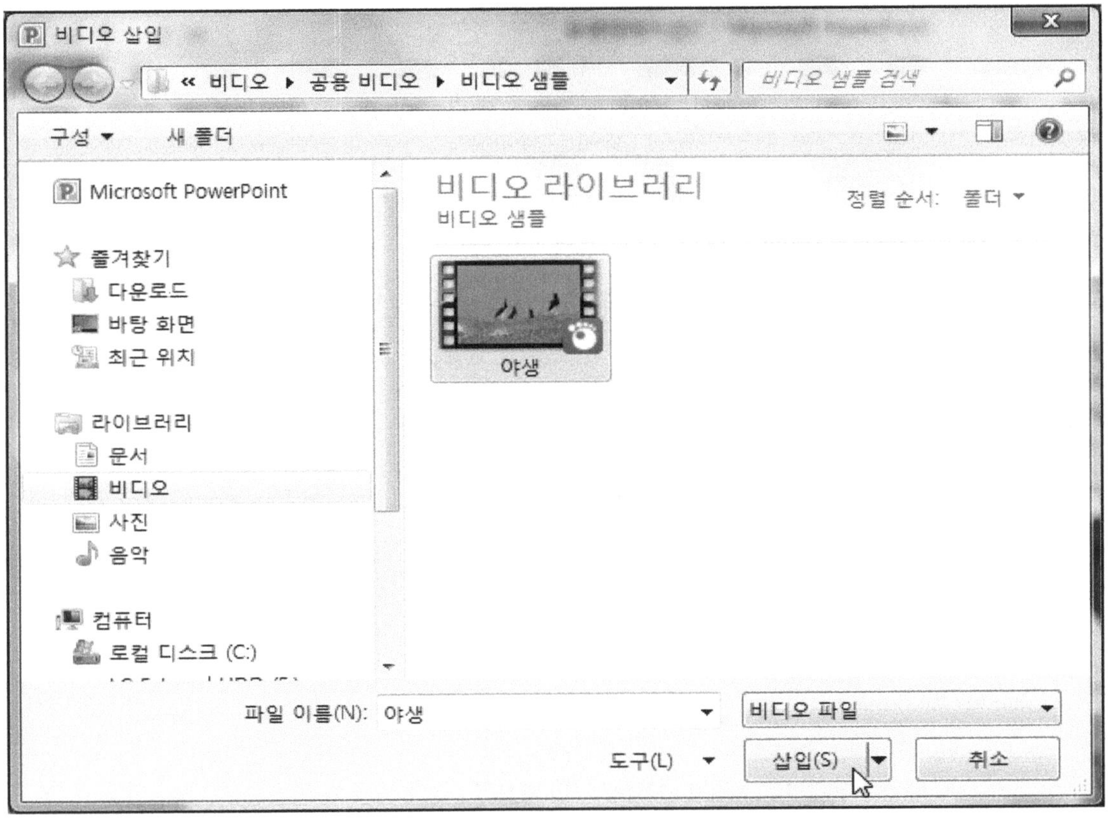

4 슬라이드에서 비디오 크기를 상황에 맞게 조절한다.

5 오디오와 마찬가지로 슬라이드 쇼를 실행했을 때 동시에 비디오를 재생하기 위해서는 **[오디오 도구]-[재생]** 그룹에서 **[오디오 옵션]-[시작 : 자동재생]**을 클릭한다.

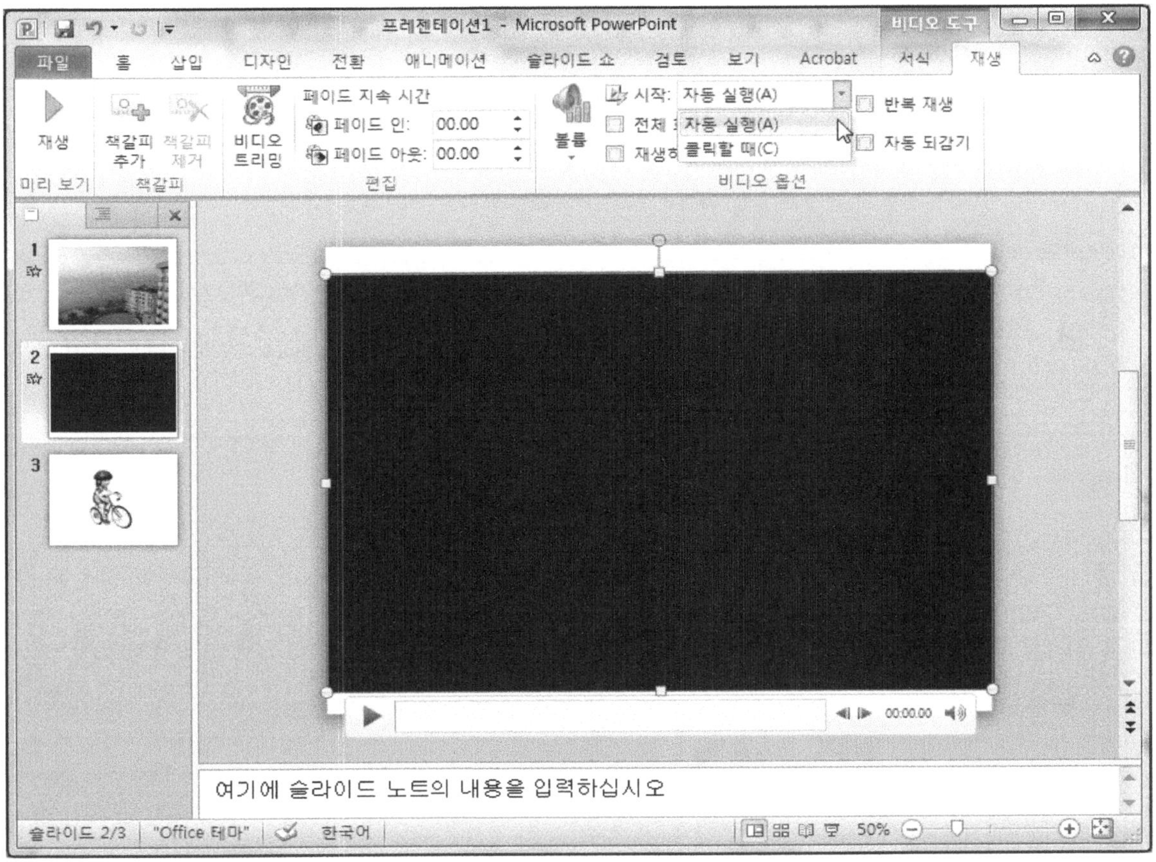

[2] 클립아트 비디오 삽입

프레젠테이션 중에 동영상이라 하기는 조금 부족하지만 클립아트의 가벼운 동영상을 삽입하여 이용할 수 있다.

1 비디오를 삽입하기 위해 **[삽입]-[비디오]을** 클릭하거나, 슬라이드 삽입 시 보이는 레이아웃화면에서 미디어클립( )을 클릭한다.

2 **[삽입]-[비디오]**을 클릭하여 **[클립 아트 비디오]**을 선택한다.

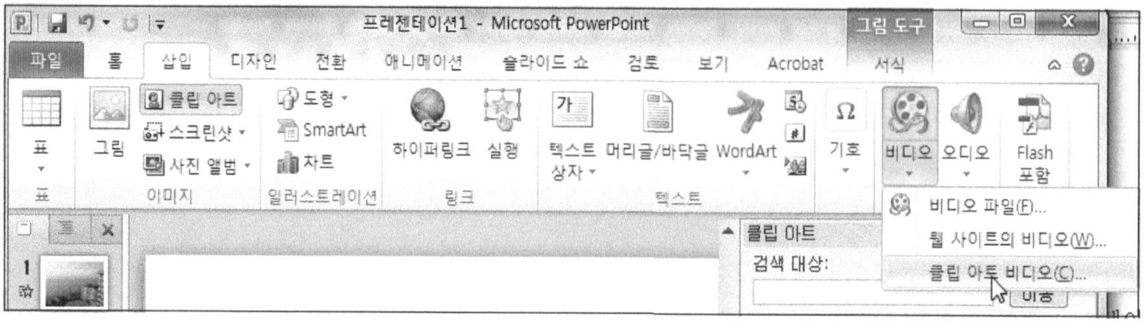

3 원하는 동영상 클릭하면 슬라이드에 클립아트와 같이 입력된다. 검색된 클립아트에서 원하는 비디오를 선택한다.

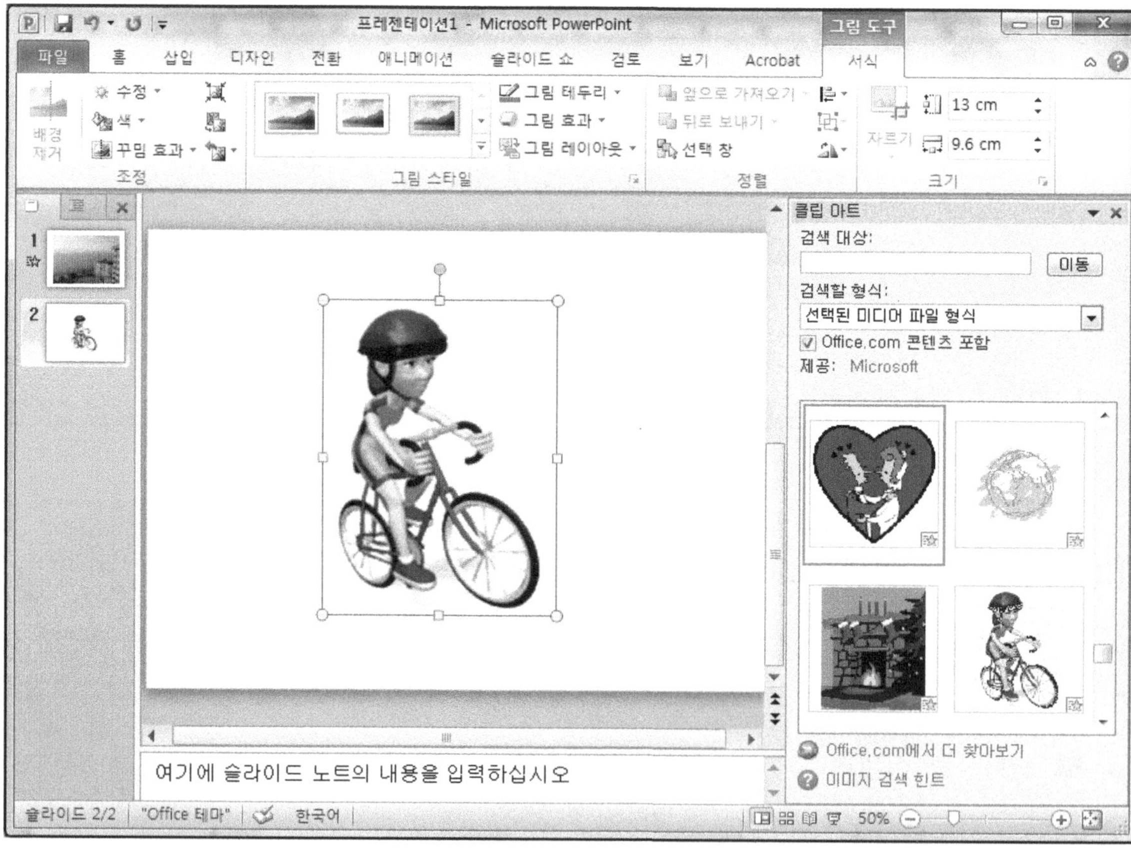

4 슬라이드 쇼 실행 시 동영상이 자동실행 된다.

⌘ 연습문제 1

다음의 이벤트 분류와 관련된 표를 완성해본다.

개최목적에 따른 이벤트의 분류

구분		내용
공적 이벤트	문화	영화제, 예술제, 음악회 등
	전시	박람회, 특별전 등
	스포츠	월드컵, 올림픽, 각종 스포츠 경기 등
	축제형	거리축제, 각종 지방 전통 축제 등
	컨벤션	국제회의, 심포지엄 등
사적 이벤트	판촉	신제품 설명회, 기업 판촉활동 등
	사내	인센티브 여행, 사내파티 등
	전시	신제품발표회, 품평회,모터쇼 등의 업계전시회 등
	정보교류	세미나 등

➽ 처리조건

① 제목 : 워드아트 이용

① 표 삽입 이용

② 표 스타일(보통 스타일 2-강조 2) 활용

⌘ 연습문제 2

다음의 입장권 및 카드 할인과 관련된 표를 완성한다.

2012년 LG트윈스 입장권

좌석명	입장권가격		LG트윈스 성인회원		LG트윈스 어린이회원	
	주중	주말/공휴일	주중	주말/공휴일	주중	주말/공휴일
프리미엄	70,000원		동일가격		동일가격	
테이블	40,000원					
블루	12,000원	15,000원	10,000원	13,000원	6,000원	7,500원
레드	10,000원	12,000원	8,000원	10,000원	5,000원	6,000원
옐로우	9,000원	10,000원	7,000원	8,000원	4,500원	5,000원
그린(외야)	7,000원	8,000원	5,000원	6,000원	무료입장	

2012년 신한 카드 할인

구분	할인내용	비고
LG트윈스 신한카드	3,000원/장 할인	청구시 할인(카드 계산서 청구시 반영)
LG트윈스 LG카드	3,000원/장 할인	결재시 할인
신한카드 (터치 앤 고)	2,000원/장 할인	청구시 할인(카드 계산서 청구시 반영)
신한카드 (그외 지정 카드)	2,000원/장 할인	결재시 할인

➽ 처리조건

① 제목 : 도형 이용

① 표 삽입 이용

⌘ 연습문제 3

다음과 같은 주요 제품 판매량의 차트를 완성한다.

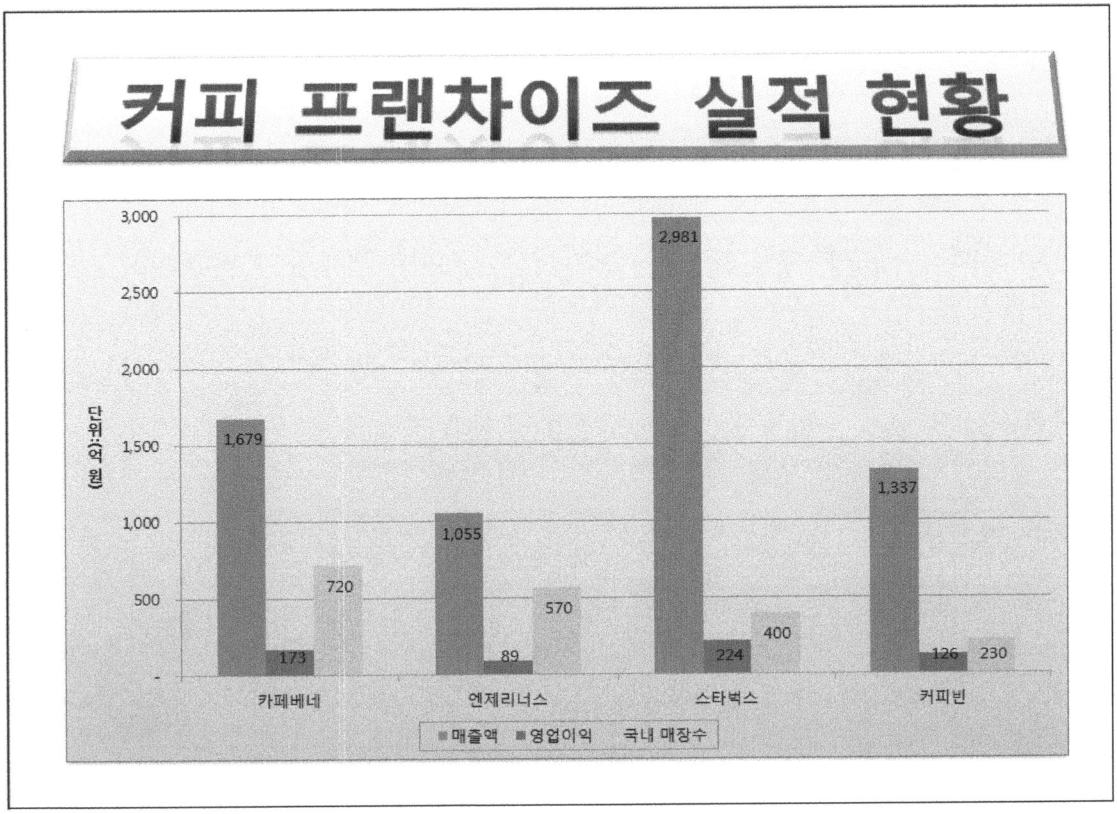

➽ 처리조건

① 제목 : 워드아트, 3차원 서식, 회전 활용
① 차트 삽입 이용 : [세로막대형-묶은 세로막대형], 데이터 값 입력
② 범례 아래쪽에 표시
③ 데이터 레이블 표시[안쪽 끝에]

⌘ 연습문제 4

다음과 같이 표와 차트를 완성한다.

키즈 카페 이용요금

일반회원과 비교시 절약 효과

	1개월	3개월	6개월	12개월
VIP 회원	35,000	105,000	210,000	420,000
일반 회원	65,000	195,000	390,000	780,000

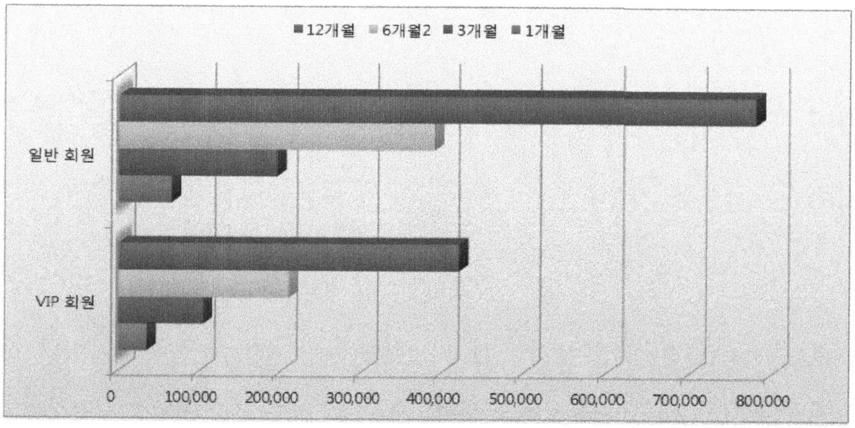

➽ 처리조건

① 제목 : 도형, 워드아트
① 표 삽입
② 차트 삽입 이용 : [가로막대형-3차원 묶은 가로막대형], 데이터 값 입력
③ 범례 위쪽에 표시
④ 그림삽입

⌘ 연습문제 5

다음과 같이 동영상을 삽입하여 완성해 보자.

➠ 처리조건

① 제목 : 워드아트
① 동영상 삽입 이용(임의의 동영상 삽입)
② 배경 서식 활용

5

슬라이드 마스터와 슬라이드 쇼 및 인쇄

5.1 슬라이드 마스터 꾸미기

프레젠테이션을 작업할 때 같은 작업을 반복해야할 경우가 있다. 일반적으로 파워포인트에서 제공하는 테마를 사용하기는 하지만, 사용자가 일괄적으로 추가하거나 꾸며야 할 때가 생기게 된다.

예를 들면 회사 로고나 일정한 배경무늬 등을 들 수 있다. 이들을 매번 슬라이드에 삽입해도 작업이 진행되긴 하지만, 반복되는 작업으로 인해 비효율적임과 동시에 일정한 슬라이드가 완성되지 않기 때문에 마스터에 추가하여 작업하면 일괄적 적용이 된다.

[1] 슬라이드 마스터 서식 설정

슬라이드 마스터에서는 제목과 텍스트 서식, 위치 등을 관리하고 그림 및 배경 등을 새로 설정할 수 있다.
또한 일괄적인 글꼴의 스타일이나 크기, 색 등을 변경하여 적용할 수 있고, 그림들도 배치할 수 있다.

1 **[보기]-[프리젠테이션 보기]-[슬라이드 마스터]**를 클릭한다.

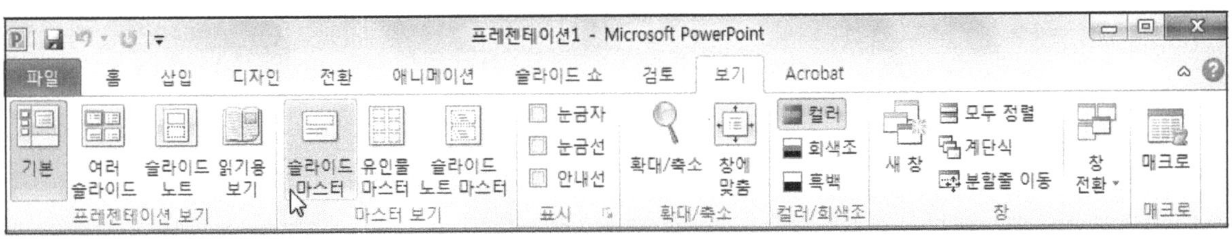

2 다음과 같이 슬라이드 마스터 편집 화면으로 전환 된다.

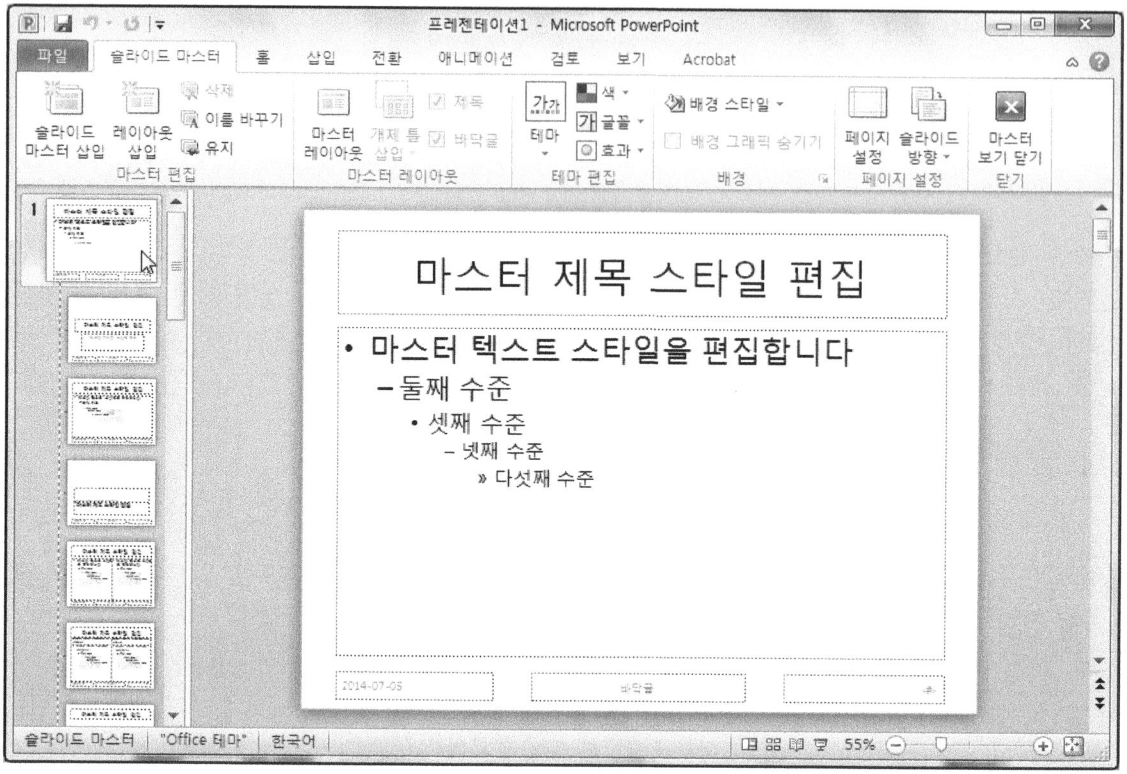

3 이때 기본적으로 작업하던 슬라이드 레이아웃이 설정된다. 하지만 모든 슬라이드에 적용하기 위해서 좌측 슬라이드탭의 가장 상단에 있는 **[Office테마 슬라이드 마스터: 슬라이드 1에서 사용]**을 선택하고 마스터 스타일을 편집한다.

4 화면에서 보여지듯이 슬라이드 마스터 메뉴들도 새롭게 추가되는데, 이들 메뉴를 사용하여 새로운 테마, 배경 등을 편집 할 수 있다.

5 **[테마 편집]**에서 색 및 글꼴 등을 설정하고, **[배경]**에서 배경 스타일을 설정한다.

6 **[삽입]-[클립아트]**에서 원하는 그림을 삽입한다.

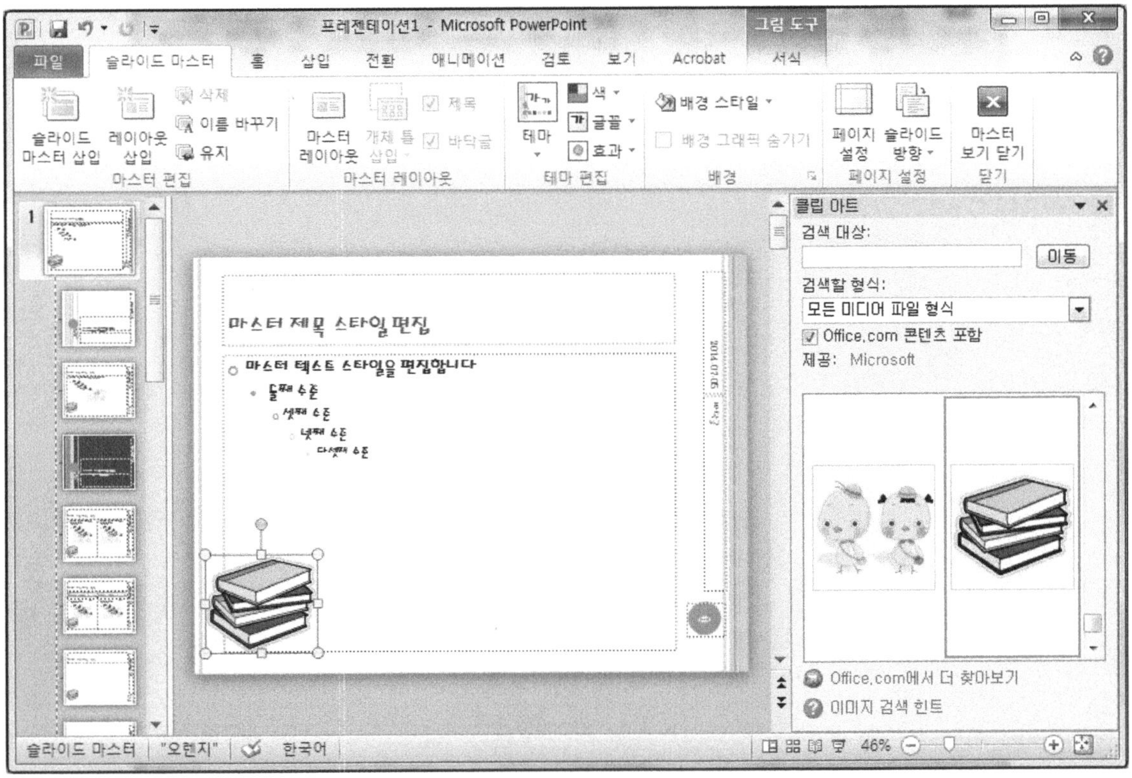

7 **[마스터 보기 닫기]** 메뉴를 클릭하면 기본보기로 전환되어 다음과 같이 자동으로 적용된 슬라이드를 볼 수 있다.

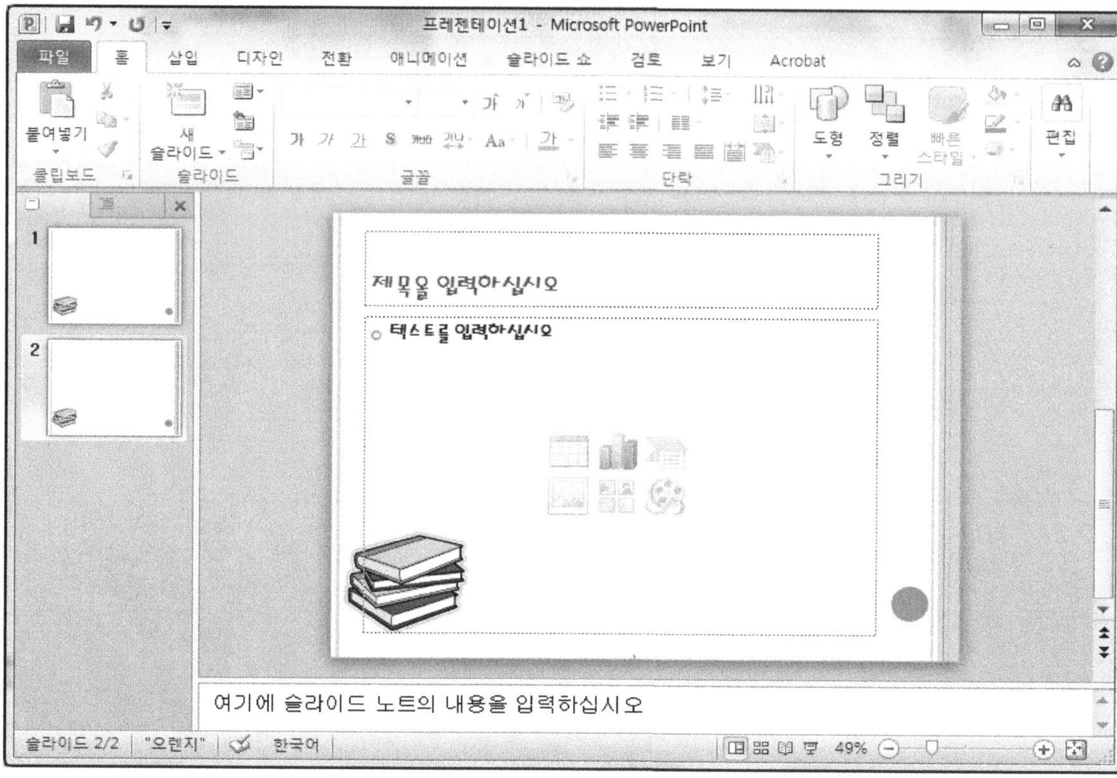

[2] 머리글/바닥글/슬라이드 번호 삽입

슬라이드에 머리글과 바닥글 및 슬라이드 번호를 삽입할 수 있다.

1 **[삽입]-[텍스트]-[머리글/바닥글]** 또는 **[슬라이드 번호]**를 클릭한다.

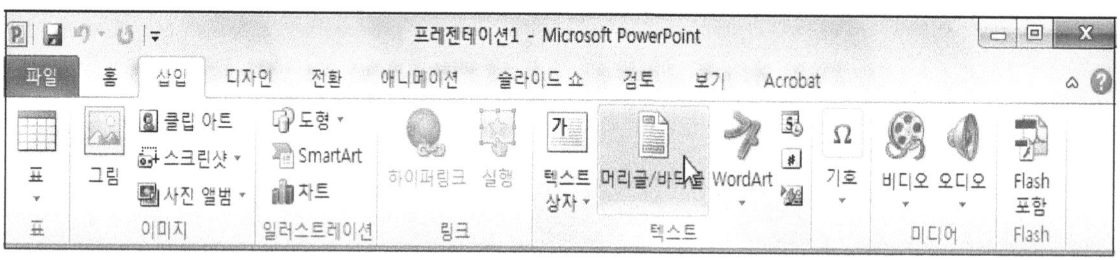

2 **머리글/바닥글** 대화상자가 나오면 **날짜 및 시간, 슬라이드 번호, 바닥글** 등을 설정한 후 **[모두 적용]**을 클릭한다.

[모두 적용]은 모든 슬라이드에 적용됨을 뜻한다. 여기서 **날짜 및 시간, 슬라이드 번호, 바닥글** 등을 선택하면 미리보기에서 하단에 진하게 표시되면서 위치를 알려준다.

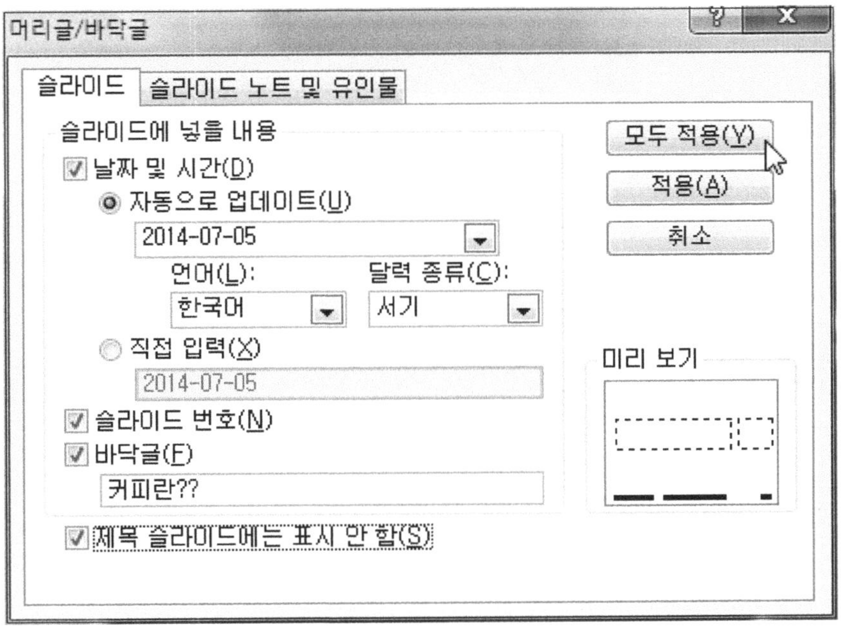

3 대화상자에서 **[제목 슬라이드에는 표시 안 함]**을 설정해야만 첫 번째 슬라이드인 제목은 표시되지 않는다.

4 다음과 같이 머리글/바닥글 및 슬라이드 번호가 적용된 것을 확인할 수 있다.

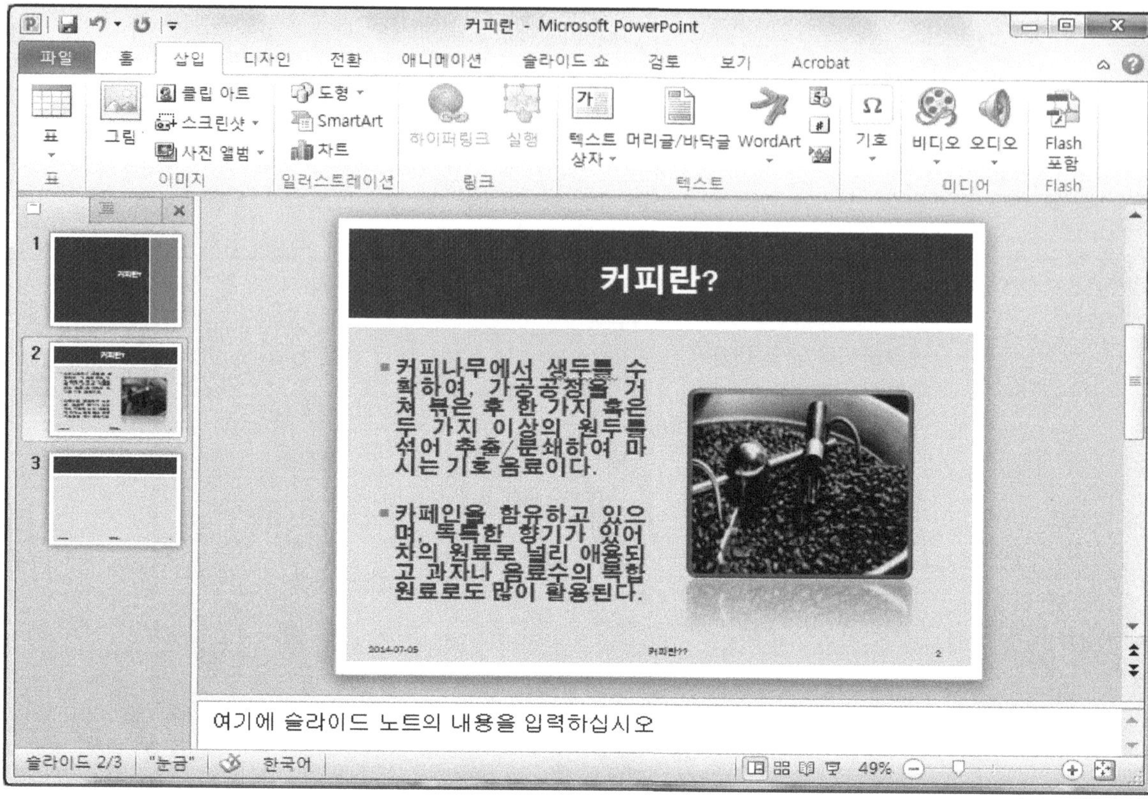

5.2 슬라이드 쇼 진행하기

파워포인트로 문서를 완성하고 난 후 청중에게 발표할 때에는 슬라이드 쇼로 진행을 한다. 이는 해당 슬라이드가 전체화면으로 보이게 되면서 청중들에게 집중 할 수 있는 환경을 제공한다.

[1] 슬라이드 쇼 진행하기

1 **[슬라이드 쇼]-[슬라이드 쇼 시작]-[처음부터]**를 클릭하여 처음부터 슬라이드 쇼를 진행할 수 있고, 원하는 슬라이드부터 슬라이드 쇼를 진행하고 싶으면 **[슬라이드 쇼]-[슬라이드 쇼 시작]-[현재 슬라이드부터]**를 클릭하면 된다.

또는 화면 오른쪽 하단의 **슬라이드 쇼 아이콘**을 클릭한다.

다른 방법으로는 단축키 F5를 누르면 슬라이드 쇼가 진행된다.

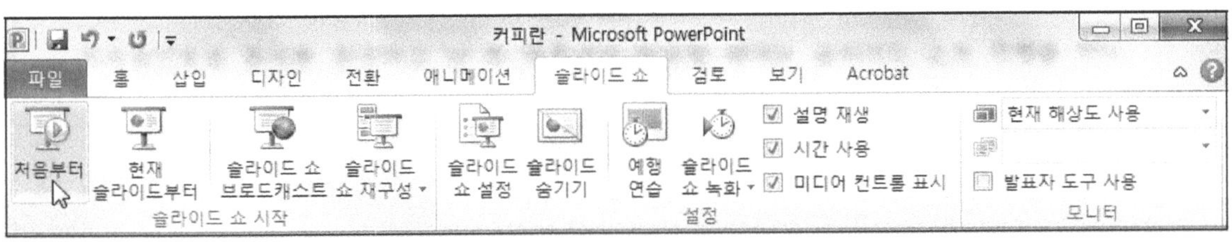

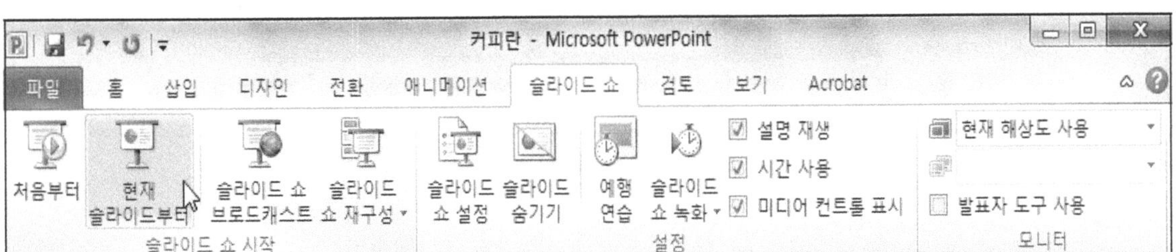

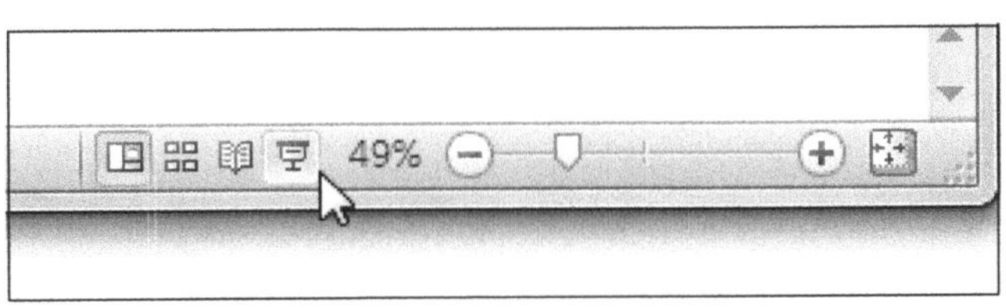

2 슬라이드 쇼 상태에서의 슬라이드는 **마우스 왼쪽 버튼 클릭**, **마우스 휠 이동**, **키보드의** [Page Up], [Page Down]을 이용하여 슬라이드를 앞, 뒤로 이동 할 수 있다.

슬라이드 쇼 메뉴

슬라이드 쇼로 프레젠테이션 중간에 오른쪽 버튼을 눌러 메뉴를 보면, 대부분 슬라이드 이동과 관련된 메뉴이고, 화면 메뉴와 포인터 옵션 메뉴가 있다.

- **화면 메뉴 :** 슬라이드 화면을 어둡게, 희게 만드는 기능이다.
- **포인터 옵션 메뉴 :** 프레젠테이션 중간에 슬라이드 화면에 필기를 하면서 청중에게 이해력을 높이는 역할을 하는 것으로 많이 쓰이는 기능 중의 하나이다.

메뉴에는 펜, 형광펜 등의 메뉴가 있어 상황에 맞게 활용한다.

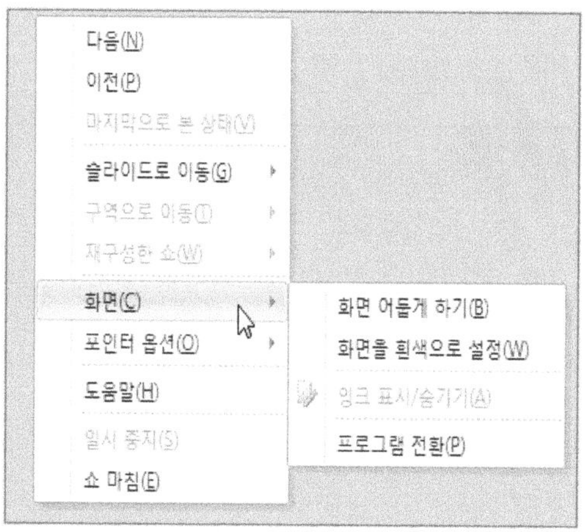

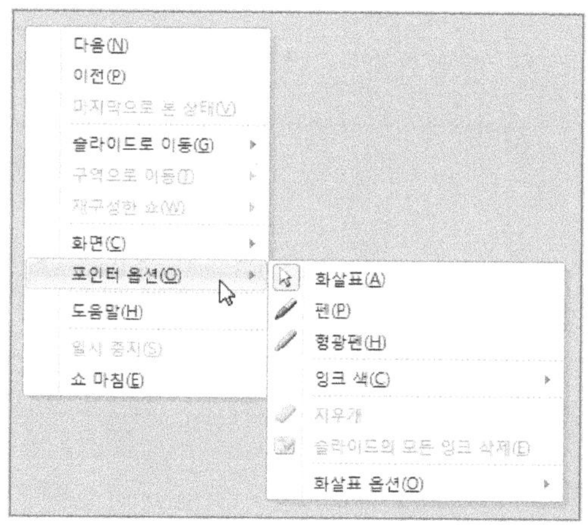

[2] 프레젠테이션 예행연습

파워포인트는 프레젠테이션 시간을 맞출 수 있도록 예행연습 기능을 제공한다.

이는 예행연습을 하는 동안에 슬라이드의 시간 기능을 사용하여 각 슬라이드에서 소요한 시간이 기록되면 해당 시간을 저장하여 나중에 자동으로 이 쇼를 실행 할 수 있다.

■1 **[슬라이드 쇼]-[설정]-[예행 연습]**을 클릭한다.

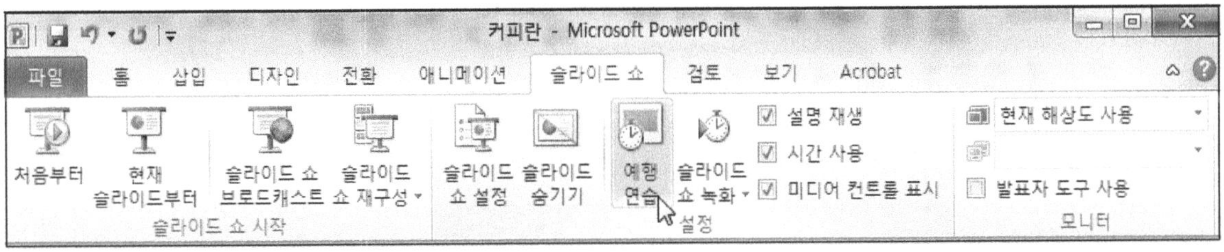

■2 슬라이드 쇼가 시작되면서 왼쪽 상단에 예행연습 도구 모음이 나타나고 프레젠테이션 시간이 기록되기 시작한다.

예행 연습 도구모음

- **다음** : 다음 슬라이드로 이동
- **일시 중지** : 시간 기록을 일시적으로 중지
- **슬라이드 시간** : 하나의 슬라이드를 발표할 동안의 시간
- **반복** : 현재 슬라이드의 시간 기록을 다시 시작
- **총 프레젠테이션 시간** : 전체 슬라이드에 대한 시간

5.3 화면 전환

슬라이드가 바뀔 때 슬라이드가 나타나는 형태를 설정한 것을 화면 전환이라 한다.

프레젠테이션에 시각적인 효과가 있는 화면 전환을 적용하면 청중의 집중 유도에 도움이 된다. 화면 전환이 적용되지 않은 프레젠테이션은 슬라이드가 바뀔 때 아무런 움직임이 없이 바로 다음 슬라이드로 넘어가게 되지만, 화면 전환이 적용된 슬라이드는 화면 전환 종류에 따라 여러 가지 형태로 다음 슬라이드로 넘어가게 된다.

1 **[전환]-[슬라이드 화면 전환]**에서 원하는 화면 전환을 선택한다.

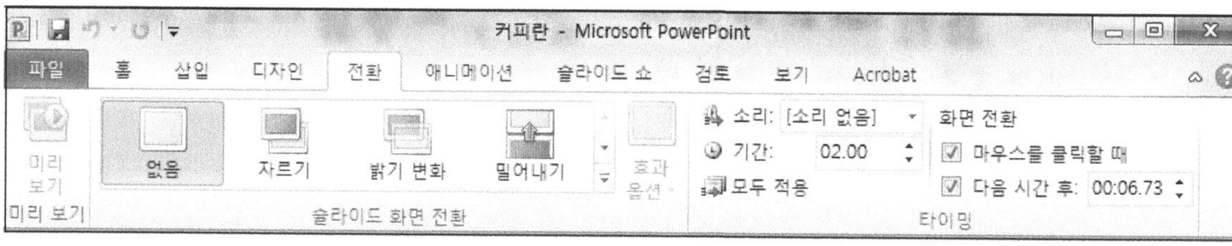

파워포인트 2007에 비해 파워포인트 2010은 화면전환의 탭이 애니메이션에서 독립되고, 효과가 더 많아지고 화려해졌다.

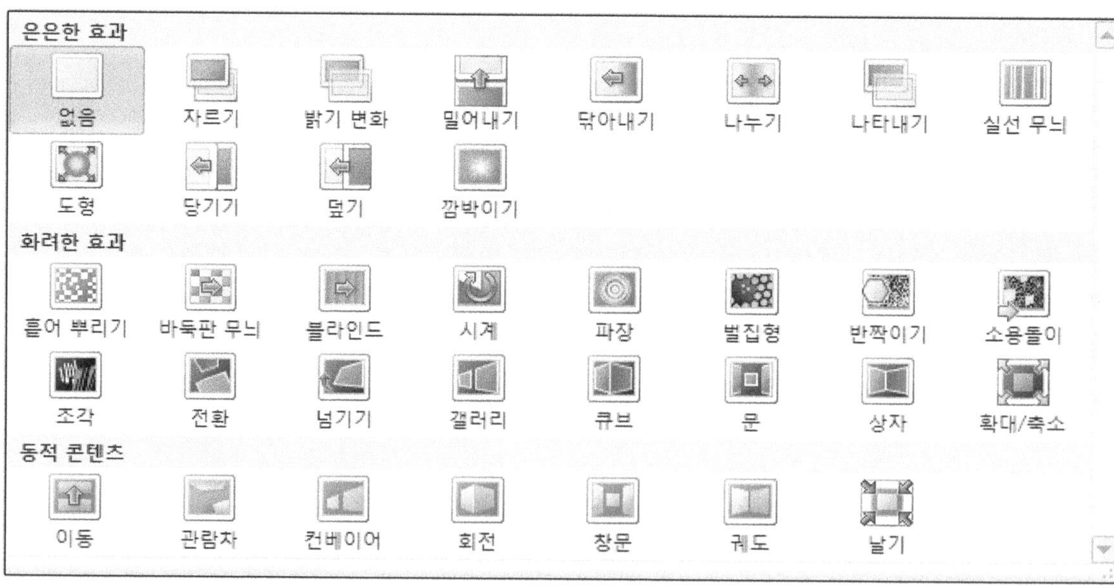

2 화면 전환 시에 소리를 선택할 수 있다. 모든 슬라이드에 소리를 선택하게 되면 프레젠테이션 진행 분위기가 산만한 결과를 초래할 수도 있으니 중요한 내용에 자극적이지 않으면서 간결한 것으로 적용하는 것이 좋다.

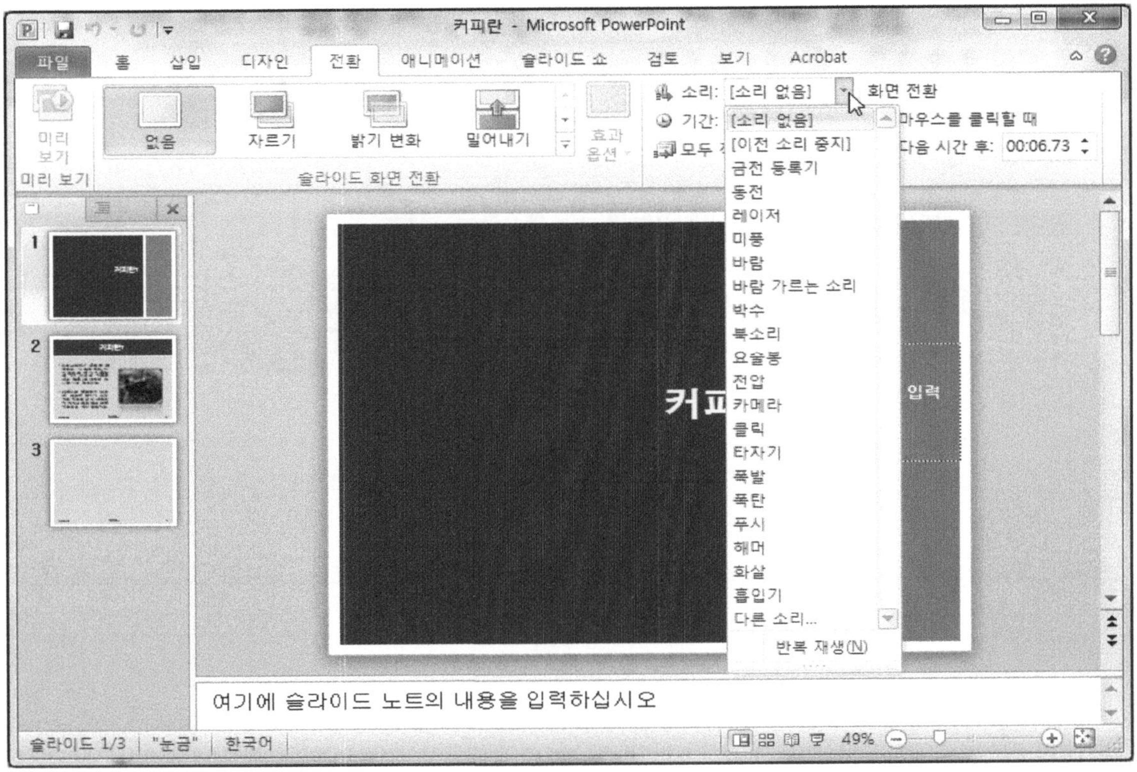

3 화면 전환 속도 또한 선택할 수 있는데, **[느리게]**를 선택한 화면전환은 프레젠테이션의 흐름이 원활하지 않은 결과를 보여주므로 특별한 경우가 아니라면 느린 속도는 설정하지 않는 것이 좋다.

4 화면 전환이 설정되었을 경우에는 기본보기나 여러 슬라이드 보기 등에서 슬라이드에 화면 전환이 실행되었음을 표시한다. 아래의 그림처럼 첫 번째와 두 번째 슬라이드는 좌측상단에 표시되고 있으나 세 번째 슬라이드는 설정하지 않았기에 표시되지 않는다.

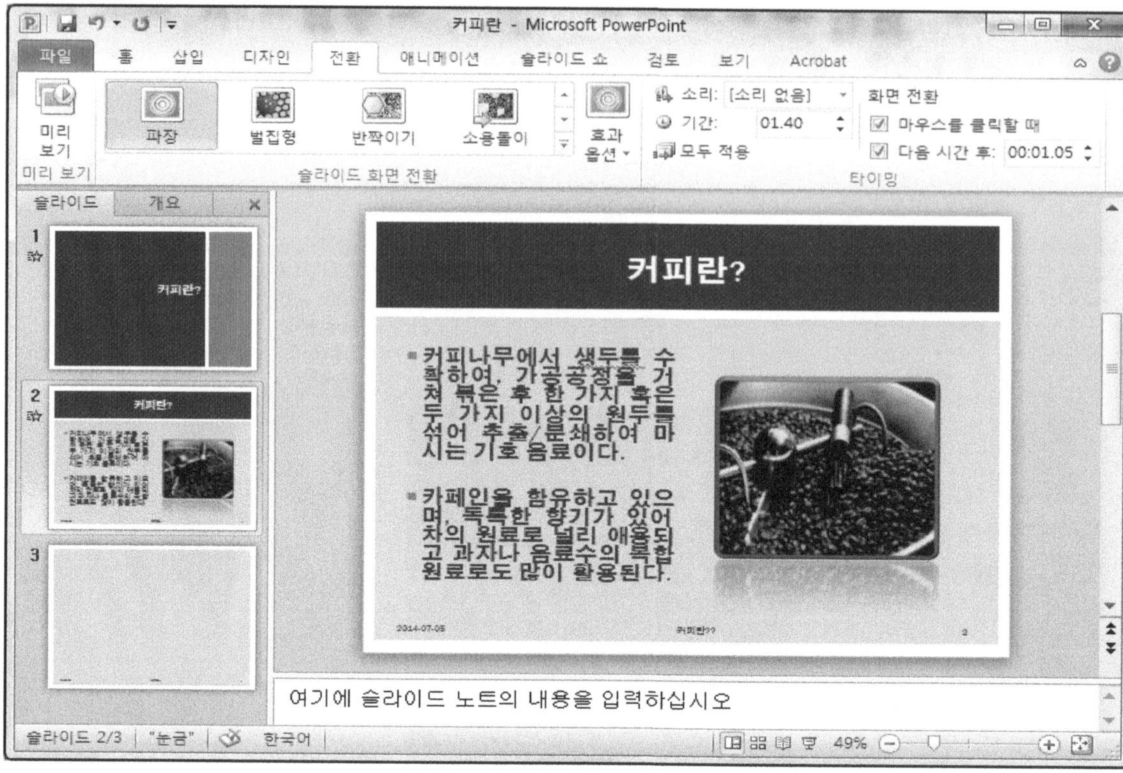

5.4 애니메이션효과

텍스트나 그림과 같은 프레젠테이션의 구성요소들에 다양한 형태의 움직임을 설정할 수 있다. 이를 애니메이션이라 한다. 애니메이션을 적절하게 이용하게 되면, 전달하고자 하는 내용을 청중들에게 쉽게 이해시킬 수 있고 시각적인 움직임으로 인해 집중효과를 노릴 수 있다. 또한 중요한 부분을 돋보이게 하는 효과를 보여준다.

[1] 애니메이션 지정하기

1 원하는 개체를 선택한다. 선택해야만 **[애니메이션]-[애니메이션]**이 활성화 된다.

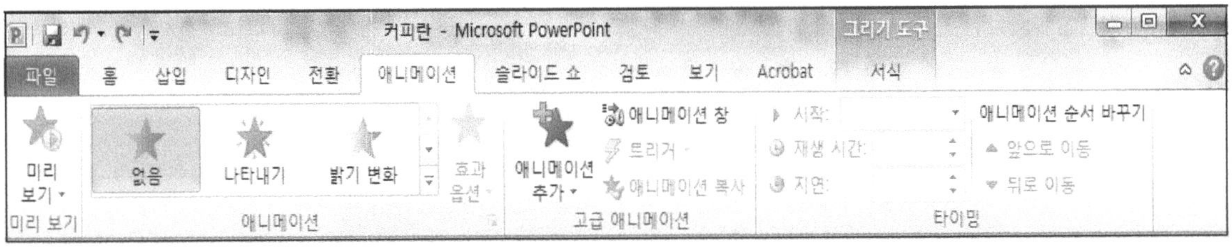

2 **[애니메이션]-[애니메이션]**탭에서 **[애니메이션 스타일]-[강조-펄스]**를 클릭한다.

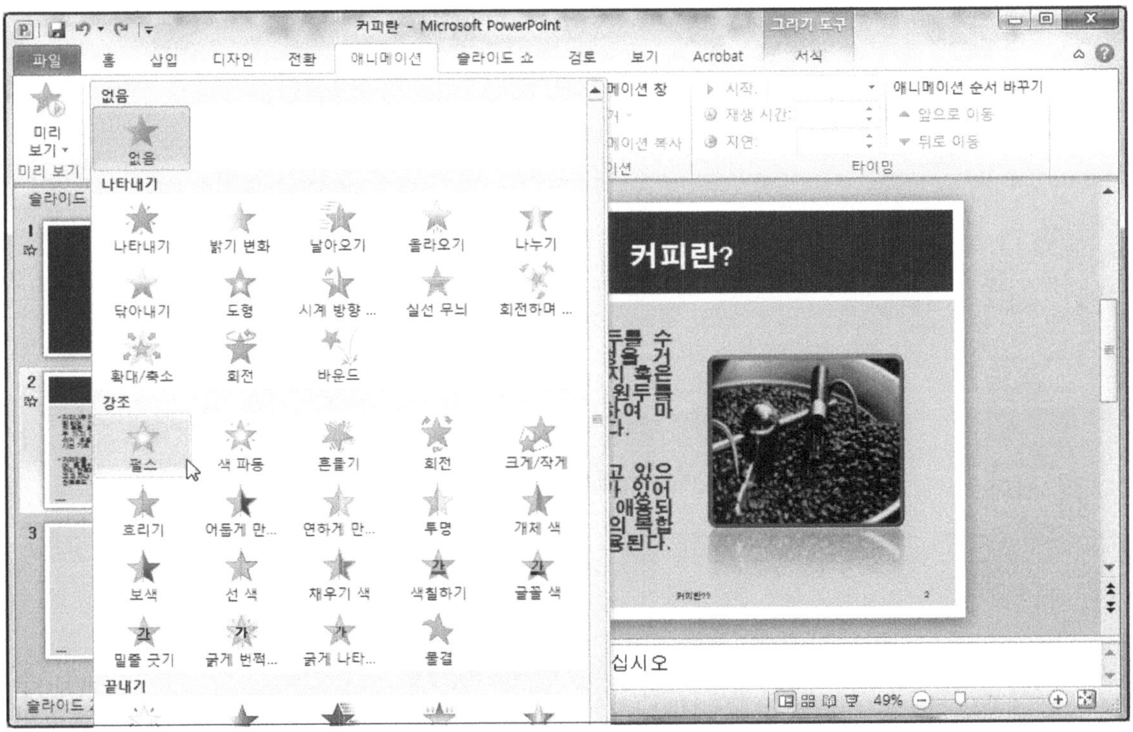

3 각각의 개체마다 애니메이션을 선택하면 선택한 순서대로 번호가 나타난다.

4 애니메이션을 편집하기 위해 **[애니메이션]-[고급 애니메이션]** 탭에서 **[애니메이션 창]**을 클릭하면 우측에 애니메이션 창 대화상자가 나타난다.

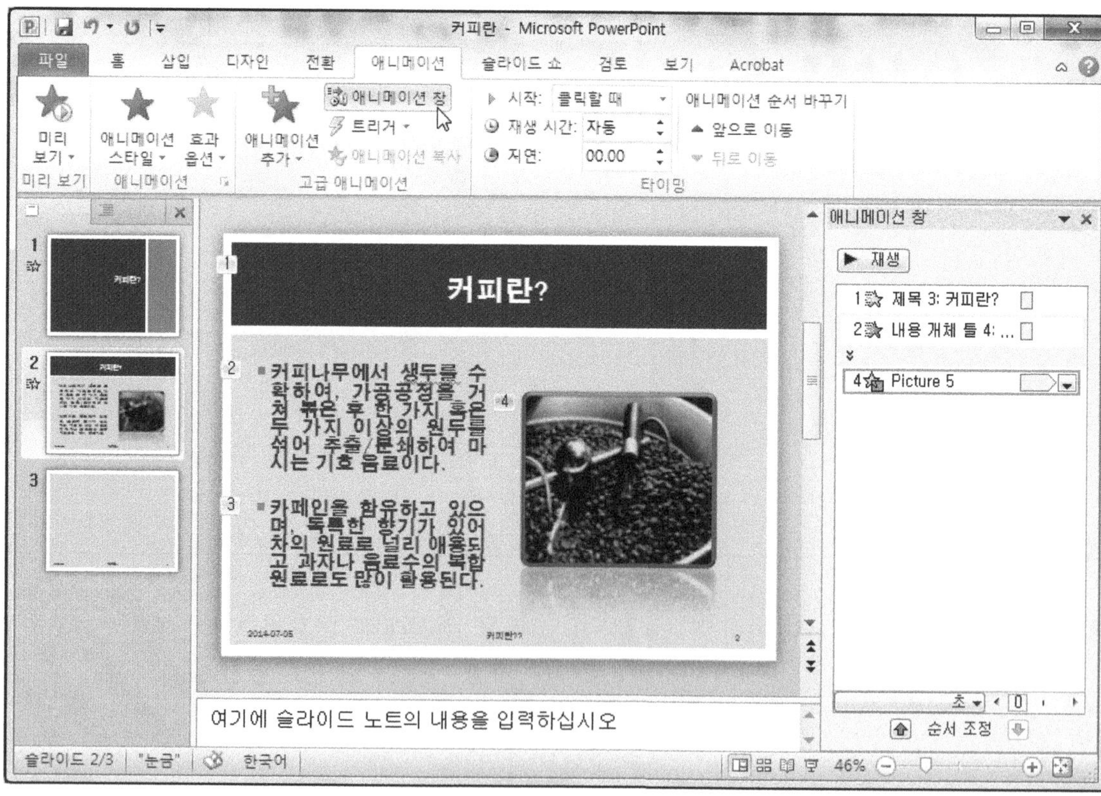

5 목록에서 순서를 조정하거나 재생한다.

애니메이션 창

애니메이션 효과의 재생과 목록 및 순서를 조정해주는 창이다.

- **재생 :** 적용된 애니메이션 효과를 편집 상태에서 시뮬레이션 한다.
- **애니메이션 목록 :** 슬라이드에 적용된 모든 애니메이션의 목록을 나타낸다.
- **순서 조정 :** 애니메이션 간의 순서를 설정한다.

[2] 애니메이션 변경과 해제

1. 첫 번째 개체를 선택 후, **[애니메이션]-[애니메이션]**탭에서 **[애니메이션 스타일]-[나타내기-확대/축소]**를 클릭한다.

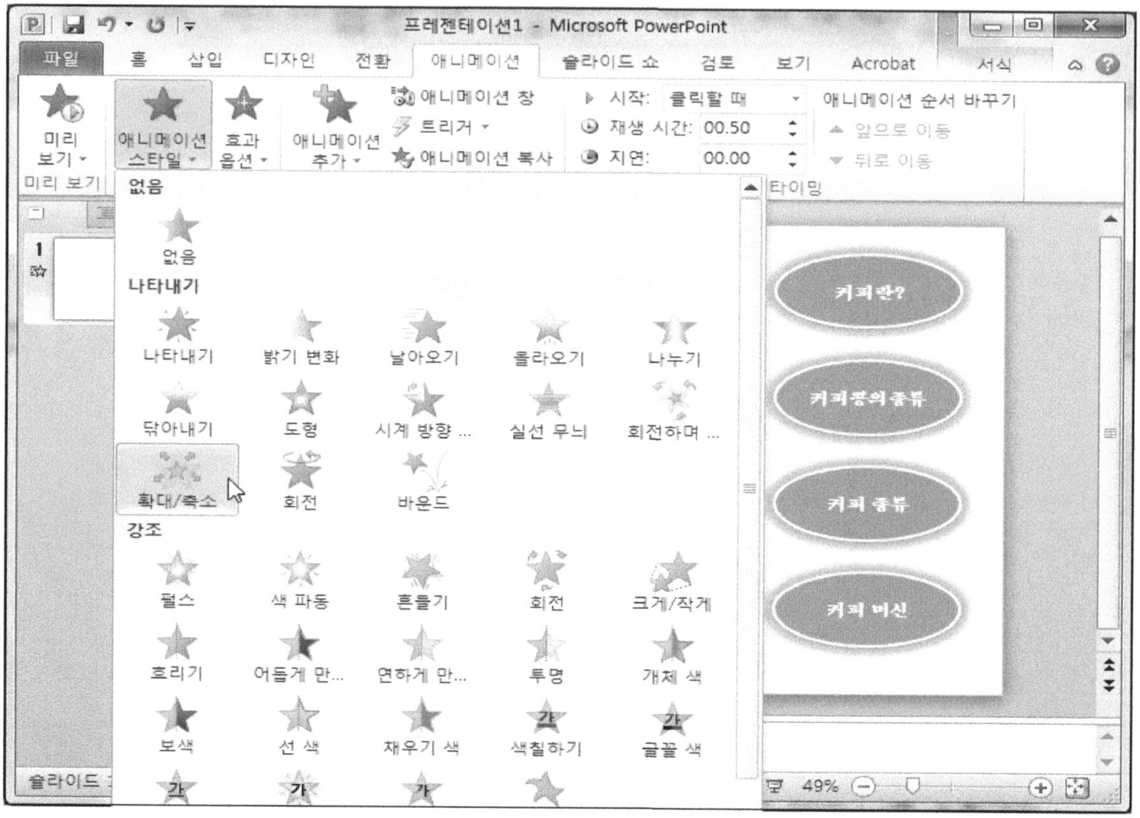

2. 다시 원하는 개체를 선택한 후 효과적용을 하면 된다.

3. 다양한 효과가 있음을 확인할 수 있다.

4. 슬라이드 본문에 나오는 번호와 사용자 지정 애니메이션 대화상자에서 보여지는 번호가 서로 연결되어 있다.

5. 원하지 않는 개체에 적용된 효과를 삭제할 수 있다.

   첫 번째는, 개체를 선택하고 **[애니메이션]-[애니메이션]**탭에서 **[애니메이션 스타일]-[없음]**을 클릭한다.

또 다른 방법은 이벤트 번호를 선택한 후에 키보드의 **제거**[Del]를 누른다.

[3] 애니메이션 순서 정하기

두 개 이상의 애니메이션에 대하여 진행 순서를 알맞게 구성하는 방법을 알아본다.

1 진행 순서 설정하는 방법은, 순서를 바꾸고자 하는 애니메이션을 선택한 후 **[애니메이션]**-**[타이밍]**탭에서 **[애니메이션 순서 바꾸기]**를 클릭하여 원하는 순서를 정한다.

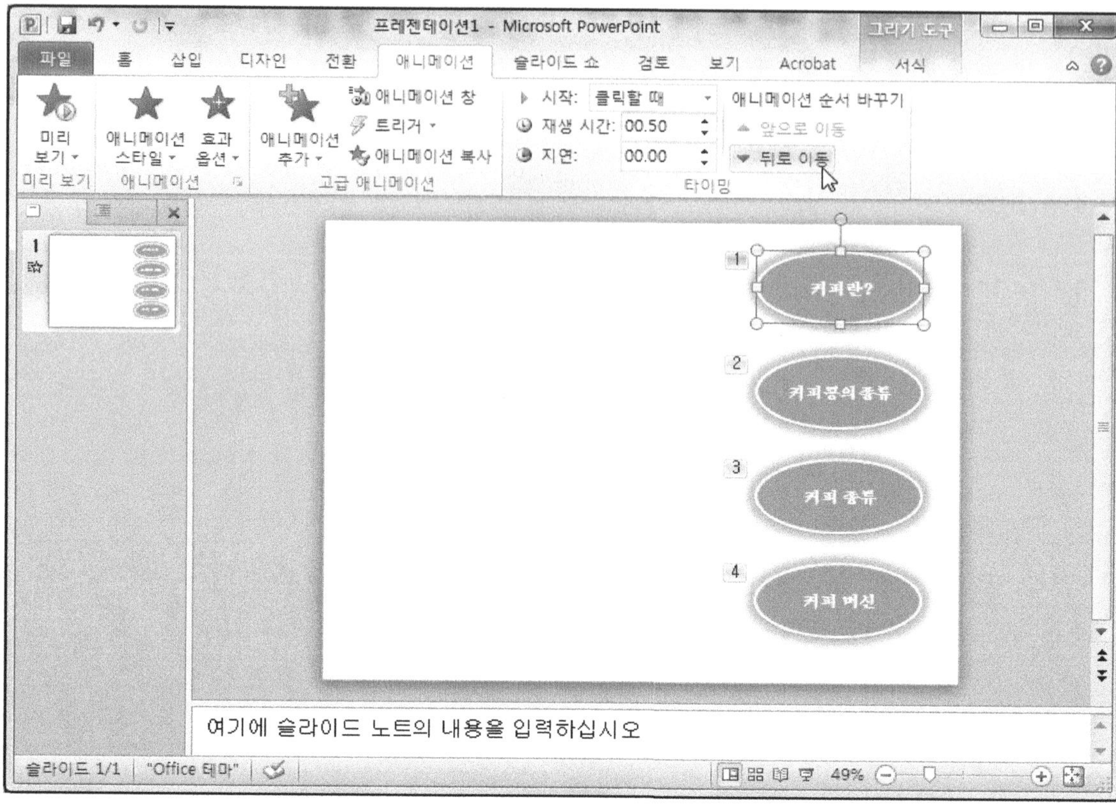

또 다른 방법은, 애니메이션 창을 열면 적용된 모든 애니메이션이 나타난다. 이때 순서를 바꾸고자 하는 애니메이션을 선택한 후 **[순서 조정]** 단추를 클릭하여 순서를 변경한다.

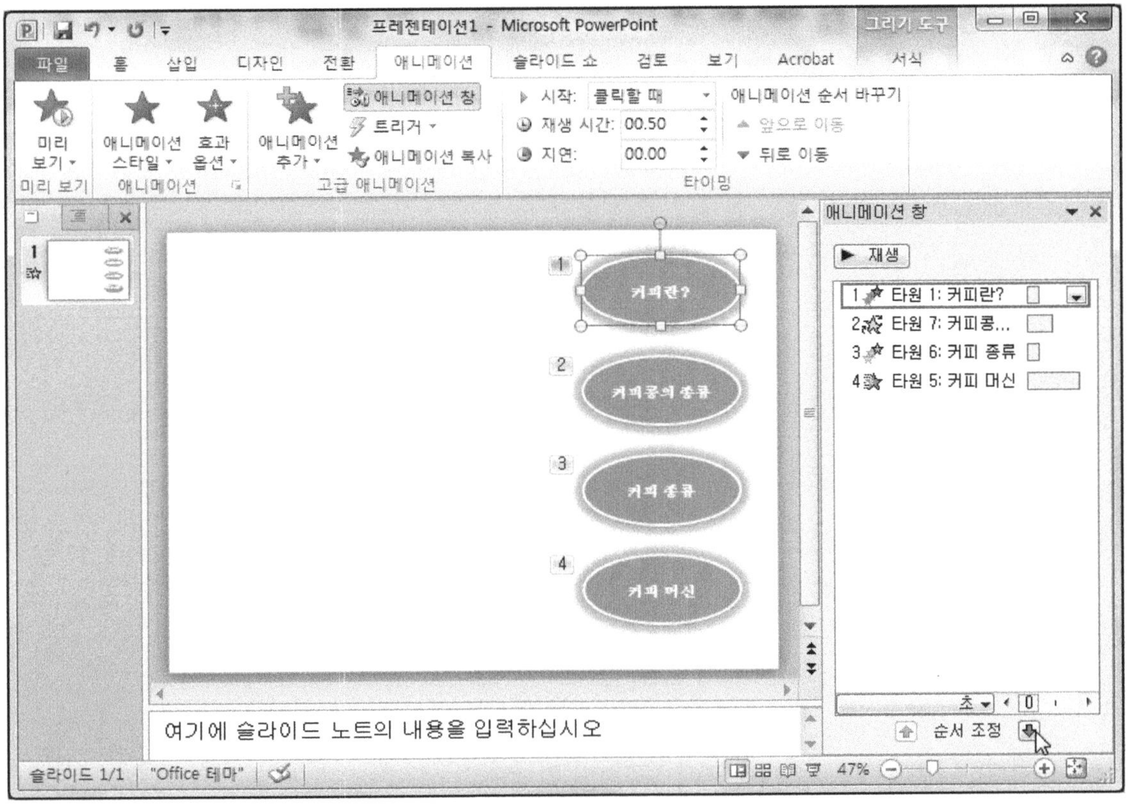

❷ 이전 애니메이션과 동시에 재생하는 방법은, 동시에 실행시킬 애니메이션을 선택한 후 **[애니메이션]-[고급 애니메이션]**탭의 **[애니메이션 추가]**에서 선택하여 클릭한다.

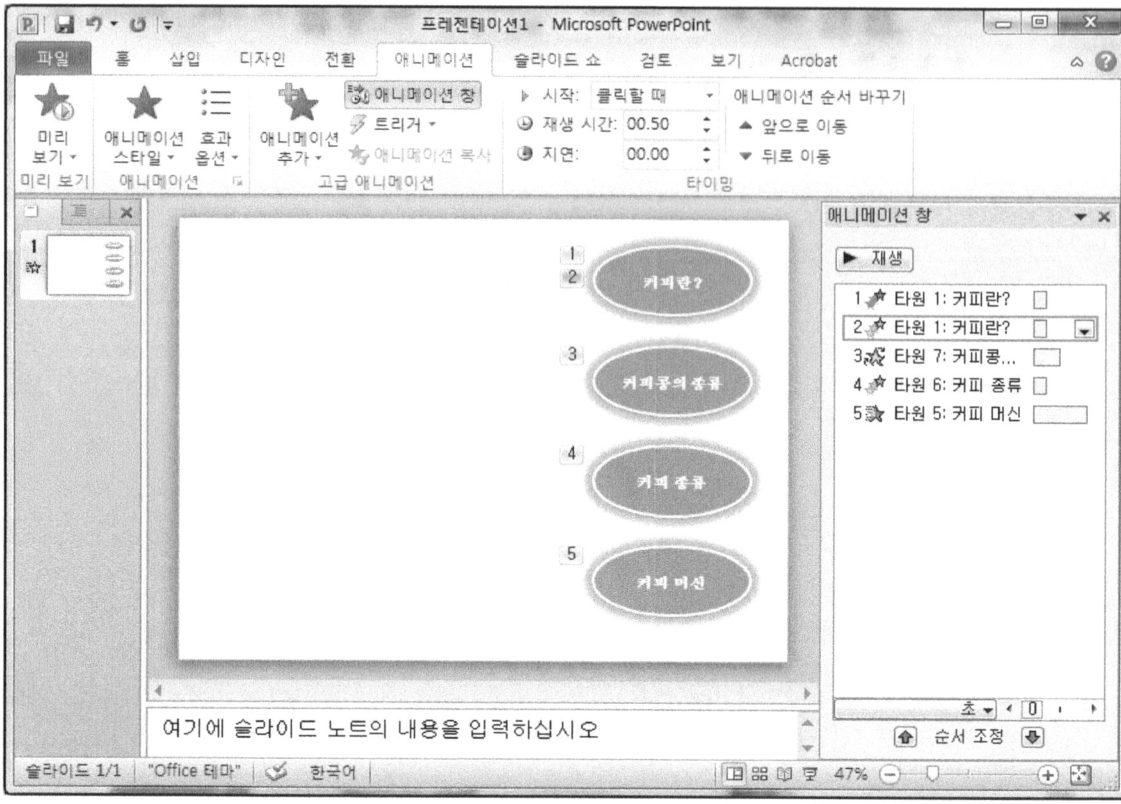

■3 애니메이션의 재생 시간을 지정 하려면, **[애니메이션]-[타이밍]**탭의 **[재생시간]**을 선택하여 애니메이션 길이를 지정한다.

■4 애니메이션의 재생 시간을 지연 하려면, **[애니메이션]-[타이밍]**탭의 **[지연]**을 선택하여 애니메이션의 재생을 지연한다.

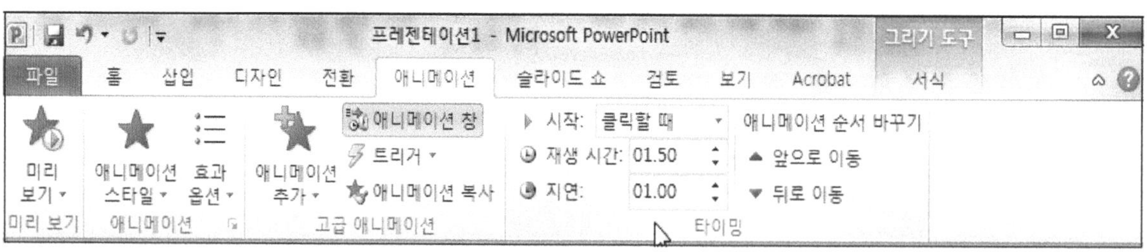

> **화면전환 효과와 애니메이션 효과**
>
> - **화면전환 효과 :** 다음 슬라이드로 전환할 때 슬라이드를 화면에 표시하는 방법을 설정
> - **애니메이션 효과 :** 한 슬라이드 내에서 각종 개체의 움직임(애니메이션)을 설정

5.5 하이퍼링크 설정하기

하이퍼링크란 텍스트나 그림, 도형 등과 같은 개체를 다른 개체나 문서에 연결시켜주는 기능을 말한다. 파워포인트에서는 하이퍼링크를 설정하여 다른 슬라이드로 이동하거나 특정한 웹사이트의 이동 및 프로그램 실행 등을 설정할 수 있다.

[1] 하이퍼링크 삽입

1 원하는 개체를 선택한 후, **[삽입]-[링크]-[하이퍼링크]**를 클릭한다.

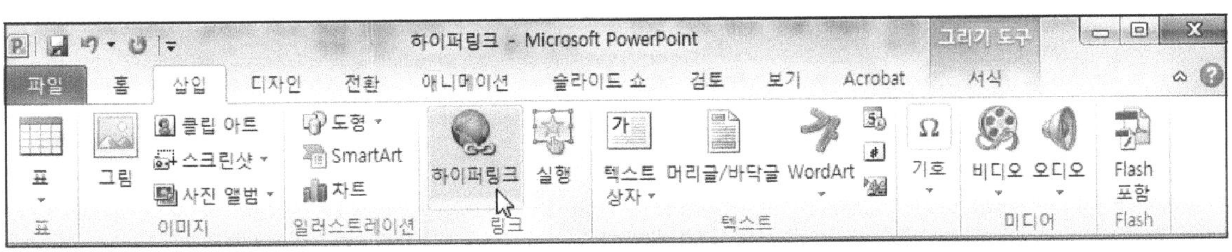

또 다른 방법으로 원하는 개체를 선택한 후 마우스 오른쪽 버튼을 클릭하여 **[하이퍼링크]**를 선택한다.

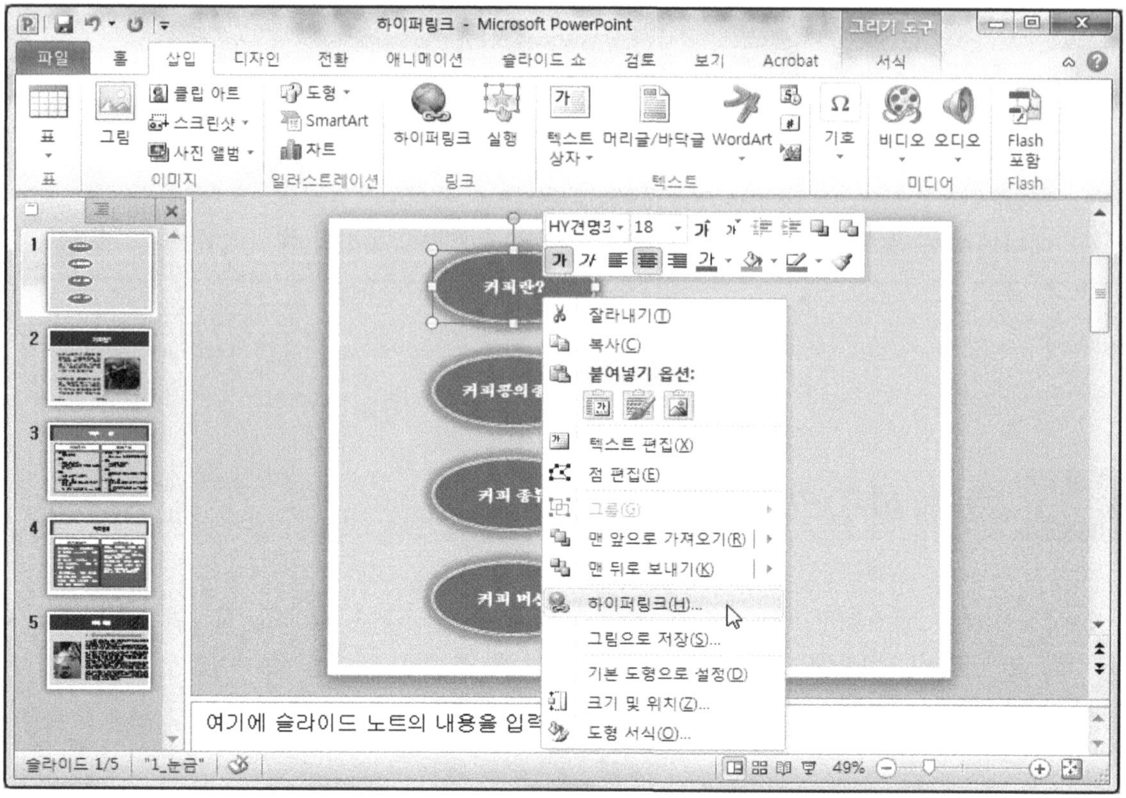

2 하이퍼링크 삽입 대화상자가 나타난다. 이는 해당 개체에 대하여 마우스를 클릭할 때, 마우스를 위에 올려놓았을 때의 하이퍼링크, 프로그램 실행 등을 설정할 수 있다.

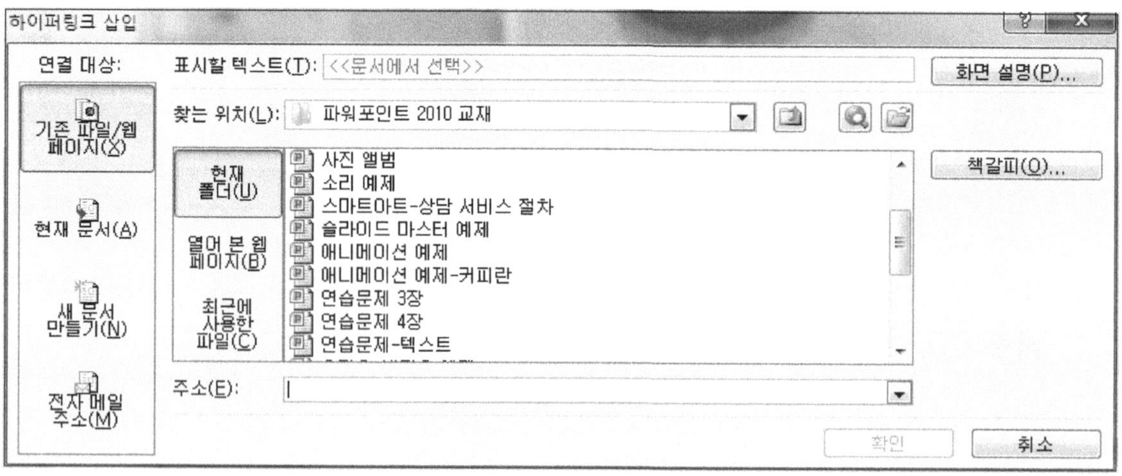

3 대화상자의 왼쪽 메뉴에서 **[기존파일/웹페이지]**메뉴를 선택하면 찾는 위치의 폴더들이 나타난다. 따라서 찾고자하는 파일이나 웹페이지가 있는 위치로 이동하여 해당 파일을 선택한 후 **[확인]**버튼을 클릭하면 하이퍼링크 설정이 끝난다.

4 두 번째 메뉴인 **[현재 문서]**를 선택하면 현재 작업 중인 파워포인트 문서의 슬라이드들이 나타난다. 슬라이드를 선택한 후 **[확인]**버튼을 클릭하면 해당 슬라이드로 이동한다.

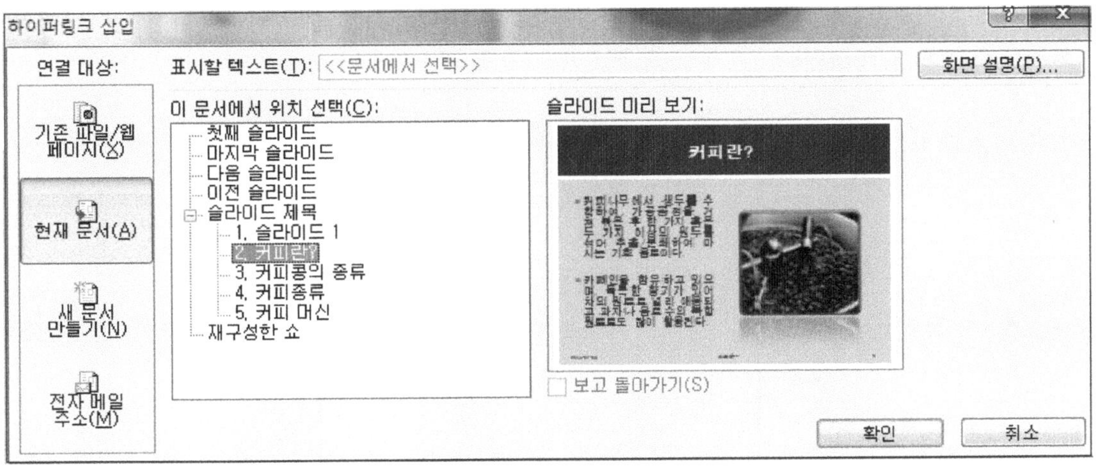

5 원하는 인터넷 사이트로 직접 연결을 원할 때에는 하이퍼링크 삽입 대화상자 하단의 **[주소]**에 사이트 주소를 직접입력하거나, 주소를 복사한 후 붙여넣기하면 직접 연결이 가능하다.

6 원하는 연결을 마친 후, 슬라이드 쇼를 진행하게 되면 마우스 포인터가 하이퍼링크를 표시하는 손가락 모양으로 변해있다.

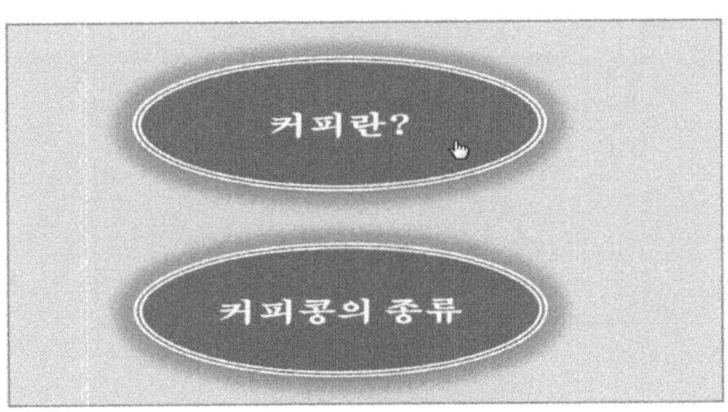

[2] 실행 단추 삽입

슬라이드 쇼 상태에서의 슬라이드는 **마우스 왼쪽 버튼 클릭, 마우스 휠 이동, 키보드의 Page Up, Page Down**을 이용하여 슬라이드를 앞, 뒤로 이동 할 수 있다.

이와 함께 실행 단추를 이용하여 슬라이드를 앞, 뒤 그리고 처음 슬라이드 등의 이동으로 활용할 수 있다.

1. **[삽입]-[도형]-[실행 단추]** 또는 **[홈]-[그리기]-[도형]-[실행 단추]**에서 **[앞으로 또는 다음]**을 선택한다.

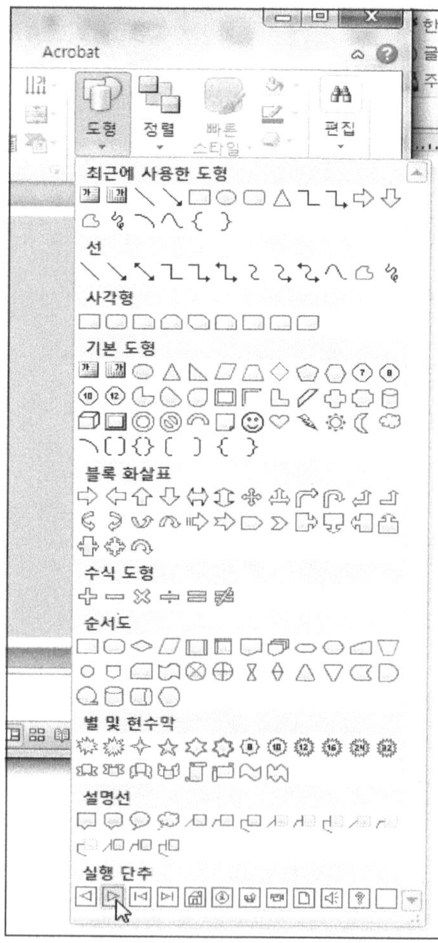

2 실행 설정의 대화상자가 나타난다. 기본 값으로 **[마우스를 클릭할 때]-[하이퍼링크]-[다음 슬라이드]**가 보여 진다. **[확인]**을 누르면 슬라이드 쇼 진행시 다음 슬라이드로 넘어가게 된다.

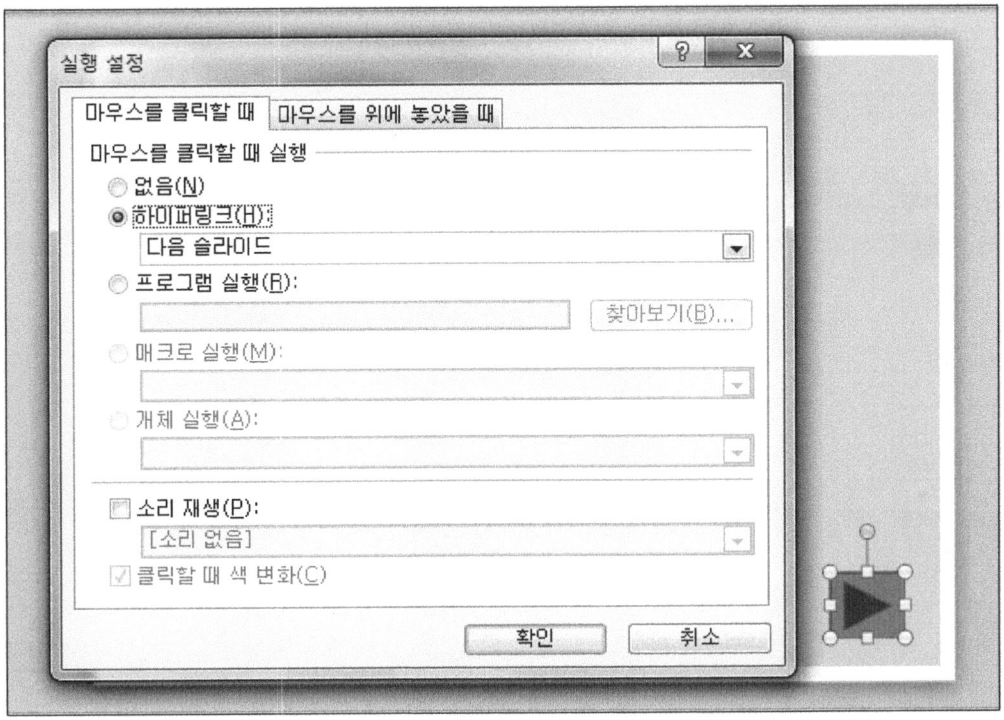

3 이어서 **[뒤로 또는 이전]** 그리고 **[홈]**을 선택하여 실행 단추를 완성한다.

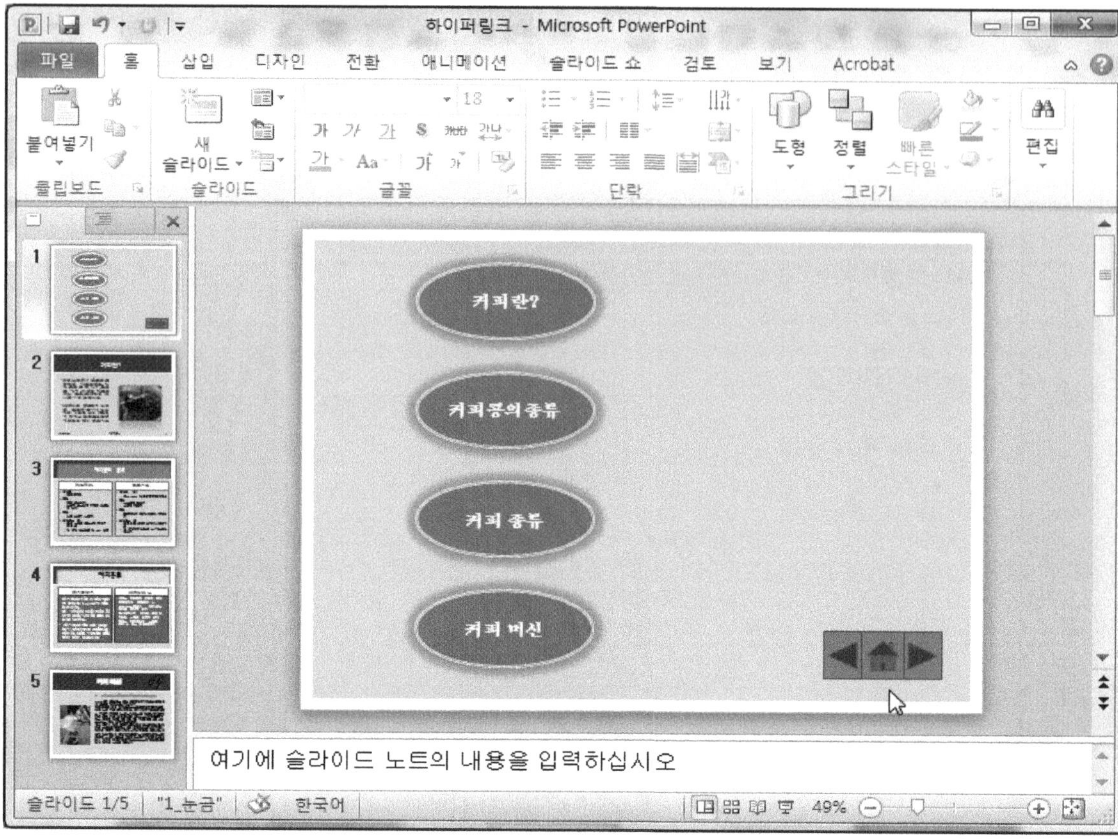

4 원하는 연결을 마친 후, 슬라이드 쇼를 진행하게 되면 마우스 포인터가 하이퍼링크를 표시하는 손가락 모양으로 변해있다.

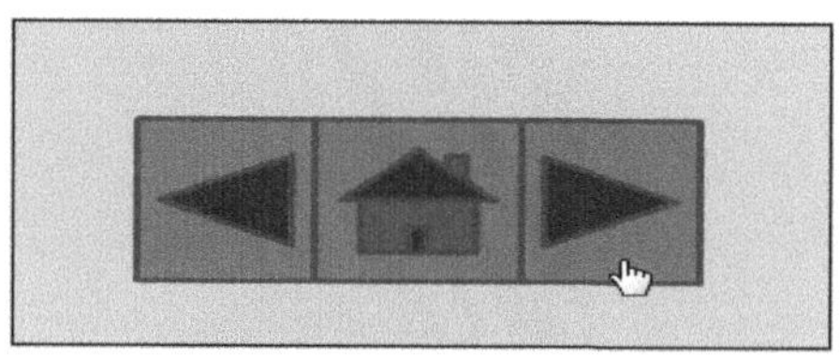

5 다른 슬라이드에도 실행 단추를 복사해 놓으면 같은 방법으로 실행이 가능하다.

5.6 인쇄하기

■ 슬라이드 인쇄를 위해서는 **[파일]-[인쇄]**를 선택하면 인쇄 대화상자가 나타난다.

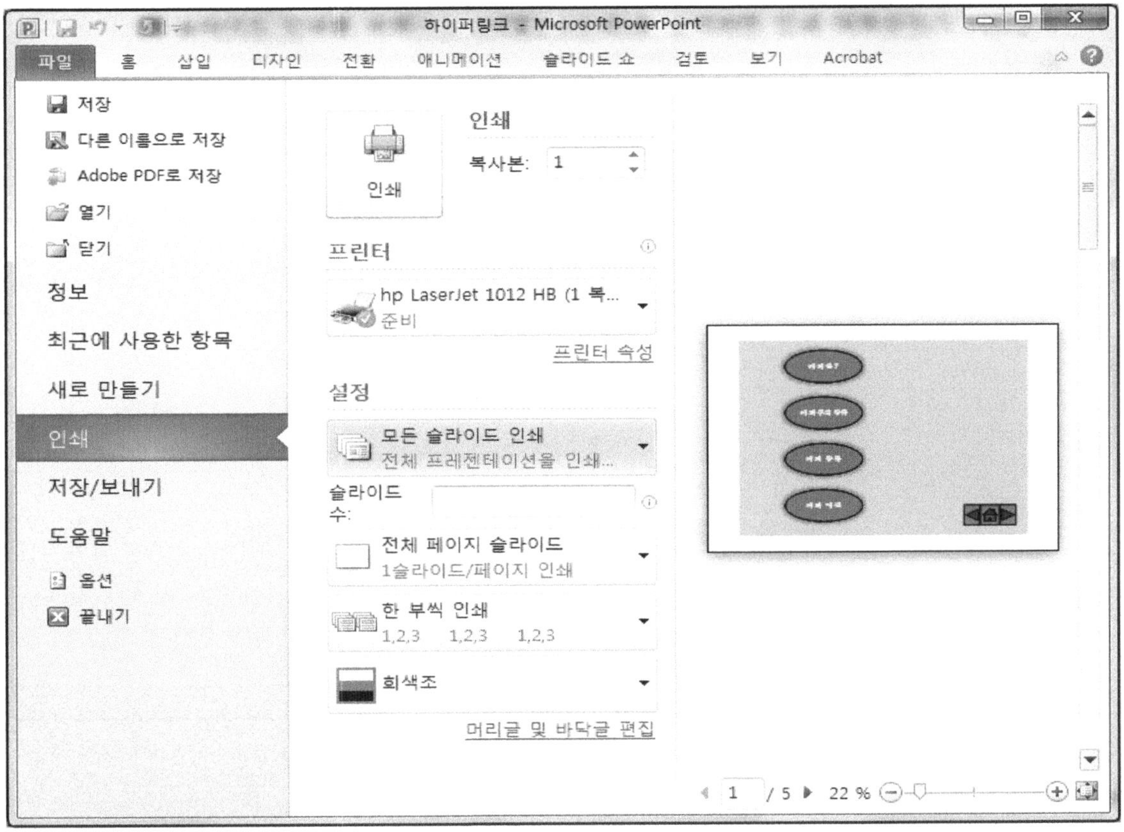

2 설정에서 슬라이드 인쇄범위를 설정한다.

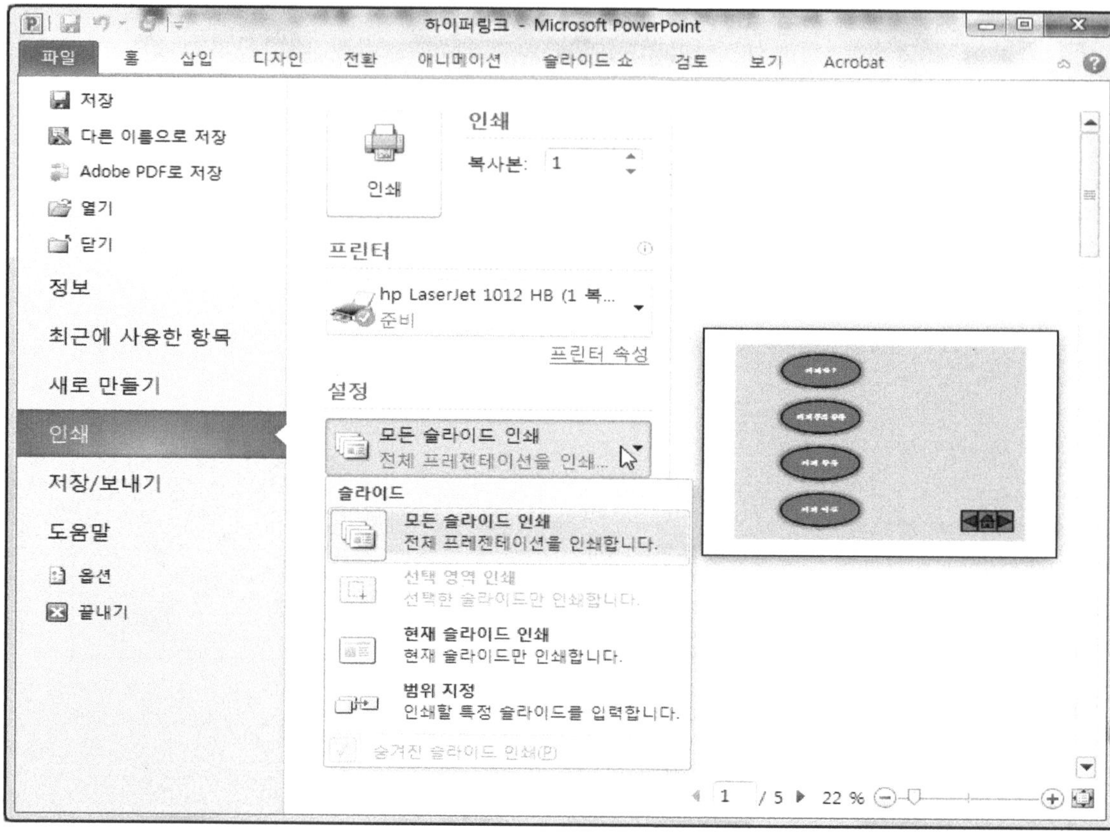

3 인쇄모양 중에서 **[전체 페이지 슬라이드]**는 한 페이지에 한 슬라이드만 인쇄된다. **[유인물]**로 선택하여 인쇄할 경우에는 한 페이지에 넣을 슬라이드수를 1-9까지 가로와 세로도 선택할 수 있다.

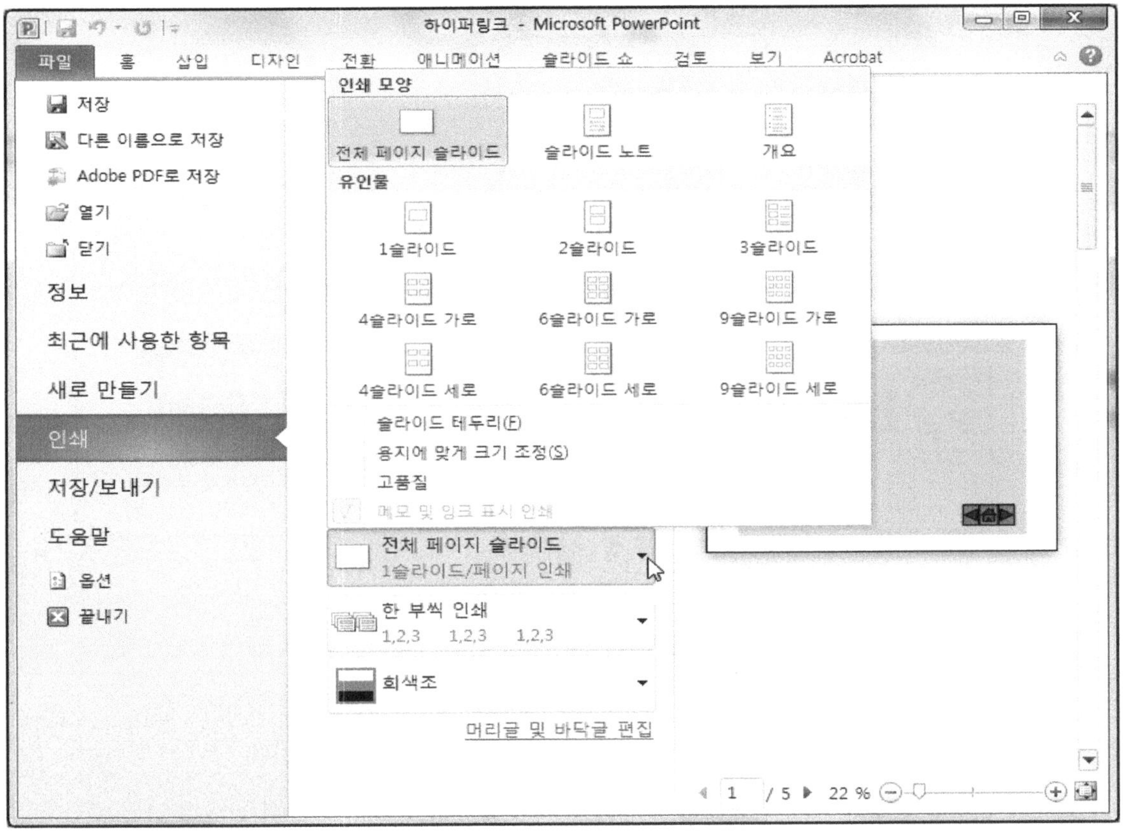

4 옵션 중에 **[용지에 맞게 크기 조정]**을 선택하면 슬라이드를 용지에 맞게 조정되어 보기 편한 유인물이 된다.

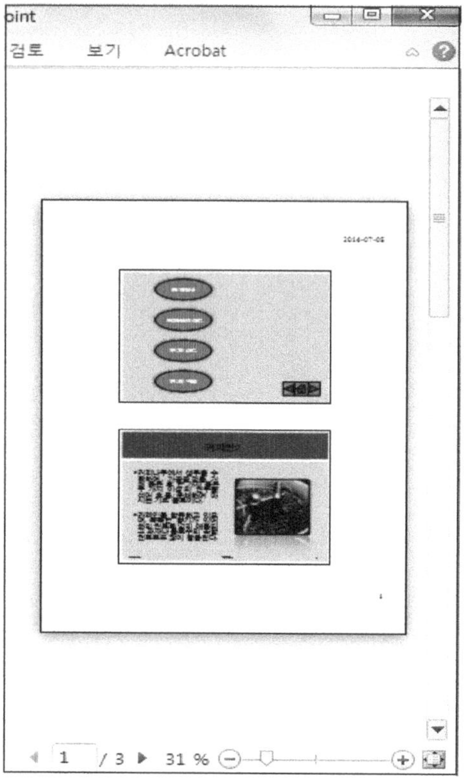

조정 전과 후

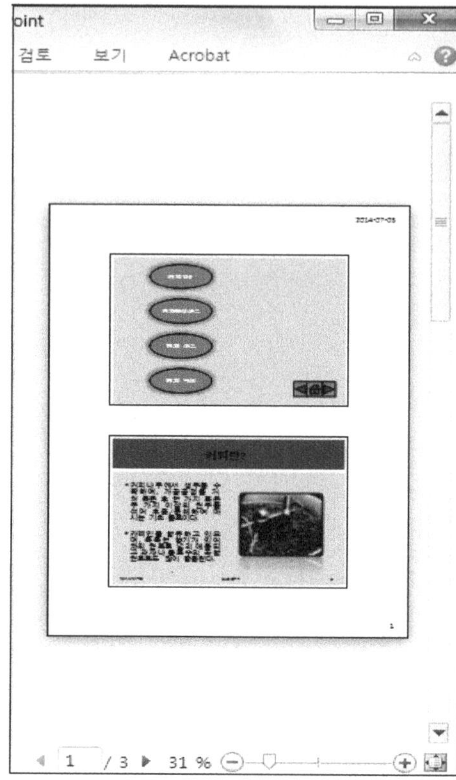

5 우측에 **[미리보기]**가 되어있어 인쇄 결과를 확인 할 수 있다.

6 **[인쇄]**를 종료하고 편집 상태로 되돌아가기 위해서는 메뉴를 아무거나 누르면 원래 상태로 돌아간다.

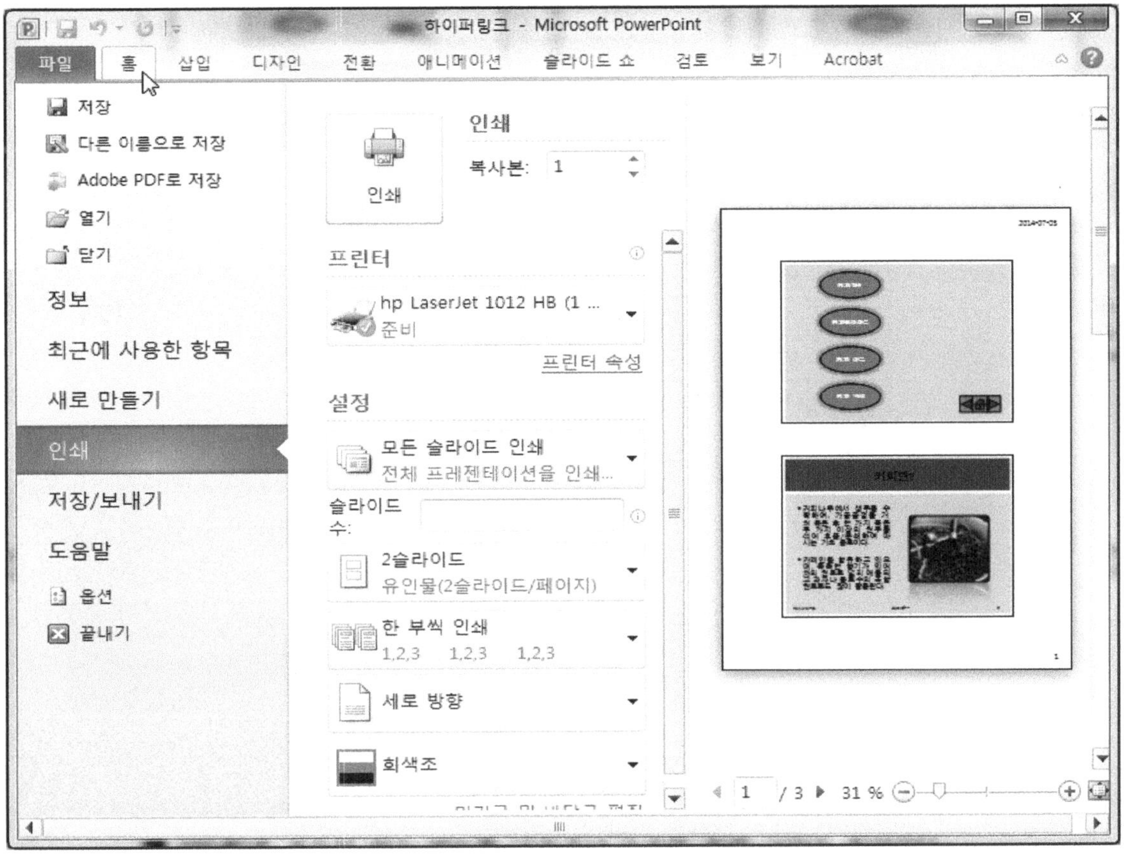

주의해야 할 점은 제목표시줄의 **[닫기]** 버튼을 클릭하면 작업 중인 파워포인트 문서가 종료된다.

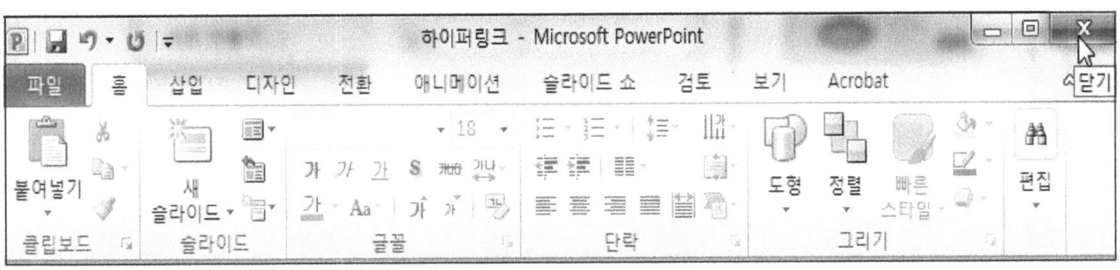

⌘ 연습문제 1

다음의 슬라이드를 슬라이드 마스터 꾸미기를 활용하여 완성한다.

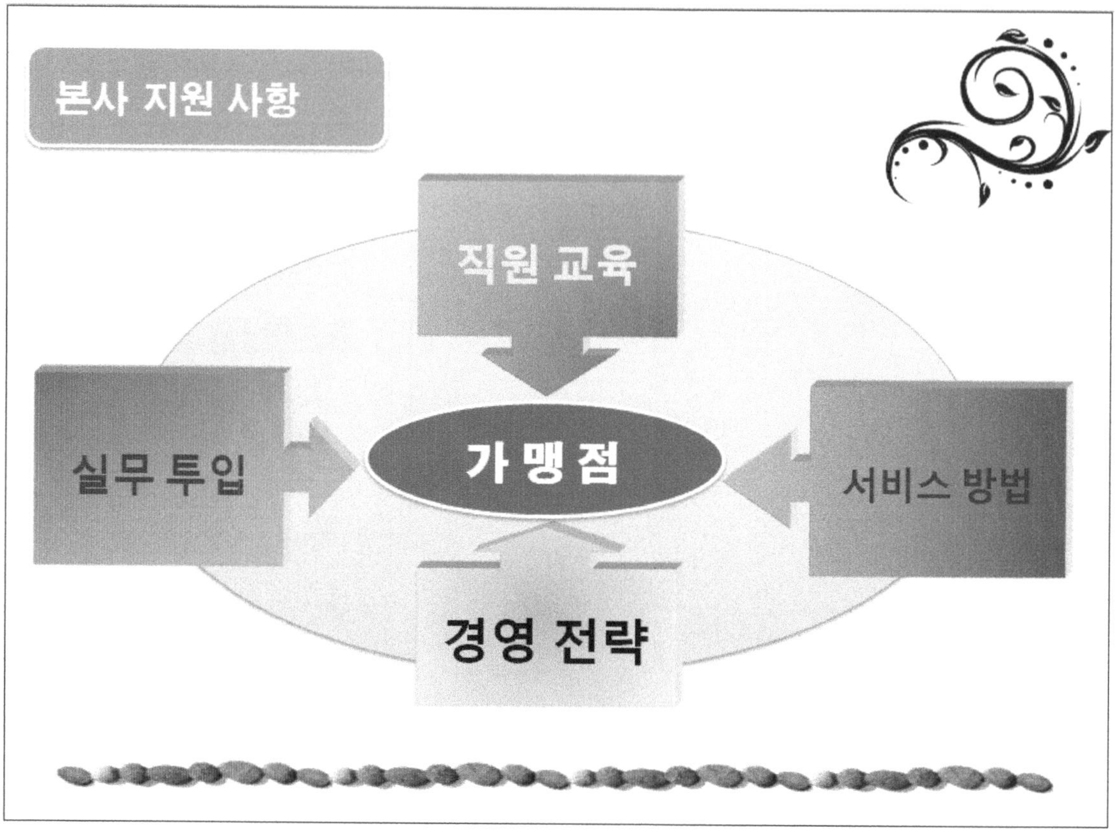

➽ 처리조건

① 클립아트를 슬라이드 마스터로 꾸민다.
② 도형 이용
③ 그리기도구의 서식 활용

⌘ 연습문제 2

다음의 슬라이드를 완성하시오.

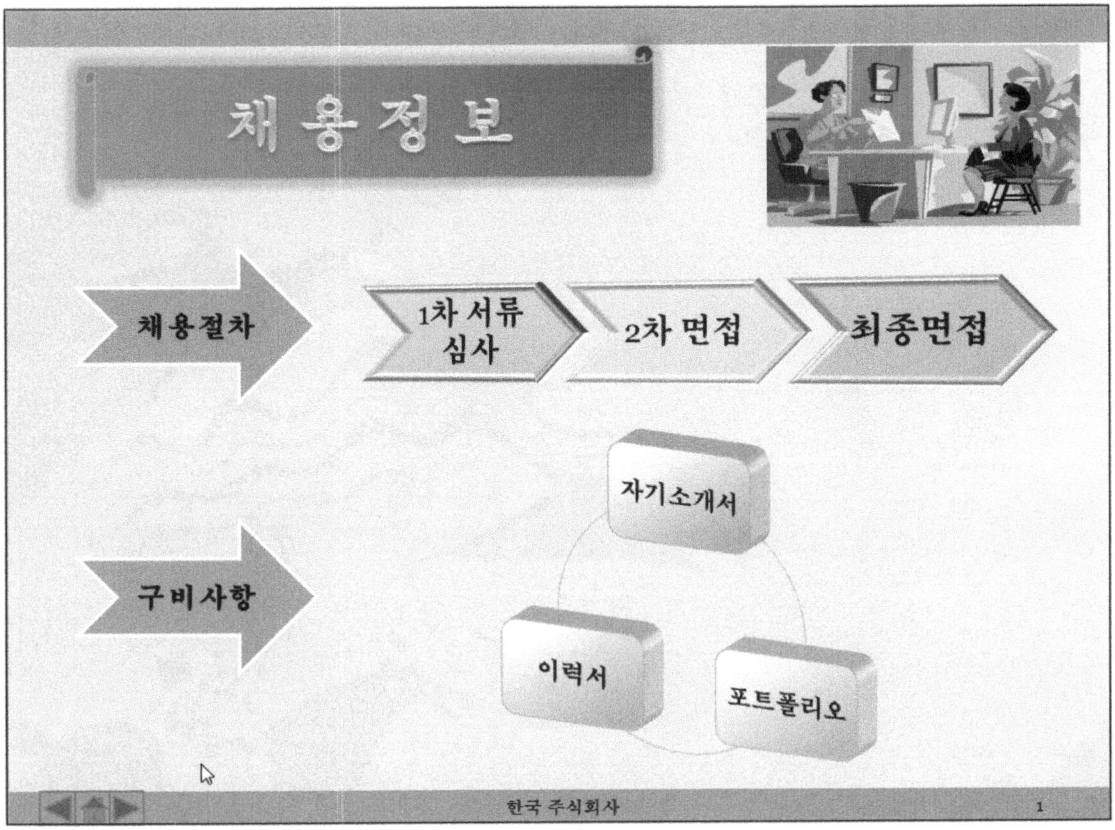

➽ 처리조건

① 도형, 클립아트 이용

② SmartArt, 채용절차 - 프로세스형-기본 갈매기형 수장 프로세스형
구비사항 - 주기형-블록주기형

③ 디자인 테마 활용

④ 실행 단추 이용

⑤ 머리글/바닥글 이용

⌘ 연습문제 3

다음의 슬라이드를 완성하시오.

➽ 처리조건

① 도형, SmartArt-관계형-누적벤형 이용
② 배경 서식 활용
③ 각 개체마다 애니메이션 활용
④ 실행 단추 활용
⑤ 머리글/바닥글 이용

⌘ 연습문제 4

다음의 슬라이드를 완성하시오.

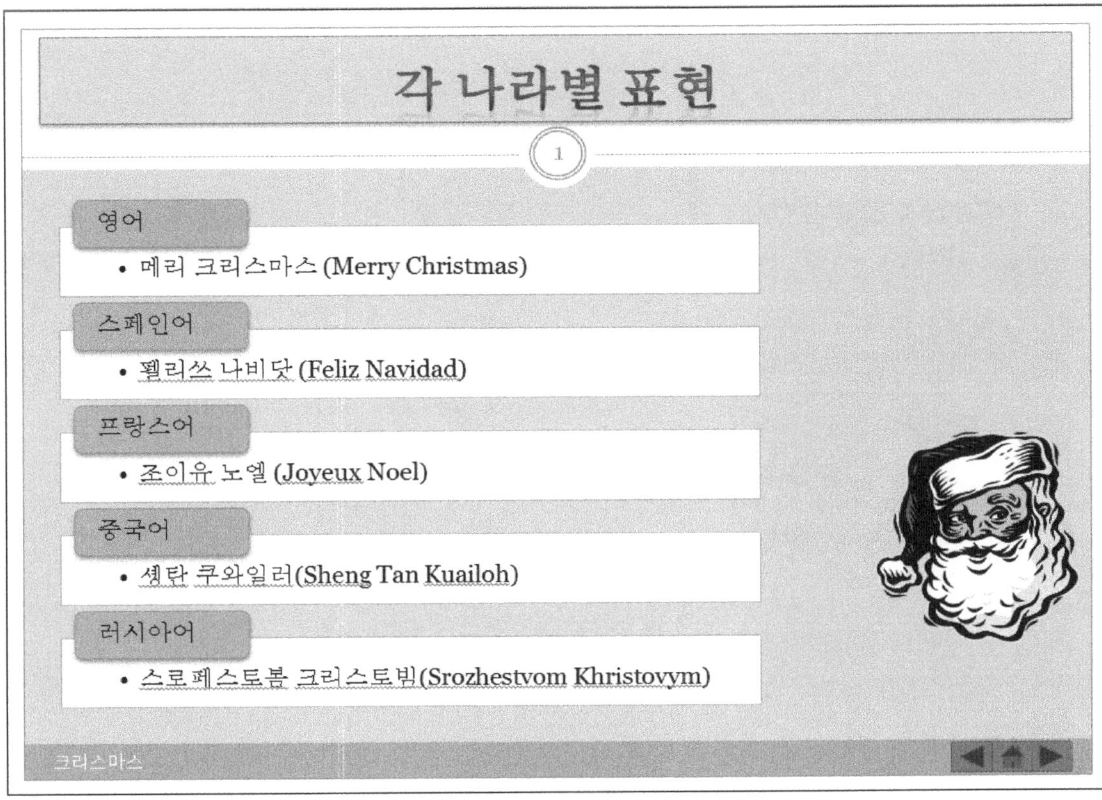

➽ 처리조건

① 제목 : 도형 스타일[미세효과 밤색, 강조4]
워드아트[그라데이션 채우기-밤색, 강조4, 반사]

② 도형, 클립아트 이용

③ SmartArt, 목록형-세로상자 목록형

④ 디자인 테마 활용[중앙]

⑤ 클립아트 삽입

⑥ 실행 단추 이용

⑦ 머리글/바닥글 이용 : 바닥글-[크리스마스], 페이지번호

⌘ 연습문제 5

다음의 슬라이드를 완성하시오.

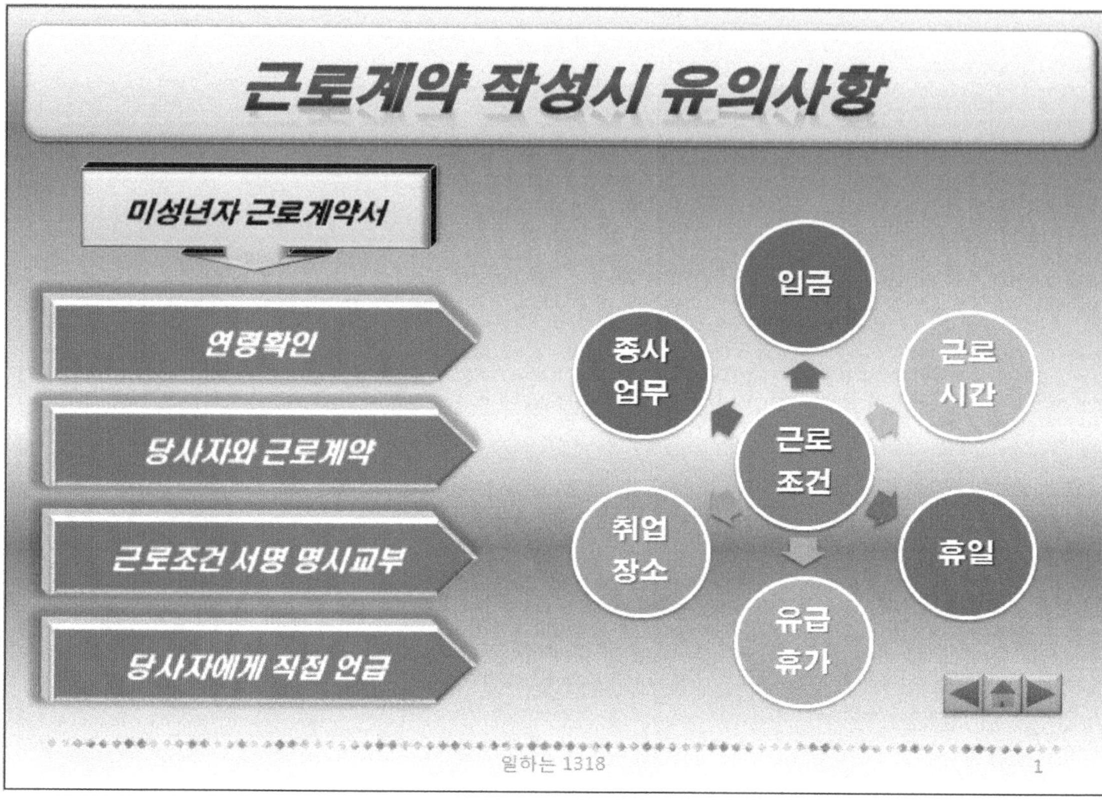

➽ 처리조건

① 슬라이드 마스터 : 슬라이드 하단의 클립아트

② 제목 : 도형 스타일[미세효과 주황, 강조6]

워드아트[그라데이션 채우기-자주, 강조4, 반사]

③ 도형 이용

④ SmartArt, 주기형-분기 방사형

⑤ 실행 단추 이용

⑥ 머리글/바닥글 이용 : 바닥글-[일하는 1318], 페이지번호

⑦ 배경서식 : [그라데이션 채우기]-[은색]

6

프레지

6.1 프레지 시작

6.2 프레지 템플릿 기본활용

6.3 테마별 프레지 작업하기

6.4. 프레지 응용

6.1 프레지 시작

프레지는 온라인상에서 바로 제작이 가능한 프리젠테이션 도구이다. 기존의 프리젠테이션인 파워포인트와는 다르게 줌인, 줌아웃, 회전 등의 특수 기능을 통해 자료를 표현하는 프리젠테이션 기법이다. 프레지는 현재 4000만명 이상의 사용자가 사용하고 있으며 포춘지 500대 기업 중 80% 이상이 사용하고 있다.

[1] 프레지 소개

프레지는 공식 사이트(http://prezi.com)에서만 사용이 가능하다. 내 컴퓨터에서 작업을 하고자 하는 경우에는 직접 다운을 받아야 한다..

프레지 사이트에 접속한 초기화면이다. 처음 접속하는 초보자는 자세히 보기를 클릭하여 프레지의 간략한 소개를 먼저 살펴보도록 한다.

[2] 프레지 시작하기

웹 상에서 프레지 사이트에 접속하여 직접 제작하기 위해서는 시작하기 버튼을 클릭한다. 프레지에 대한 구체적인 사용법을 알고 싶으면 자세히 보기를 클릭하면 쉽게 활용하는 방법을 간략히 소개하고 있다. 프레지는 100MB 저장공간을 클라우드 방식으로 제공되며 공동 작업이 가능한 특성을 가지고 있다.

★ 시작하기 클릭

아래 그림은 프레지 시작하기를 클릭하여 사용할 종류를 나타낸 것이다.

★ Enjoy : 온라인에서 사용 가능, 한달 무료 사용, 개인 프레지 만들기, 비공개 설정으로 사용 가능, 500MB 클라우드 저장 공간 제공.

★ Pro : 오프라인에서 사용 가능, 이미지 편집 기능 제공, 윈도우/맥 동시 지원, 2GB 클라우드 저장 공간 제공.

★ 팀 : 맞춤형 테마 주문 가능, 일인당 2GB 클라우드 저장 공간 제공.

[3] 프레지 가입하기

프레지를 무료로 사용하기 위해서는 Start free with public presentations 버튼을 클릭하여 회원가입을 해야만 한다.

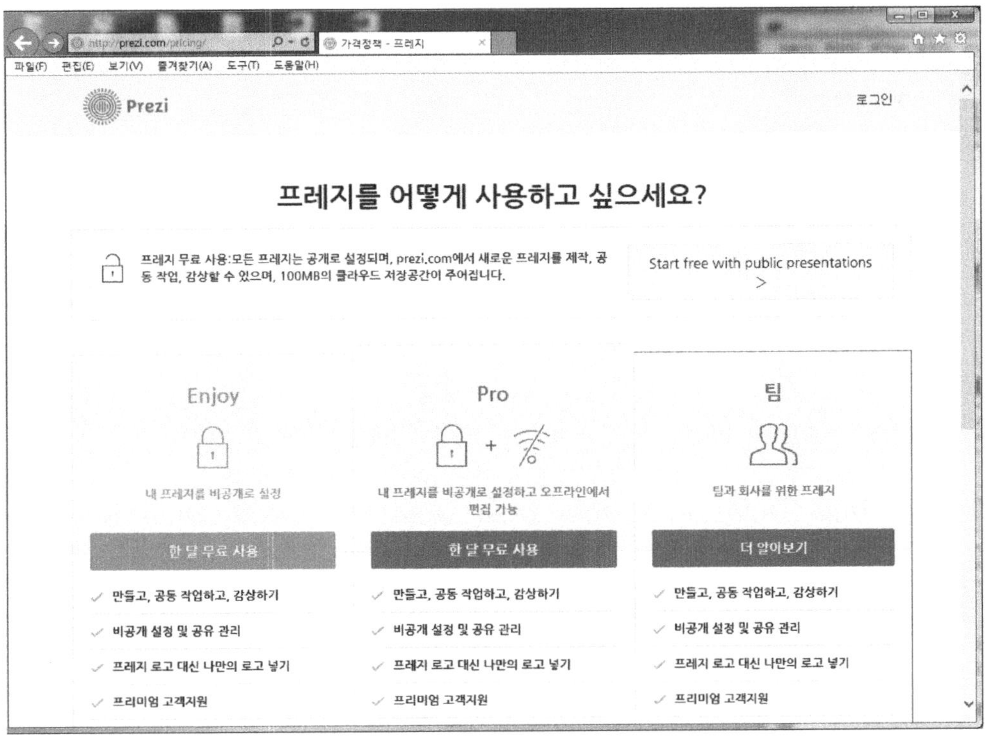

무료 가입하기에 앞서 30일간 무료로 사용할 수 있는 Enjoy를 클릭하면 보다 효율적인 프레지를 사용할 수 있다. 우측 하단의 30일간 Enjoy 무료 체험 시작하기를 클릭하여 고급 프레지 활용을 하면 다양한 기능을 사용할 수 있다. 단, 한달이 지나면 유료로 전환되어 1년에 60$ 비용을 지불해야 한다. 우리는 100MB 저장 공간이 제공되는 기본 무료를 이용하여 퍼블릭 계정을 만들어서 사용 하도록 하겠다. 아래 그림에서 Start with public presentations을 클릭한다.

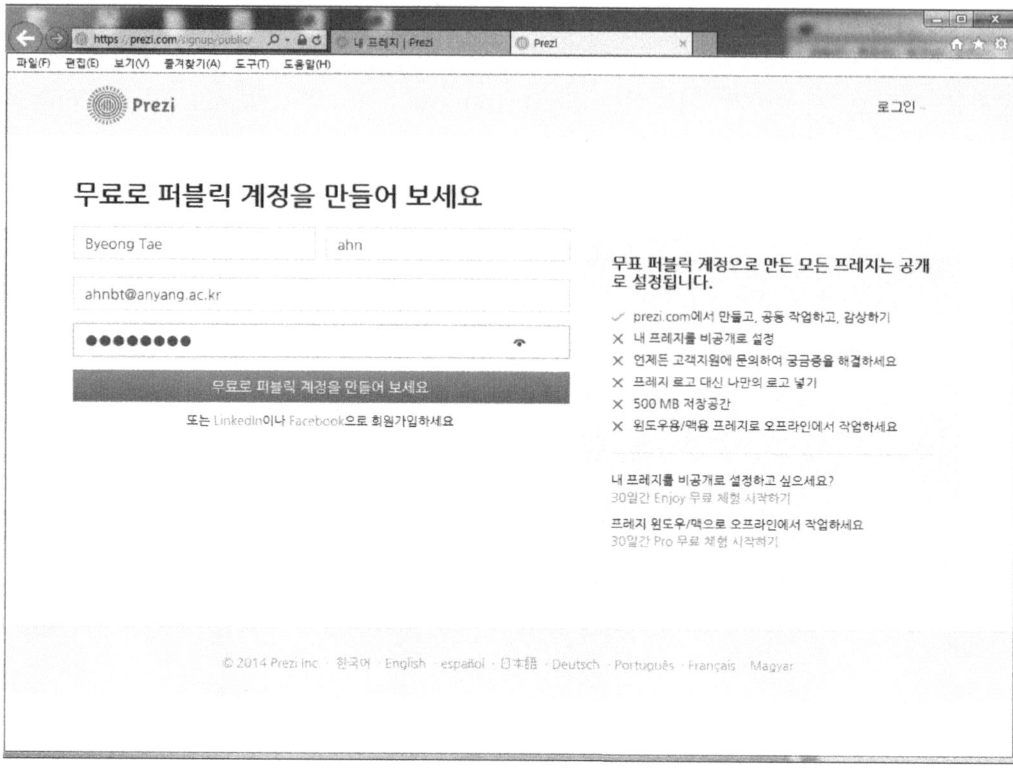

그림에서 보듯이 개인 정보를 입력하고 회원 가입을 하도록 한다. 프레지는 회원 가입이 아주 간단하다. 본인 성명과 이메일 계정만 있으면 누구나 한달간 무료로 사용할 수 있다.

[4] 프레지 로그인하기

프레지 로그인을 하기 위해서는 이메일 계정과 패스워드를 입력한다. 로그인 버튼을 클릭하면 우측 상단에는 회원 가입된 아이디가 나타난다.

로그인 후 페이지 화면은 모두 공개로 설정되며 30일 무료 체험을 사용하면 비공개로 설정할 수 있다.

★ 모두 보기 : 내 프레지, 공유 프레지를 볼 수 있다.

★ 모든 프레지 : 현재 공개된 모든 작업을 볼 수 있다. 화면 중앙의 새로운 프레지를 클릭하면 새작업의 프레지를 작성할 수 있다.

★ 새로운 폴더 : 제목없는 폴더가 생성되어 여러 명이 공동으로 작업할 수 있다.

★ 다운로드 : 윈도우 환경에서 제품을 다운받아 오프라인 상태에서 작업을 할 수 있다. 단 30일만 무료 사용 가능하다.

여러명이 공동으로 작업하고자 하는 경우에는 뷰어 추가하기를 클릭하여 새로운 작업자를 추가하면 된다. 공동작업을 취소하고자 하는 경우에는 설정 버튼을 클릭하여 폴더 삭제를 하면 현재 제목없는 폴더를 삭제할 수 있다.

★ 팀 프로젝트 명 변경 : 공동작업의 이름을 변경하고자 하는 경우에는 제목없는 폴더를 클릭하면 이름 변경이 가능하다.

6.2 프레지 템플릿 기본 활용

프레지는 온라인상에서 바로 제작이 가능한 프리젠테이션 도구이다. 기존의 프리젠테이션인 파워포인트와는 다르게 줌인, 줌아웃, 회전 등의 특수 기능을 통해 자료를 표현하는 프리젠테이션 기법이다. 프레지는 현재 4000만명 이상의 사용자가 사용하고 있으며 포춘지 500대 기업 중 80% 이상이 사용하고 있다.

프레지 초기화면에서 새로운 프레지를 클릭하면 새 작업을 하기위한 템플릿을 선택할 수 있다.

템플릿을 사용하여 작성하면 기본적인 레이아웃이 설정되어 누구나 쉽게 작성할 수 있다. 반면, 나만의 고유 프레지를 만들고자 하는 경우에는 빈 프레지 시작 버튼을 클릭하여 사용한다.

소셜 네트워크 템플릿을 사용하여 작업을 하기 위한 초기화면이다.

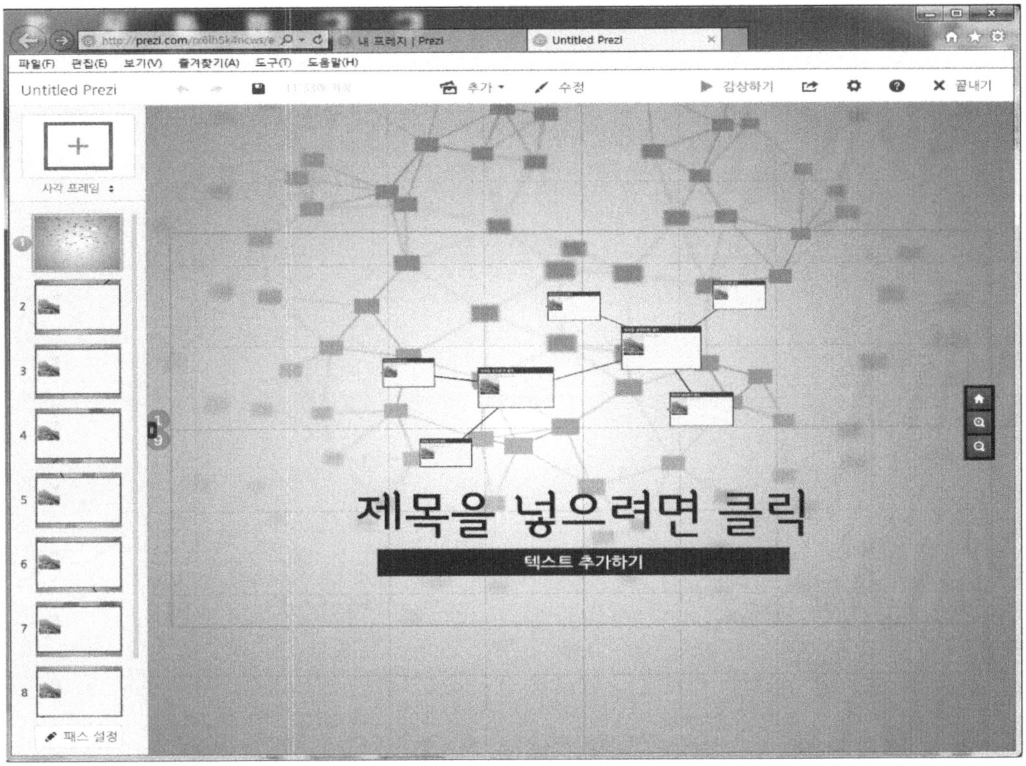

★ 상위 추가 메뉴를 클릭하면 프레임, 이미지, 심볼, 유튜브, 기타 다양한 개체를 추가할 수 있다.

★ 수정 메뉴를 클릭하며 배경 이미지를 바꾸거나 테마별 배경을 변경할 수 있다.

★ 파일 선택을 클릭하여 사용자가 선택한 이미지를 배경 이미지로 사용할 수 있다.

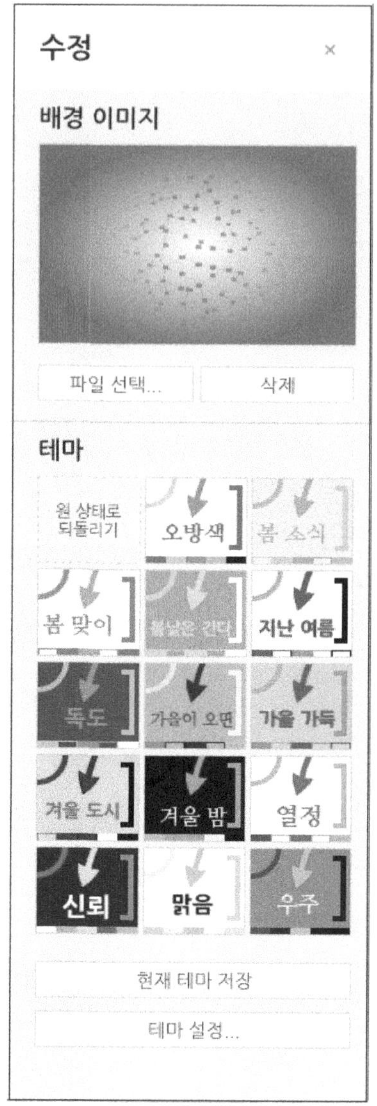

★ 테마 설정을 클릭하면 타이틀 글씨 교정, 로고 이미지 설정, 3차원 배경 설정, 배경 색깔 지정등 개체 속성을 지정할 수 있다.

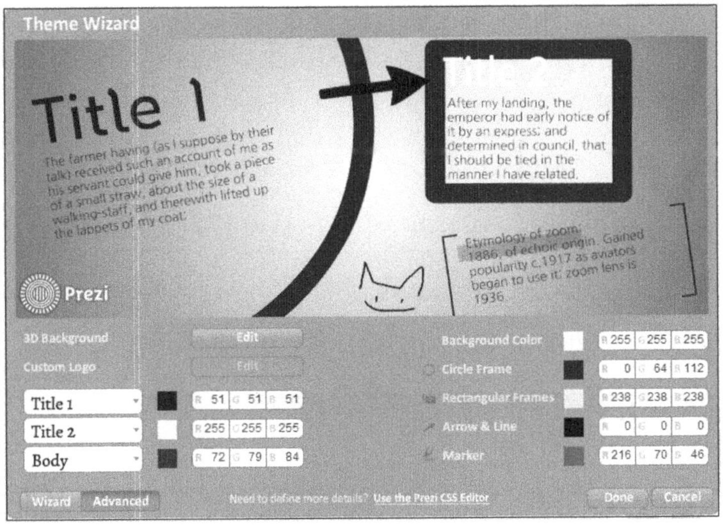

6.3 테마별 프레지 작업하기

프레지에서 기본적으로 제공되는 테마 마법사를 이용하여 프리젠테이션을 구축해 보자.

★ 테마별 설정에서 신뢰를 선택하고 좌측 상단의 첫 번째 프레임을 선택하여 제목란에 주제 제목을 입력한다.

★ 제목의 텍스트 서식은 중앙의 서식 메뉴에서 작성한다.

★ 텍스트 추가하기 항목에서는 발표자 이름을 입력하고 오른쪽 정렬을 한다.

★ 두 번째 프레임을 선택하면 해당 프레임에 대한 편집 화면이 확대되어 나타난다.

★ Replace image를 클릭하면 이미지를 변경할 수 있습니다.

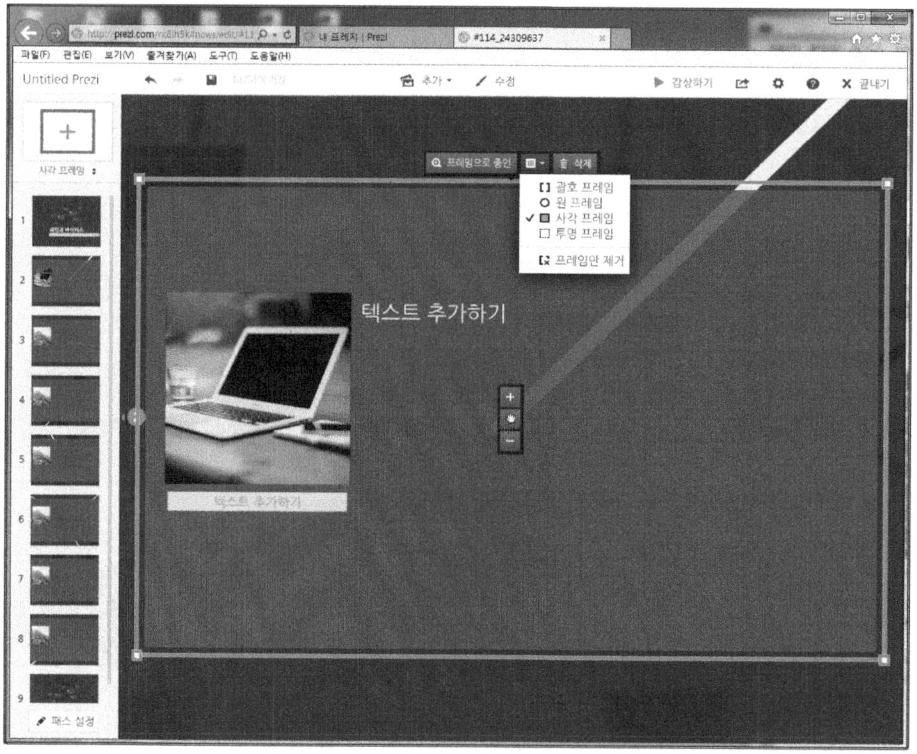

★ 프레임을 선택하면 프레임에 대한 틀을 변경 및 제거할 수 있다.

★ 마우스 스크롤을 상하로 드래그 시 프레임의 줌인 기능이 제공된다.

★ 프레임의 각 모서리에는 프레임의 사이즈 및 회전 기능이 제공된다.

★ 명령을 취소하기 위해서는 실행 취소 버튼을 클릭하면 된다.

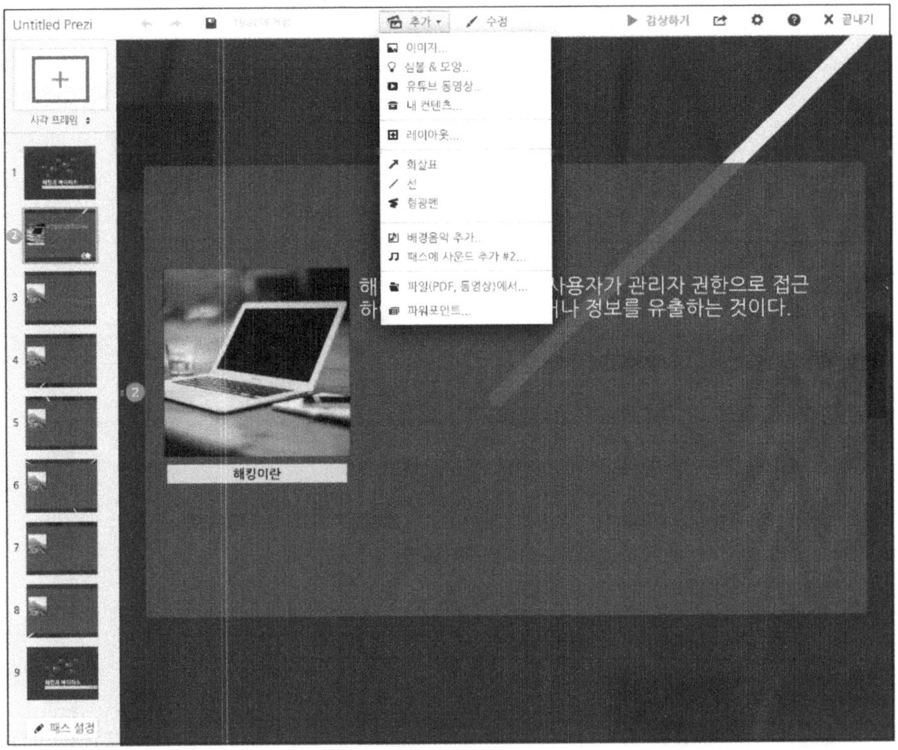

추가 메뉴 클릭 시 세부 명령이 나타난다.

★ 이미지 : 현재 열려 있는 슬라이더에 이미지를 추가한다. 웹에서 제공되는 이미지를 사용할 수도 있고 내 컴퓨터에 있는 이미지를 불러와 사용하여도 된다.

★ 심볼 & 모양 : 프레지에서 자체적으로 제공되는 그래픽 이미지이다. 다양한 종류의 이미지 아이콘을 사용할 수 있다.

★ 유튜브 동영상 : 인터넷상에 제공되는 동영상 파일을 직접 불러와서 재생할 수 있다. url 주소를 복사해서 사용하면 된다.

★ 내 컨텐츠 : 내 컬렉션에 저장된 내용을 불러와서 사용할 수 있다.

★ 레이아웃 : 싱글 프레임과 멀티 프레임이 있다. 싱글 프레임은 단일 프레임을 추가하는 것이고 멀티 프레임은 여러 개의 프레임을 동시에 추가한다.

★ 화살표, 선, 형광펜 : 프레임 안에 화살표, 선, 형광펜 속성이 지원된다.

★ 배경음악 추가 : 내 컴퓨터 상에서 오디오 파일을 추가하여 음악이 지원되도록 한다.

★ 패스에서 사운드 추가 : 내 컴퓨터 상에서 다양한 사운드를 지원한다.

★ 파일(PDF, 동영상)에서 : 내 컴퓨터 상에서 다른 종류의 파일과 동영상을 제공한다.

★ 파워포인터 : 내 컴퓨터 상에 있는 파워포인터 파일을 불러온다. 프레지는 파워포인트와 같은 프리젠테이션 호환이 가능하다.

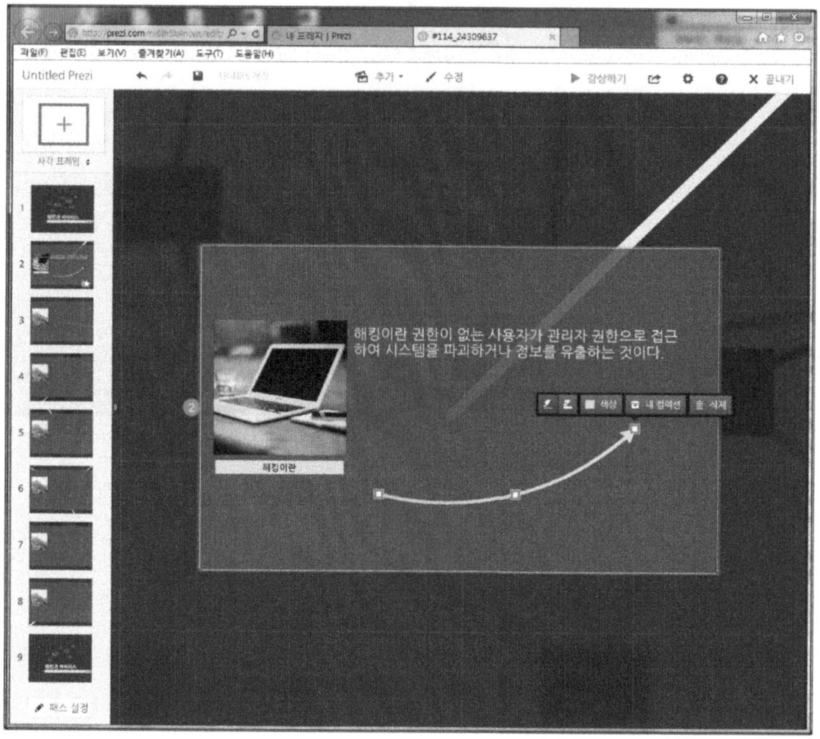

★ 화살표의 사각형 점을 이용하여 화살표 모양을 변형할 수 있다.

★ 화살표의 굵기를 변형할 수 있으며 색상을 이용하여 여러 종류의 색상을 사용할 수 있다.

감상하기 메뉴를 이용하여 전체 테마별 프레지를 쇼로 볼 수 있다.

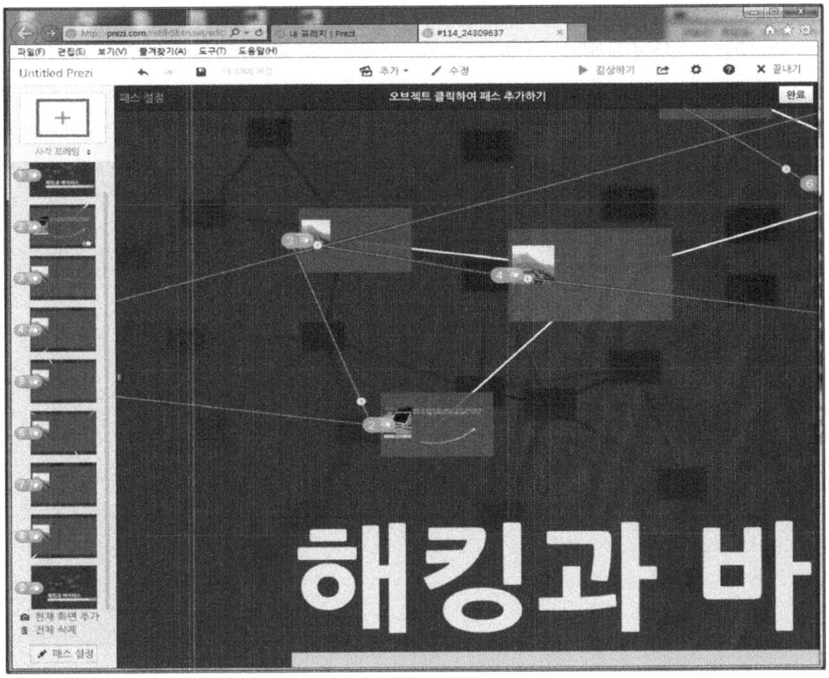

★ 패스 설정 버튼을 클릭하여 패스 경로를 변경 할 수 있다.

★ 현재 프레임에서 다른 프레임을 추가할 수 있다.

★ 왼쪽 프레임에서 마우스를 드래그하여 패스 경로를 변경할 수 있다.

★ 현재 화면 추가 : 현재 화면 추가를 클릭하여 해당 프레임을 새로운 패스로 추가할 수 있다.

★ 전체 삭제 : 전체 삭제를 클릭하면 해당 프레임의 패스 경로가 모두 삭제된다.

6.4 프레지 응용

새로운 프레지를 이용하여 나만의 프레지를 만들어 보자.

새로운 프레지를 클릭하면 나만의 새로운 프레지를 작성할 수 있다. 빈 프레지 시작 버튼을 클릭하면 나만의 프레지를 작성할 수 있다. 템플릿 사용 버튼을 클릭하면 기존에 만들어져 있는 인기 템플릿을 이용하여 텍스트만 추가함으로써 새로운 프레지가 완성된다.

빈 프레지를 클릭하면 새로운 프레지를 작성할 수 있는 기본 프레임이 제공된다.

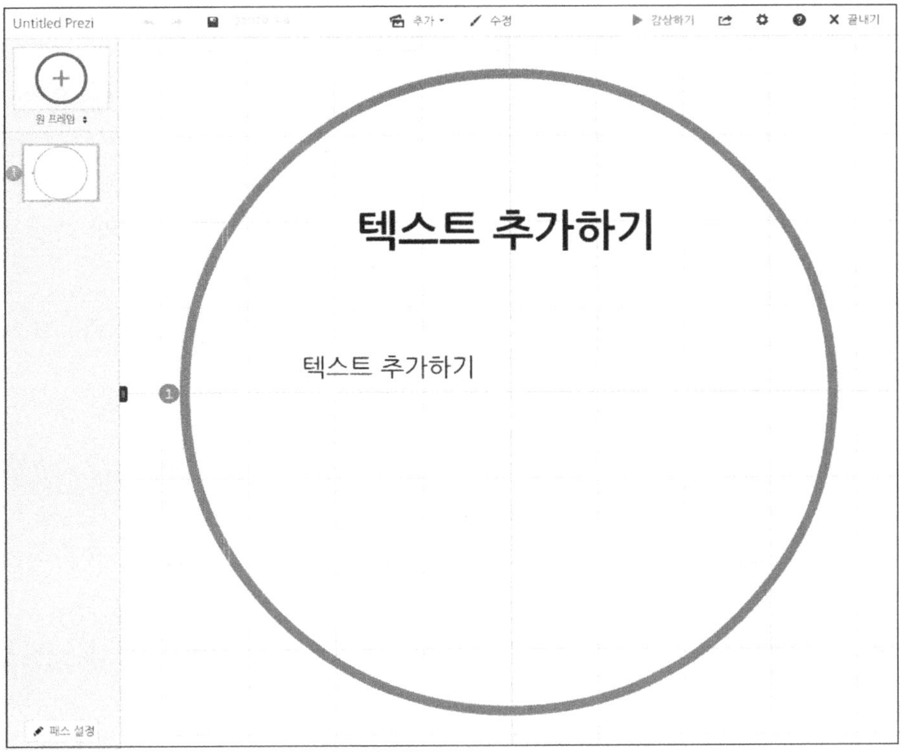

빈 프레임의 초기화면 이다. 메뉴의 추가 버튼을 이용하여 새로운 프레임을 추가할 수 있다.

- 프레임 : 새로운 프레임을 추가한다.
- 이미지 : 프레임 안에 이미지를 추가한다.
- 심볼&모양 : 프레임 틀을 변경한다.
- 유튜브 동영상 : 동영상 파일을 지원한다.
- 화살표 : 프레임 내에 다양한 모양의 화살표를 나타낸다.
- 선 : 프레임 내에 다양한 종류의 선모양과 색깔을 지정한다.
- 형광펜 : 형광펜 선그리기를 지원한다.
- 배경음악 추가... : 프레지 내에 모든 종류의 음악 파일을 제공한다.
- 파일(PDF, 동영상)에서... : 프레임 내에 여러 종류의 파일을 지원한다.
- 내 컬렉셕에서 : 프레임의 다양한 속성을 지원한다.
- 파워포인트 : 다른 프레젠테이션을 불러와 사용할 수 있다.
- 도표 : 프레임 내에서 도표를 지원한다.

프레임 내에 이미지를 추가하기 위해서는 [추가 - 이미지]를 클릭하여 내 컴퓨터 내에 있는 이미지를 불러와서 사용해도 되고 웹에서 제공되는 이미지를 불러와서 사용해도 된다.

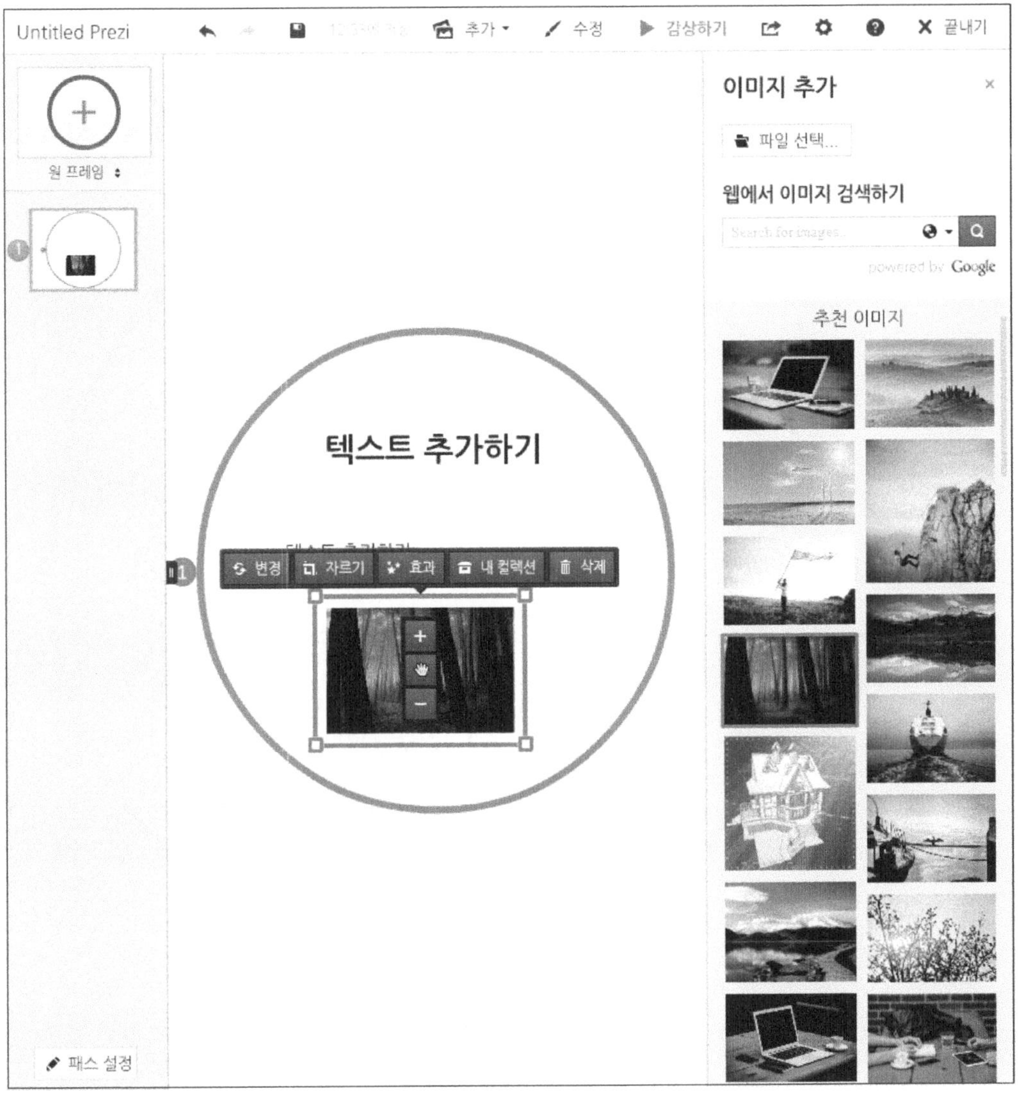

이미지가 추가되면 이미지에 대한 변경, 자르기, 효과, 내 컬렉션을 이용해서 이미지를 변경할 수 있다. 내 컬렉션을 클릭하면 현재 이미지를 내 컬렉션에 저장함으로써 추후 필요 시 이미지를 바로 불러와서 사용할 수 있다.

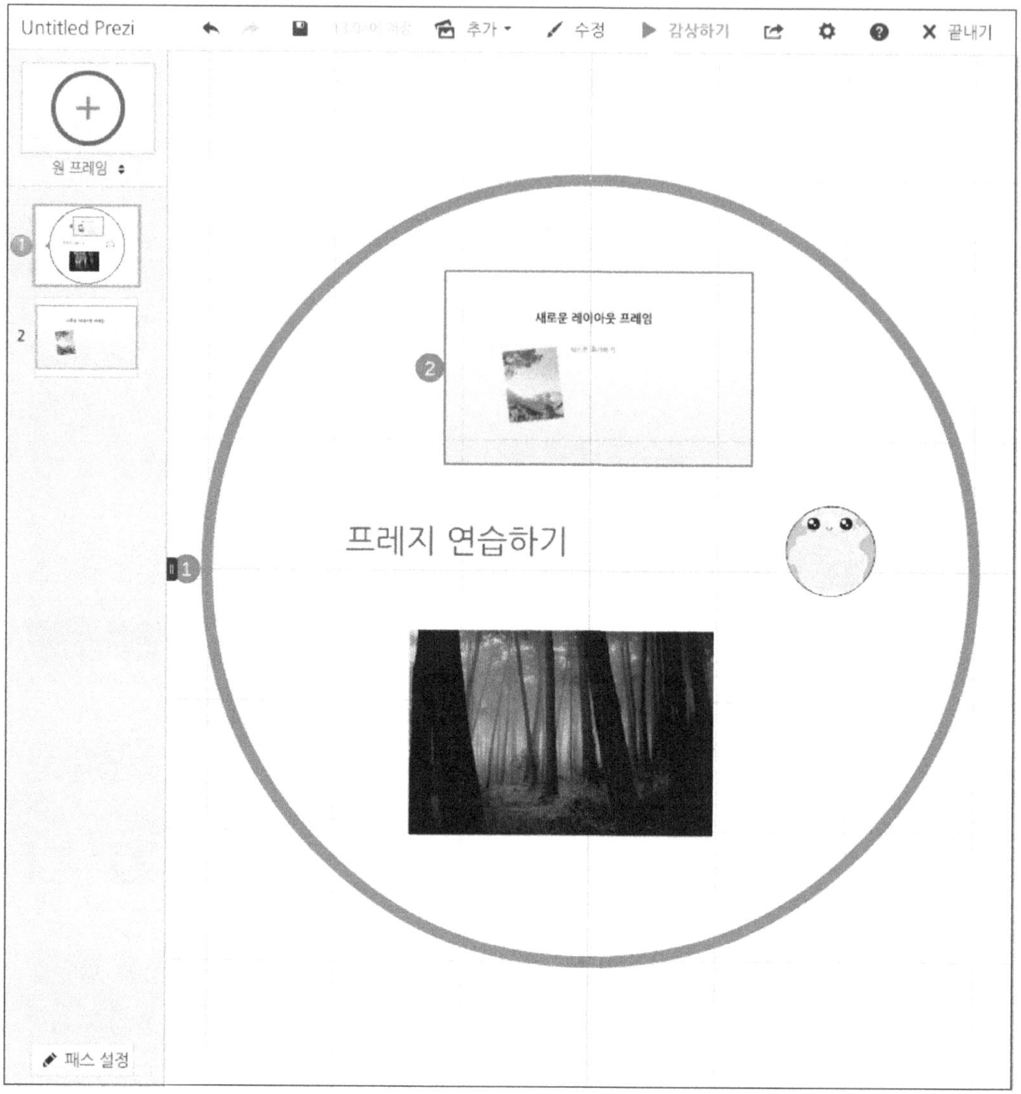

★ [심볼&모양] 메뉴를 이용하여 프레임 내에 다양한 아이콘을 사용할 수 있다.

★ [레이아웃] 메뉴를 이용하여 현재 프레임 내에 새로운 프레임을 추가할 수 있다.

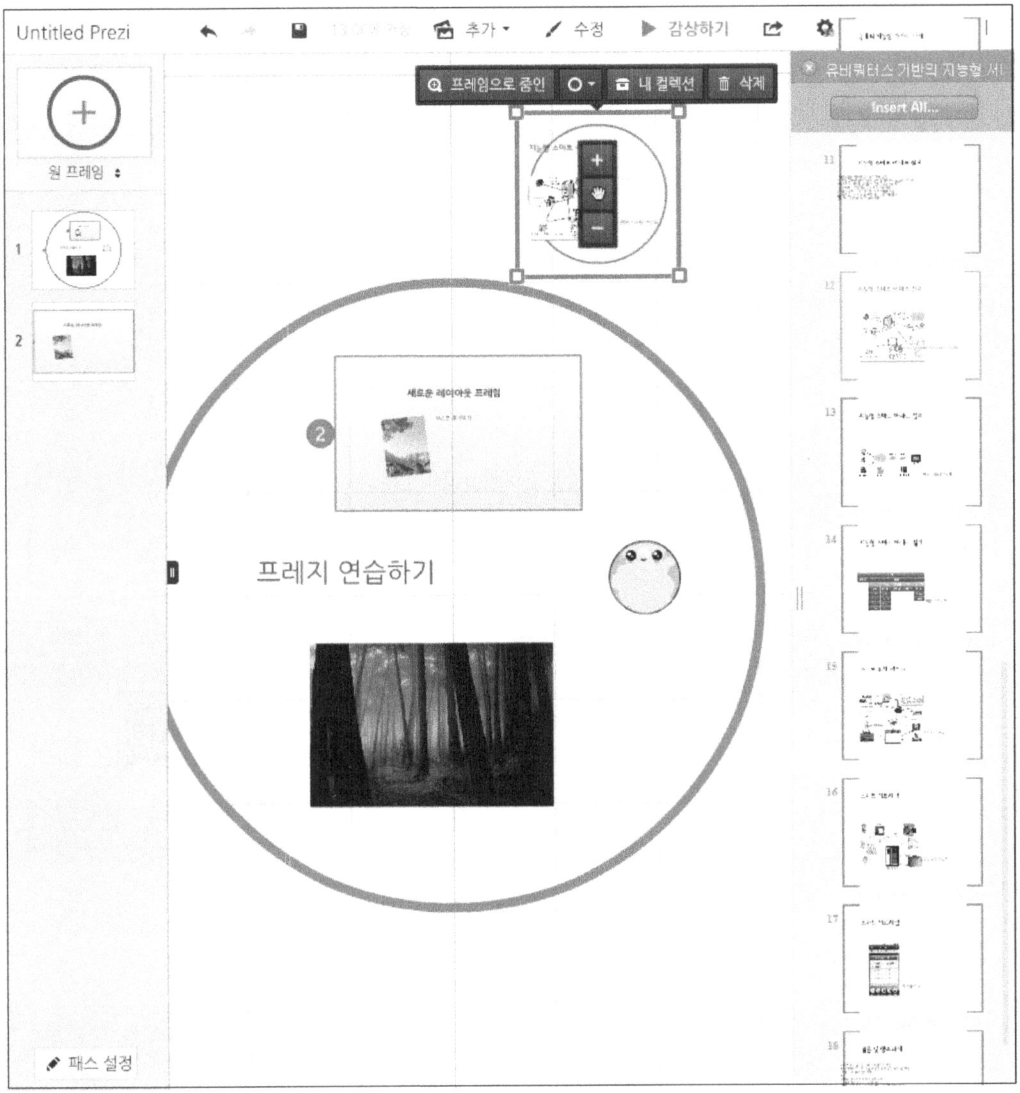

★ 추가 메뉴를 이용하여 외부 파워포인트를 호출한다.

★ 프레지는 외부 프레젠테이션 파일을 지원한다.

★ 파워포인트 여러 슬라이드 중 하나를 프레지 내에 추가하였다.

★ 추가된 프레임의 틀은 기존의 프레임 틀과 동일하게 하기 위하여 프레임 옵션에 변경하였다.

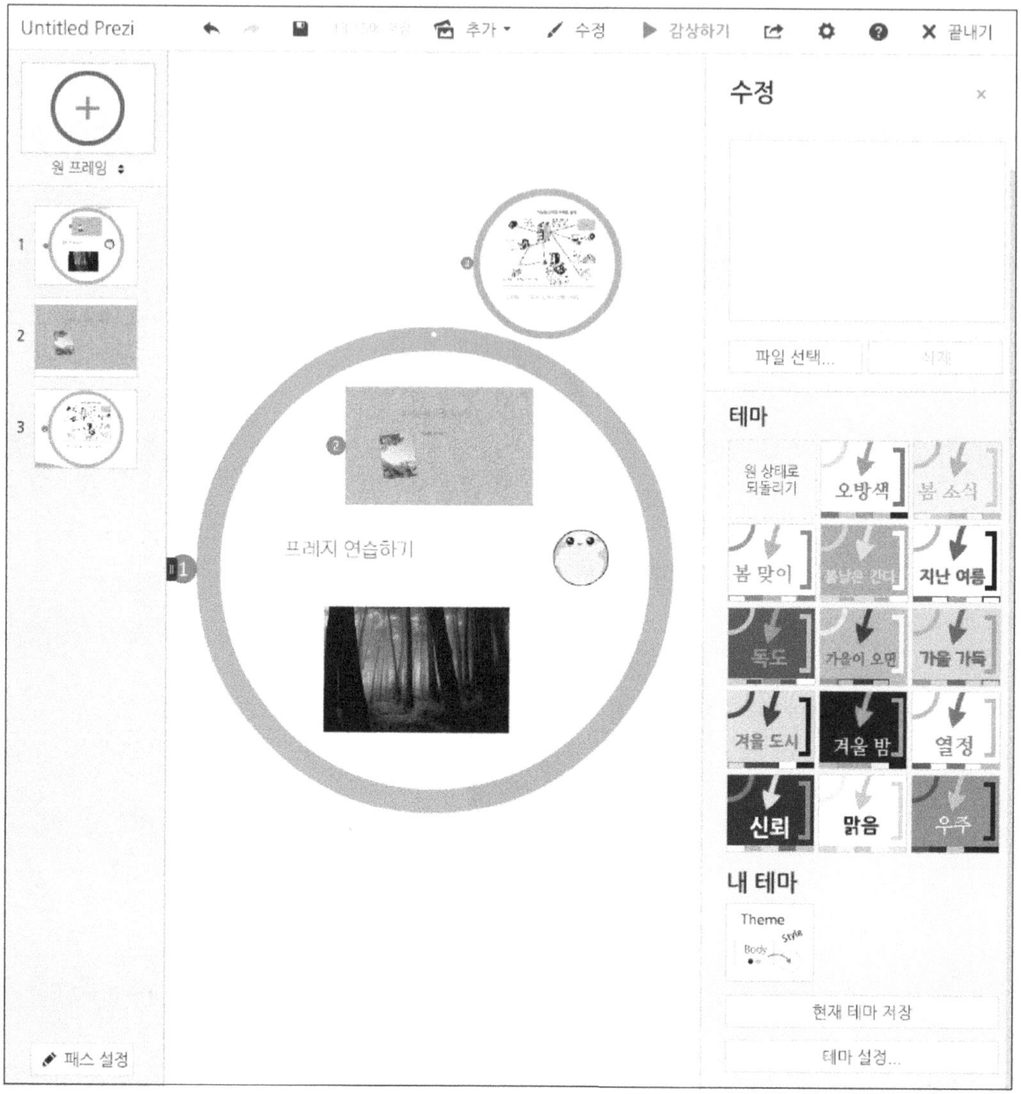

★ 테마 설정을 위해 수정 메뉴를 이용하여 여러 종류의 테마를 설정할 수 있다.

★ 파일 선택 메뉴를 이용하여 직접 이미지 테마를 불러와 사용할 수도 있고 프레지에서 제공되는 테마를 직접 불러와서 사용할 수도 있다.

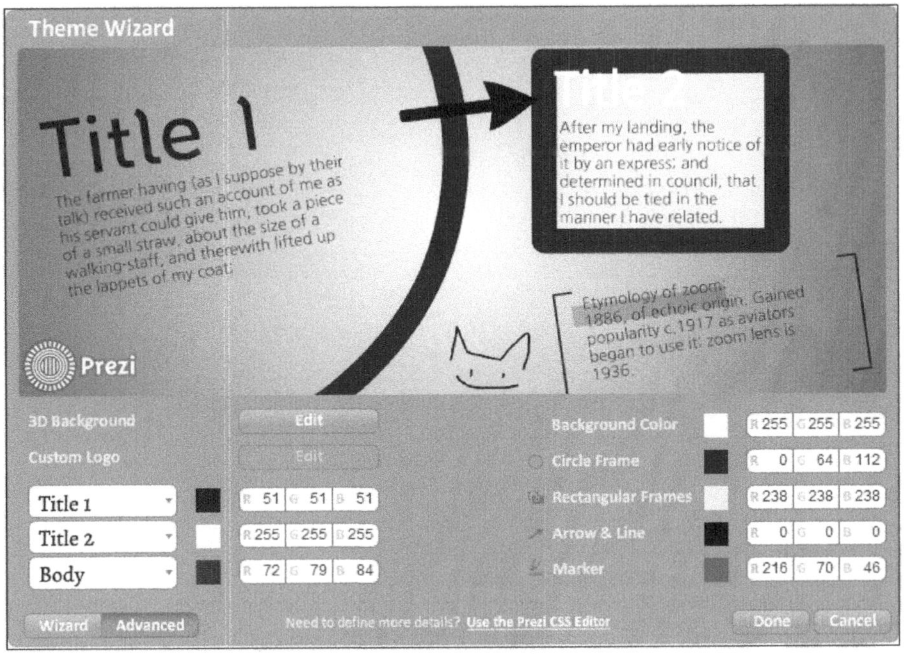

테마 설정을 클릭하면 테마 마법사가 나타난다. 테마 마법사에는 프레임의 타이틀 본문 내용에 대한 글꼴 및 색깔을 지정한다. 그리고 3차원 배경 이미지를 지원한다. [Edit] 버튼을 클릭하면 총 3개의 이미지를 추가할 수 있다. 위 3개 이미지를 이용하여 다양한 3차원 프레지를 사용할 수 있다. 그 외 추가 메뉴에서 제공되는 배경색 및 프레임 틀에 대한 색을 지정할 수 있다.

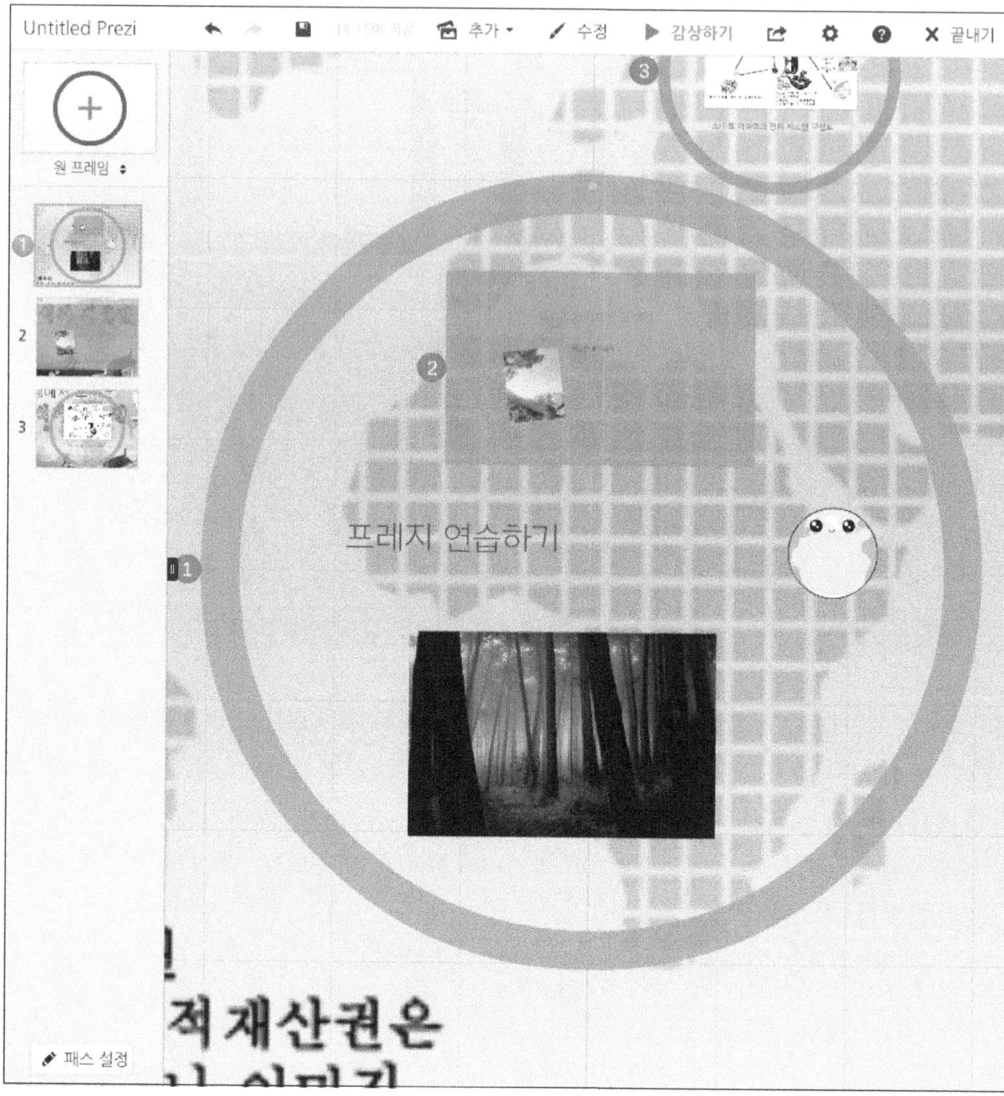

★ 3D 배경 이미지는 총 3개 이미지를 추가할 수 있다.

★ 각 프레임 마다 다른 이미지를 추가하여 3D 배경이 바뀌도록 한다.

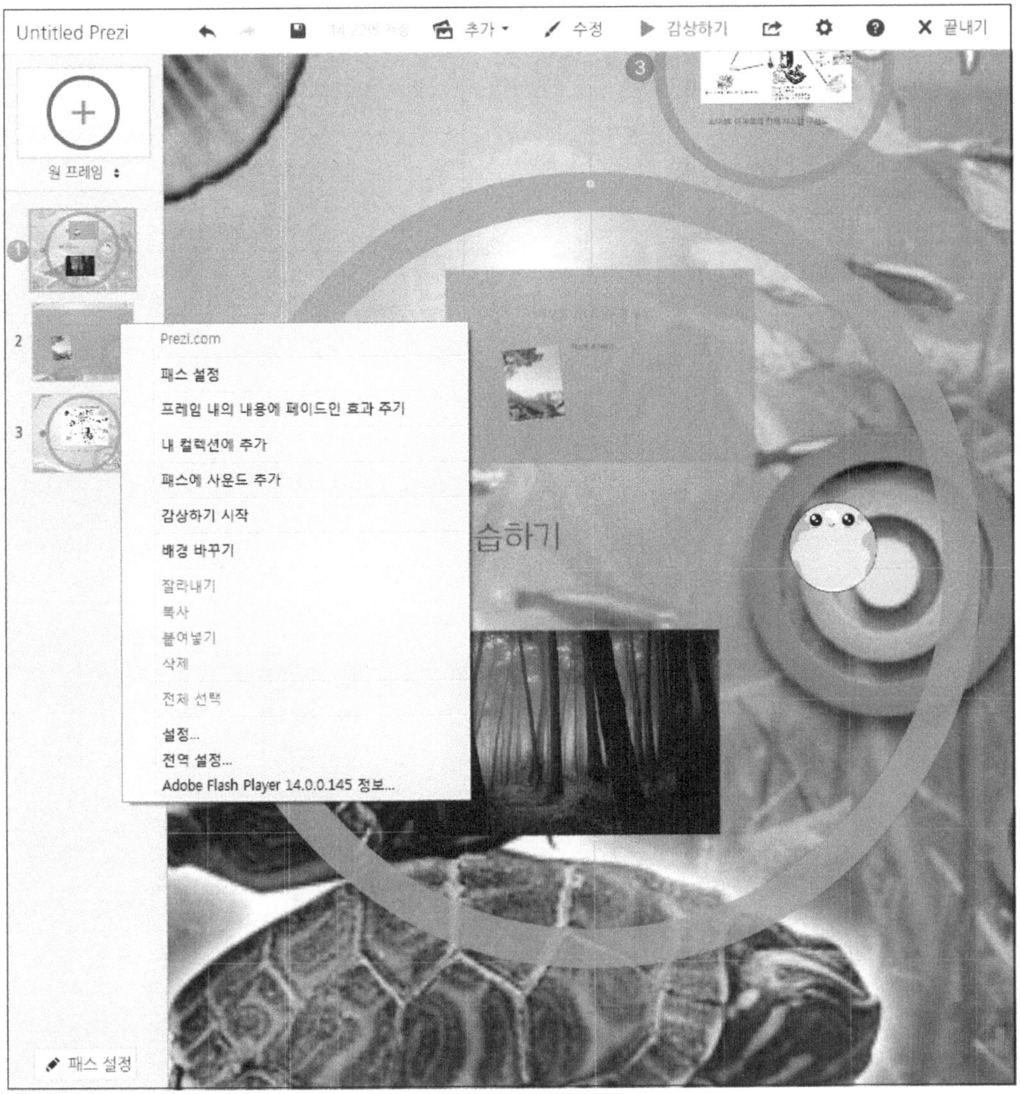

★ 왼쪽 프레임별 개별 속성을 지정할 수 있다.

★ 마우스 오른쪽 버튼을 이용하여 다양한 프레임 속성을 변경할 수 있다.

★ 패스 설정을 변경할 수도 있고 프레임 내의 내용에 페이드인 효과 줘서 각 개체별 애니메이션을 지정할 수 있다.

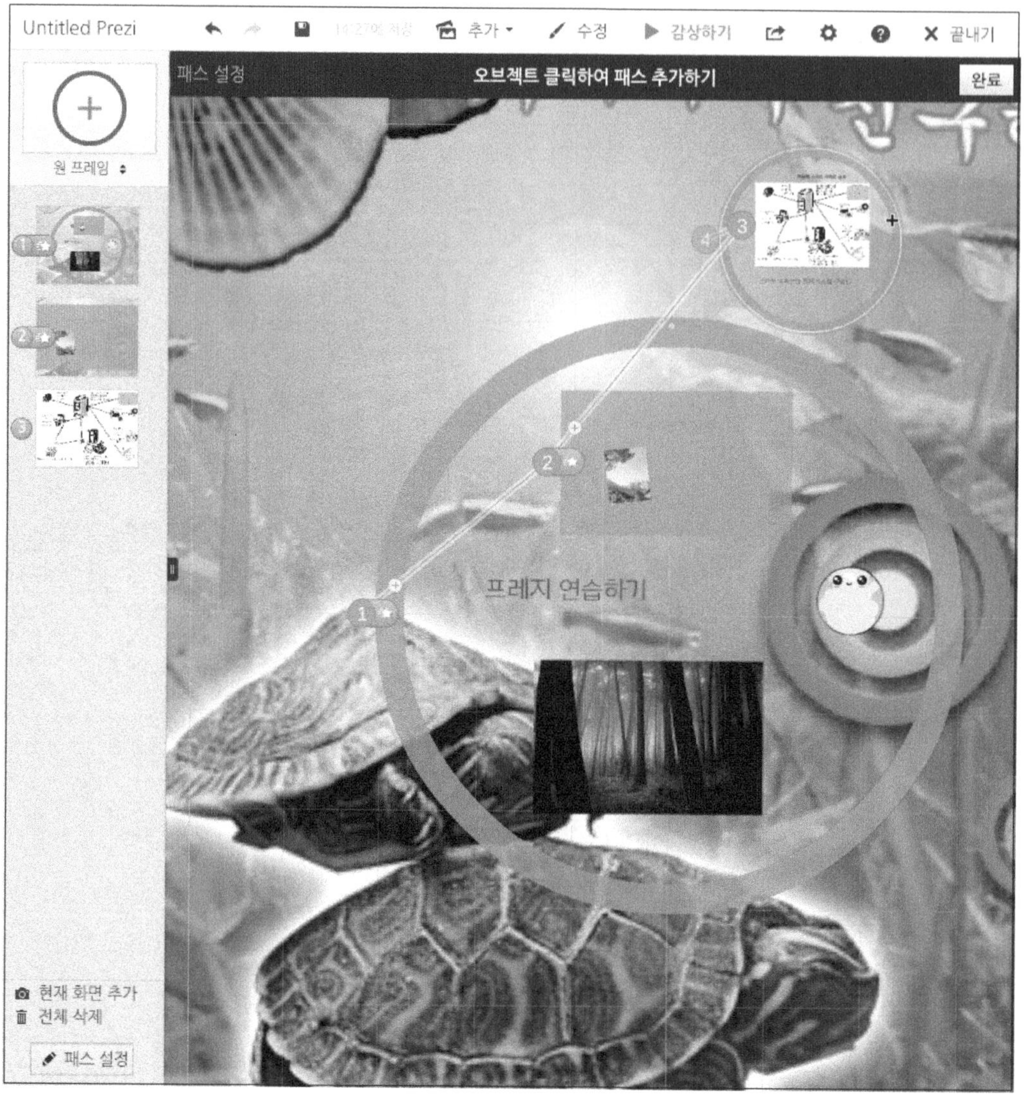

★ 패스 설정 버튼을 이용하여 프레임의 패스를 변경하거나 추가할 수 있다.

★ 편집 화면에서 마우스를 이용하여 직접 드래그 하여 변경할 수도 있고 오른쪽 프레임에 직접 프레임을 드래그하여 패스를 변경할 수도 있다.

★ 상단의 완료 버튼을 이용하여 패스 설정을 종료한다.

7

무비 메이커

7.1 무비메이커 시작하기

[1] 무비메이커 설치

동영상 편집 프로그램은 크게 전문가용과 일반용으로 나뉜다. 전문가용으로는 대표적으로 베가스와 프리미어 프로가 있다. 베가스와 프리미어 프로는 다양한 편집 기능을 제공하지만 일반 사용자가 짧은 시간에 배워서 사용하기에는 부적절하다. 반면 일반용으로는 마이크로 소프트사에서 제공하는 무비메이커를 비롯하여 캄타시아, 매직원 등 여러 종류의 편집 프로그램이 있다. 특히, 무비메이커는 윈도우 XP 버전 이후로 자동으로 설치된다.

윈도우7에는 동영상편집기인 무비메이커가 내장되어 있다. 윈도우xp, 윈도우8도 내장되어 있다. 예전에는 동영상 편집은 전문가들만 하는 작업이라 생각했는데, 요즘은 동영상을 찍고 편집하기가 쉬워져 누구나 할 수 있게 되었다.

먼저, 무비메이커 다운로드와 설치에 대해서 알아보도록 하겠다.

윈도우 무비메이커 다운로드는 아래 링크 또는 공개자료실에서 다운을 받으면 된다.

http://windows.microsoft.com/ko-kr/windows/get-movie-maker-download

링크를 따라 이동하면 윈도우 버전별로 다운로드 링크가 있다. 본 교재에서는 윈도우7용 무비메이커를 다운로드 받고 설치하도록 하겠다.

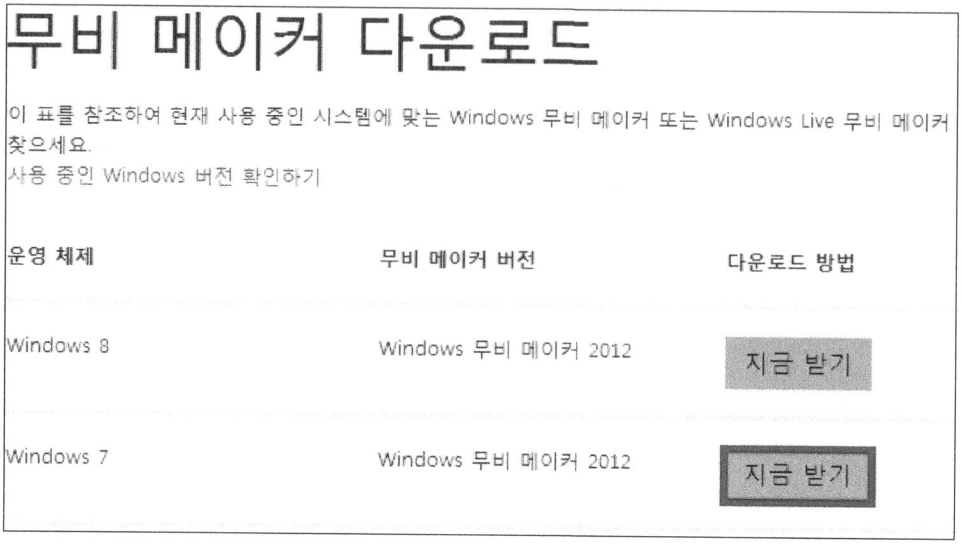

윈도우 7용 무비메이커 2012를 선택하여 지금 받기를 하면 아래 창이 뜬다.

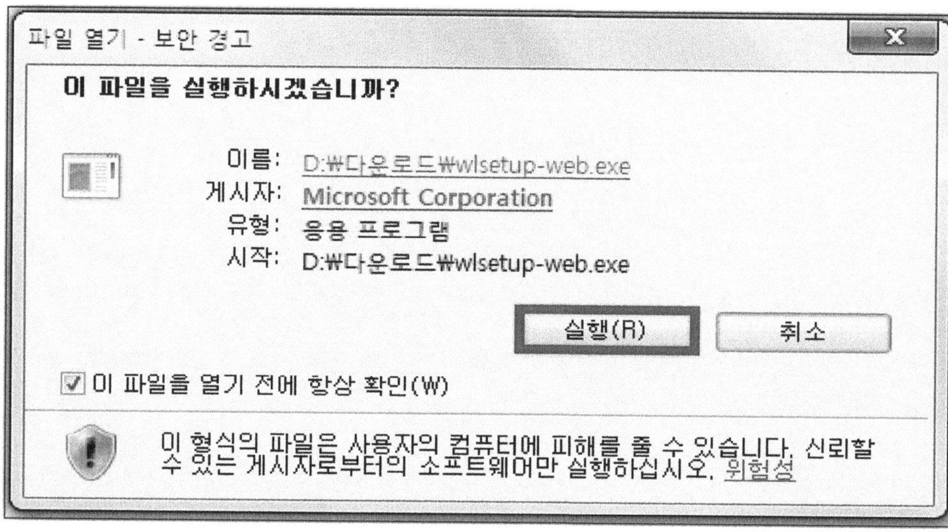

실행 버튼을 클릭하면 windows essentials 2012 실행패키지가 구동된다. 패키지에는 무비메이커 뿐만 아니라 윈도우메신저, 메일, 가족보호설정, 윈도우 원드라이브, 아웃룩 커넥터 등이 포함되어 있다.

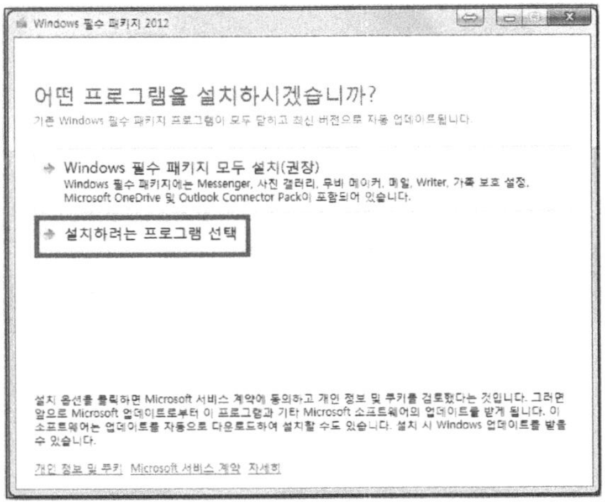

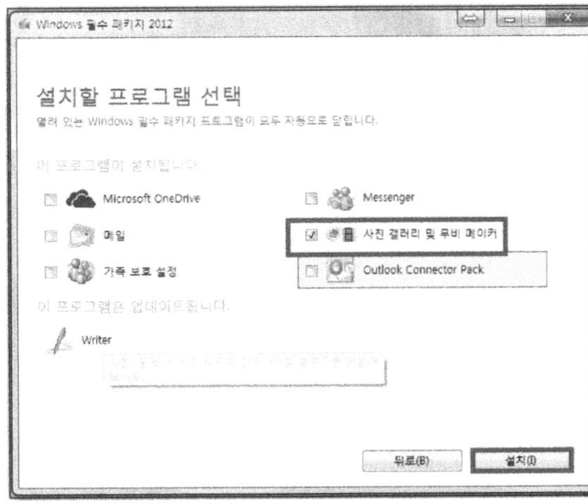

만일 무비메이커만 설치하고자 할 경우에는 모두 설치가 아닌 [설치하려는 프로그램 선택]을 이용하여 무비 메이커만 체크하여 설치한다.

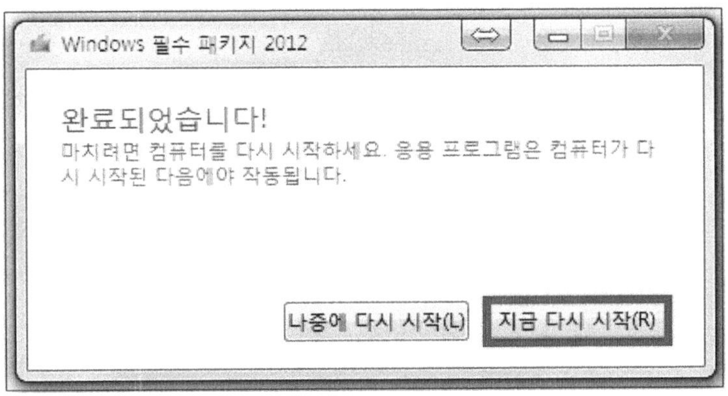

무비메이커를 실행하려면 컴퓨터를 재부팅해야 한다.

[2] 무비메이커 시작

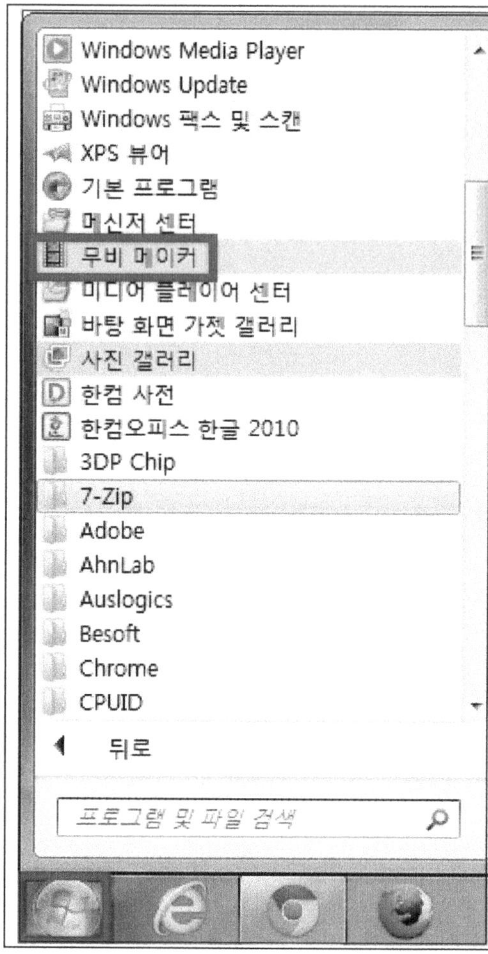

시작 → 모든 프로그램 → 무비메이커를 클릭하면 무비메이커가 실행된다.
무비 메이커 실행 단축 아이콘을 바탕화면에 보낼려면 마우스 오른쪽 버튼을 눌러 [보내기-바탕화면에 바로가기 만들기]를 한다.

무비메이커를 실행하면 아래와 같이 초기화면이 나타난다.

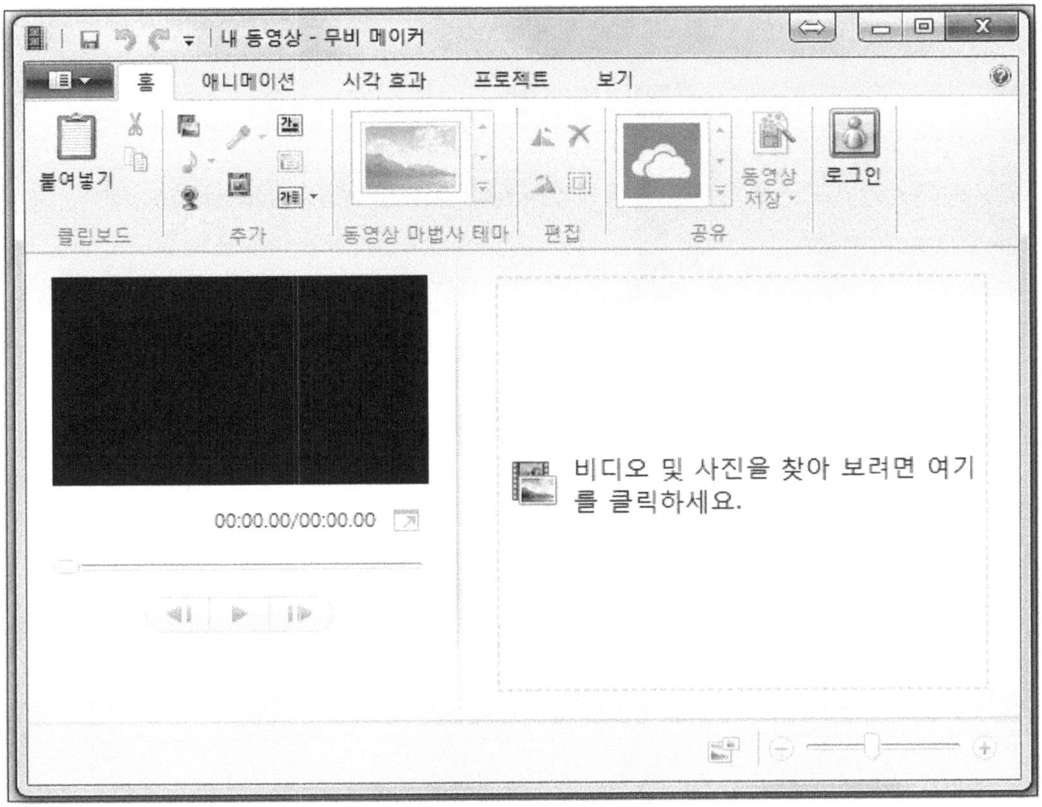

리본 메뉴는 5개의 메뉴로 구성되고 홈 탭은 5개의 그룹으로 구성된다. 추가 그룹에서 기본적인 비디오 및 사진을 추가하며 동영상 마법사 테마에서 여러 종류의 테마를 지정한다.

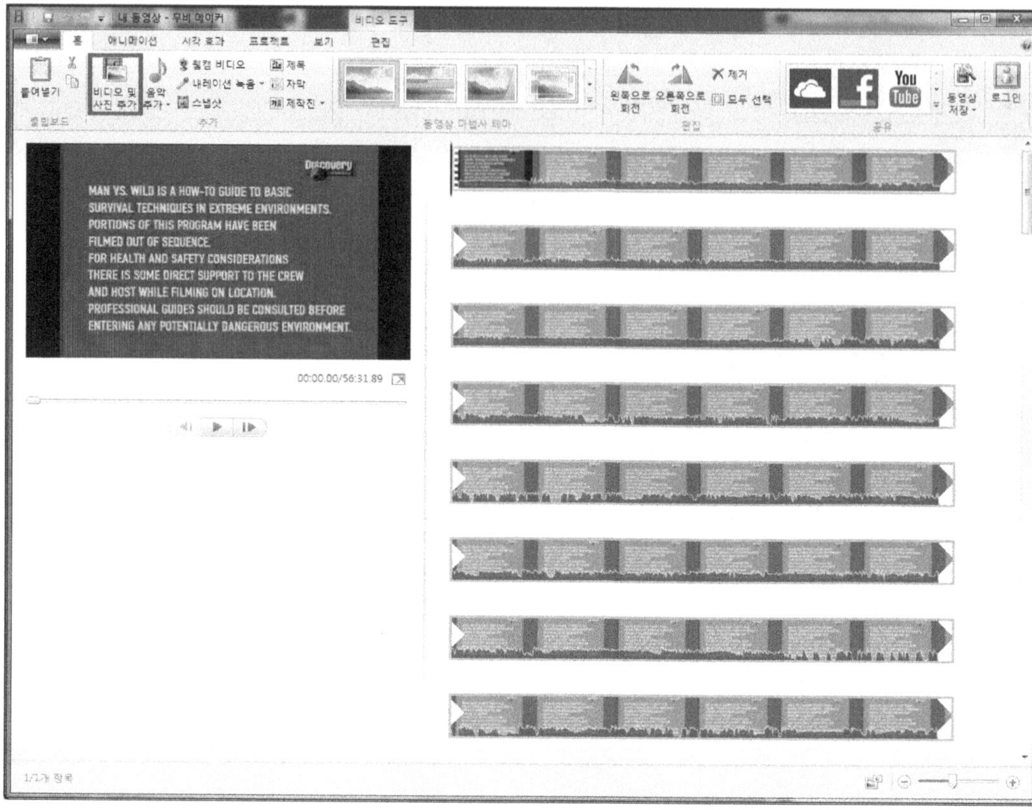

[홈 - 비디오 및 사진 추가]를 이용하여 동영상 파일을 불러온다. 왼쪽 화면은 동영상 재생을 보여주고 오른쪽은 전체 화면을 열거해 놓았다. 동영상 파일을 불러오면 자동으로 비디오 도구 메뉴가 추가로 생성된다. 편집 명령에서 동영상 파일을 편집한다.

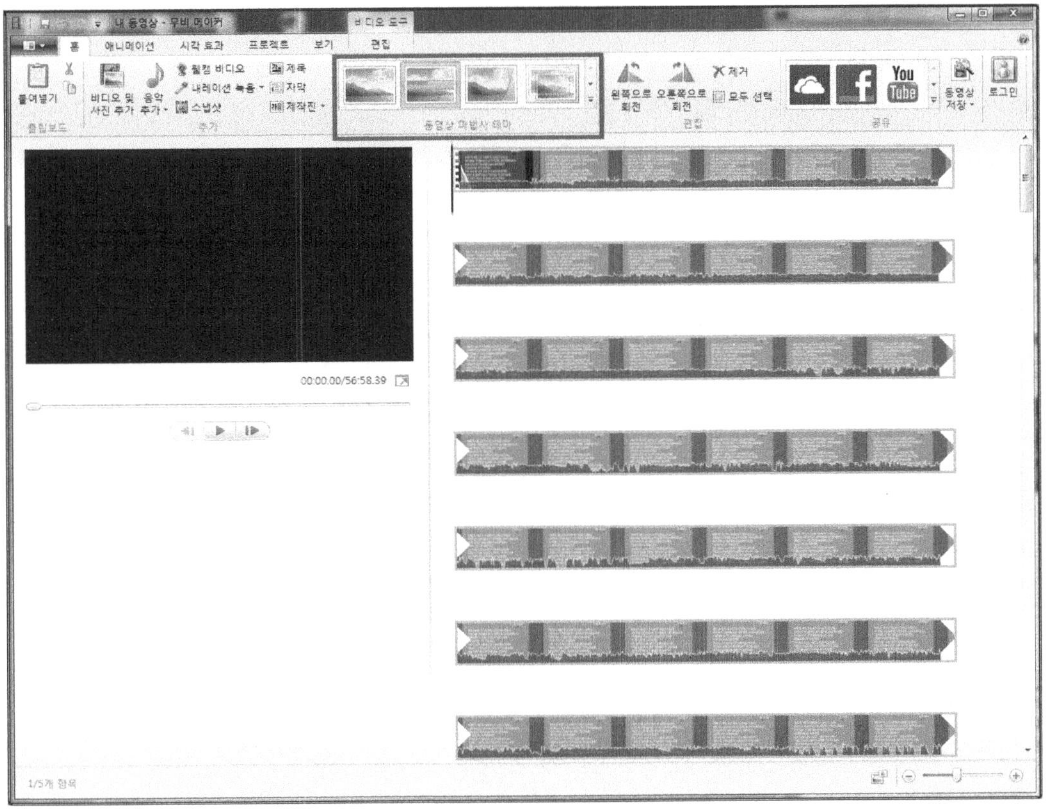

동영상 마법사 테마의 심플 형식을 적용하면 동영상이 시작하기 전 화면 전환 효과와 같은 기능이 제공된다. 여러 종류의 기능을 이용하여 페이드 효과를 접목해 보자. 편집 그룹에서는 화면의 왼쪽 회전 또는 오른쪽 회전을 통하여 화면의 각도를 조절할 수 있다.

동영상 파일의 일부분을 잘라서 편집을 하고자 할 경우에는 [편집 - 자르기 도구]를 이용하여 특정 부분을 편집할 수 있다.

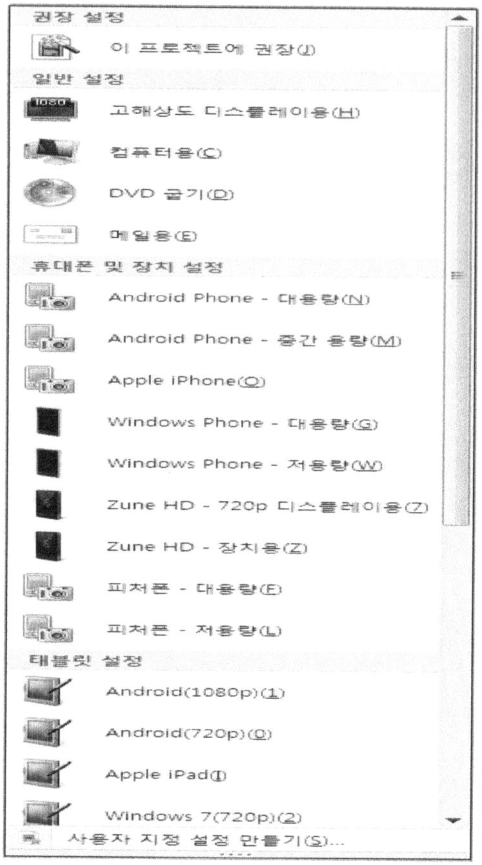

공유 그룹에서는 페이스 북을 비롯한 유튜브에 직접적으로 동영상을 업로드 할 수 있다. 동영상 저장 메뉴는 편집된 동영상 파일을 여러 기종의 스마트폰 형식으로 저장을 할 수 있으며 테블릿 형식의 기종에서도 저장이 가능하다.

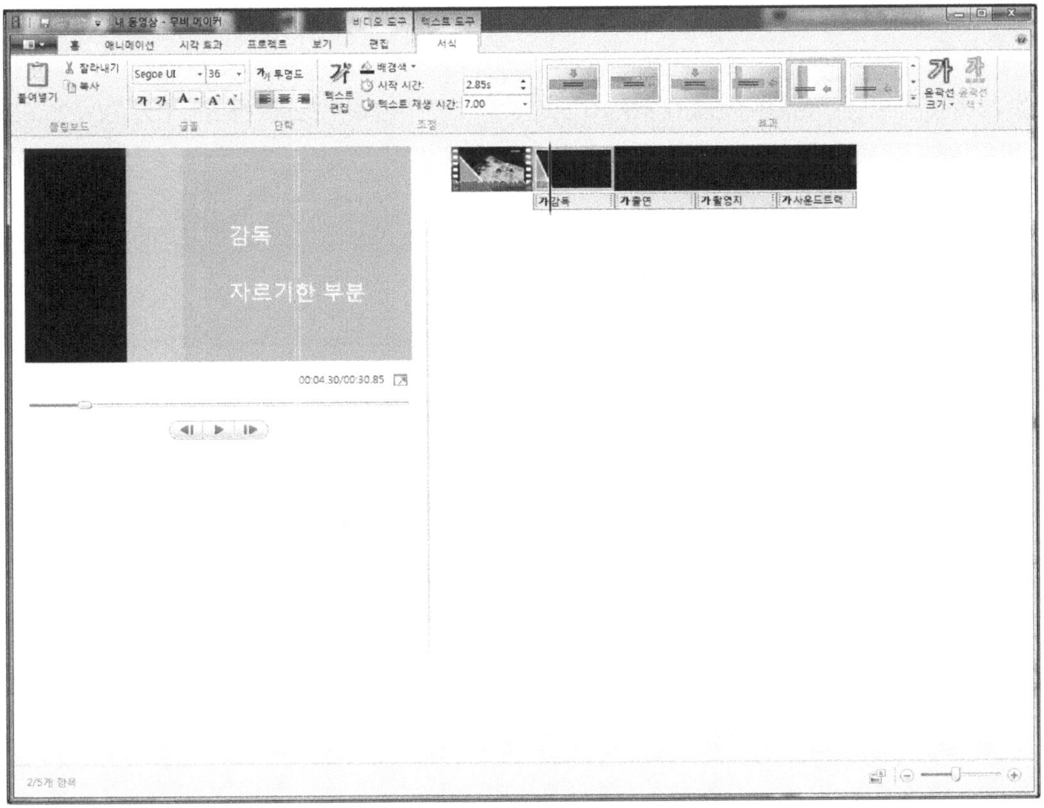

[편집-자르기 항목]을 이용하여 동영상 시작점과 동영상 끝부분에 페이드 효과를 주었다.

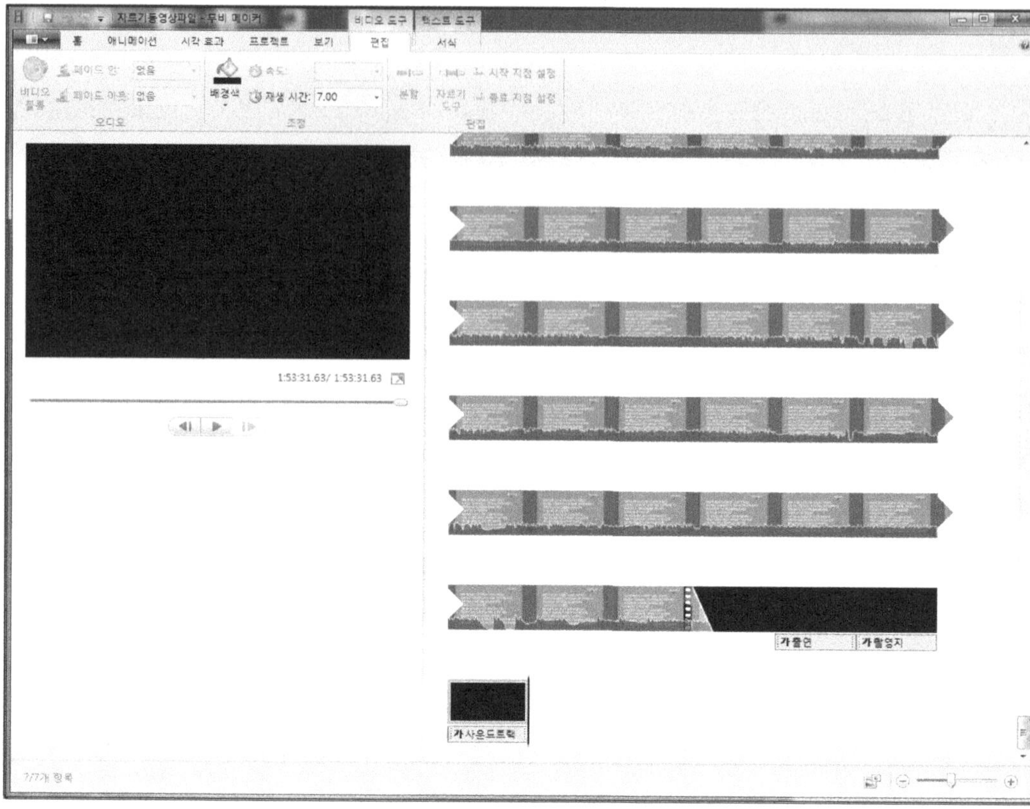

전체 동영상의 시작부분과 끝 부분에 페이드 효과가 적용되었다.

7.2 무비메이커 활용

[1] 사진을 이용한 동영상 편집

[홈-추가-비디오 및 사진 추가]을 이용하여 사진을 가져온다.

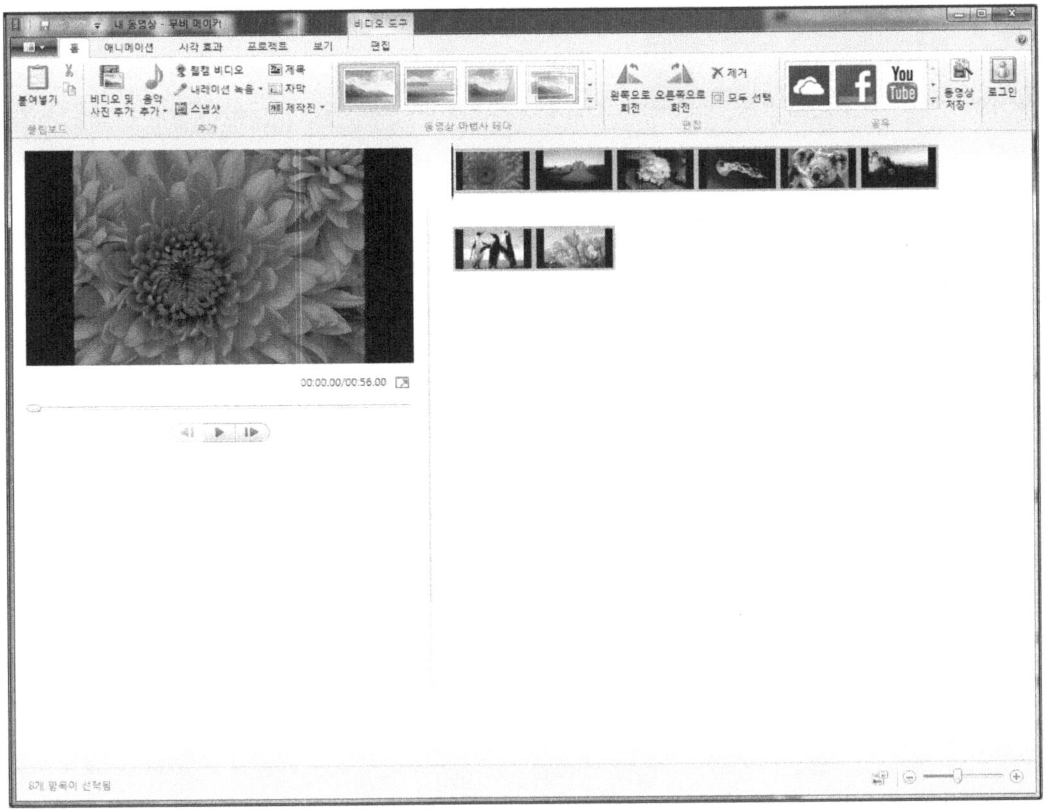

위 사진을 이용하여 간단한 동영상을 만들어 보도록 하자. 먼저 [홈-추가-음악추가]를 이용하여 음악을 추가한다.

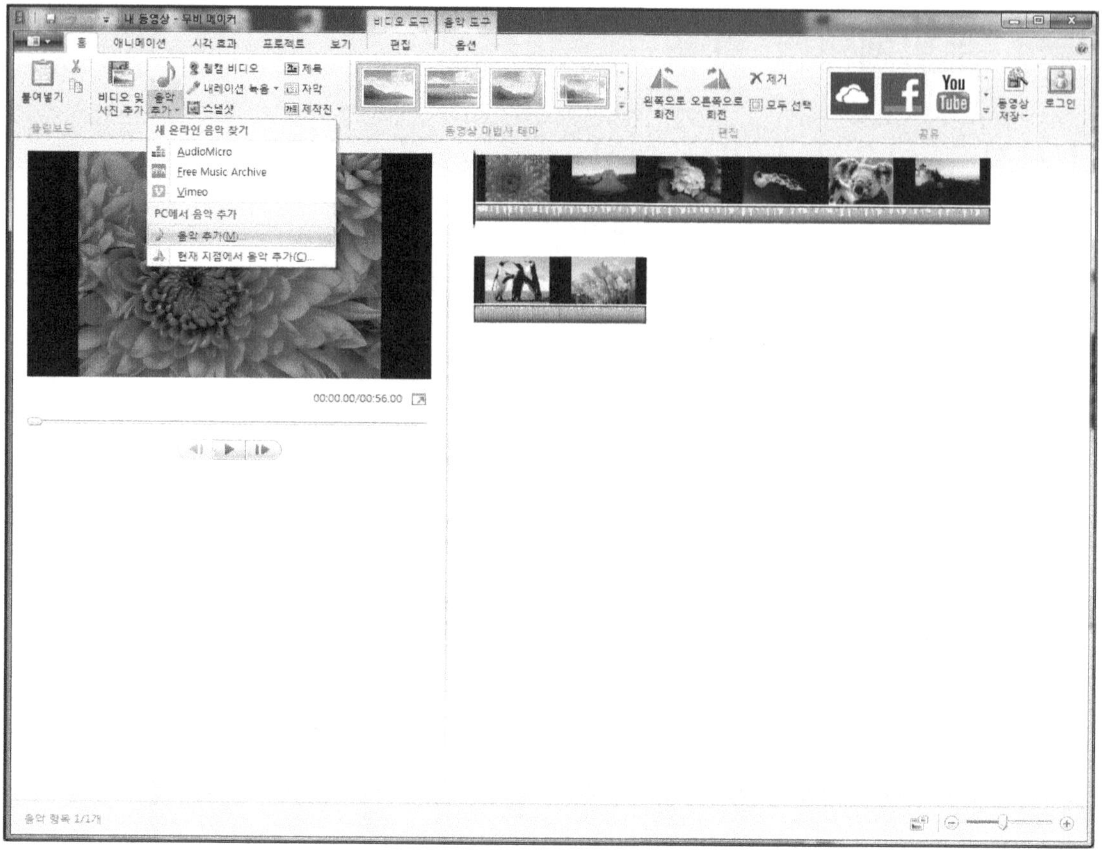

음악 파일은 오디오 파일을 비롯하여 여러 종류의 음악을 지원한다. 내 컴퓨터에 내장된 음악 파일을 이용하기 위해서는 음악 추가를 선택하여 해당 폴더에서 음악 파일을 직접 선택한다.

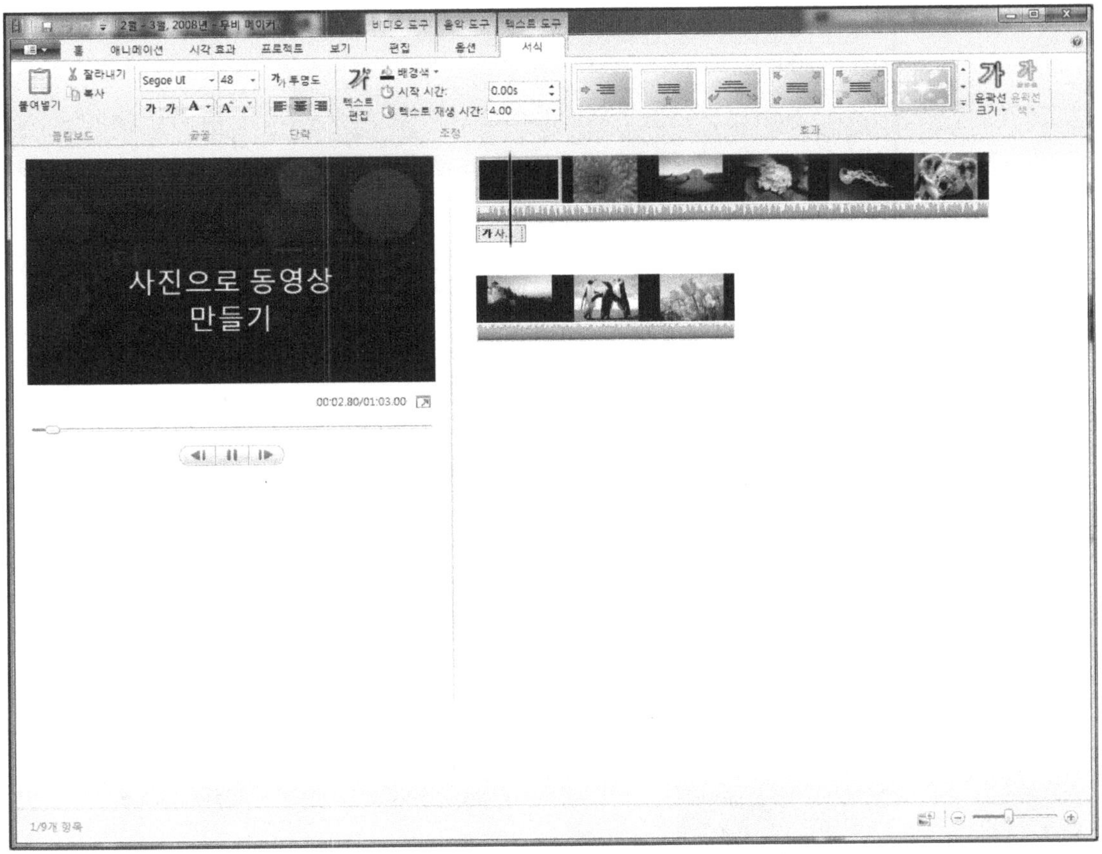

사진 동영상에 제목을 추가하고 서식 메뉴에서 제목에 효과 그룹에서 시네마틱-버스트 1 효과를 적용하여 화려한 제목 서식이 되도록 한다. 조정 그룹에서는 배경색을 비롯하여 텍스트 편집을 한다. 제목 텍스트가 나타나는 시간은 사용자가 임의대로 텍스트 재생 시간을 이용하여 지정할 수 있다.

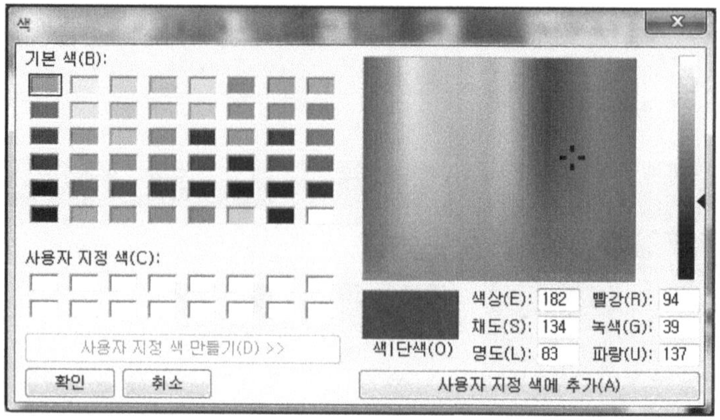

[비디오 도구 - 편집] 메뉴에서배경색 및 재생시간을 조정하여 나타낼 수 있다. 배경색은 사용자가 직접 원하는 배경색을 사용할 수 있다.

[시각 효과-효과-360도 회전]을 이용하여 장면 하나하나를 조정할 수 있다. 시각 효과의 효과 그룹에서는 다양한 기능이 제공된다. 그리고 모든 장면에 적용할 수도 있도 각각의 장면에 다른 효과를 적용할 수 있다. 밝기 버튼은 각 장면별로 밝기를 조절할 수 있다.

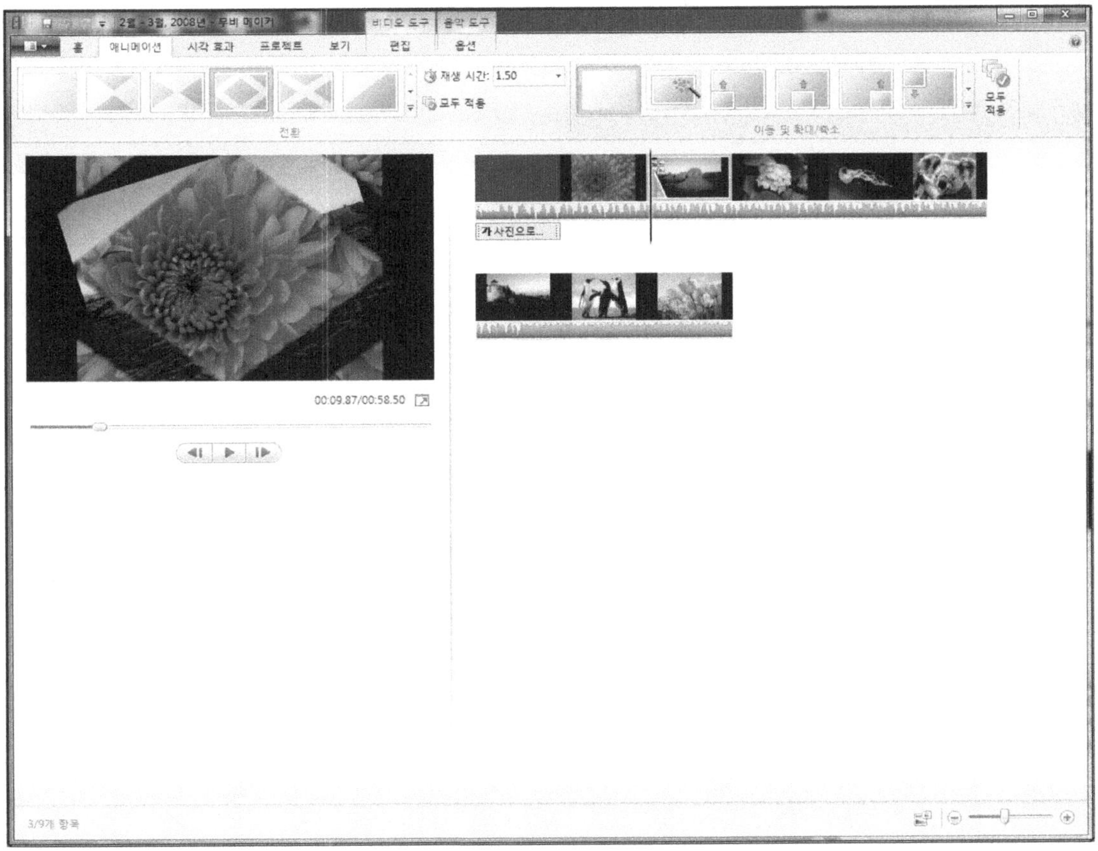

[애니메이션-전환-대각선_박스 아웃]을 선택하여 각 장면별로 화면 전환이 되도록 한다. 화면 전환의 시간은 1.5초가 되도록 하였으며 모두 적용을 클릭시 각 장면별로 대각선_박스 아웃이 적용된다.

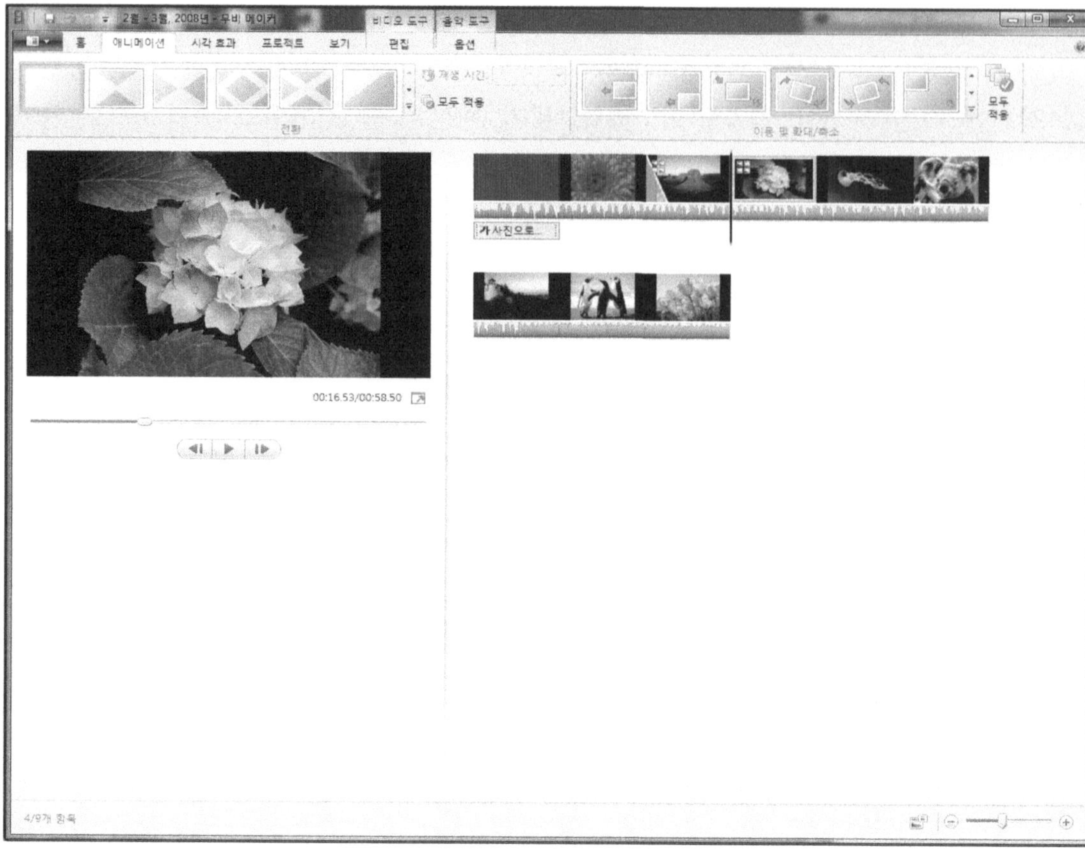

[애니메이션-이동 및 확대축소-가운데 확대 및 오른쪽으로 축소]를 선택하여 장면이 가운데로 확대되면서 오른쪽으로 축소가 되도록 동영상 편집을 하였다.

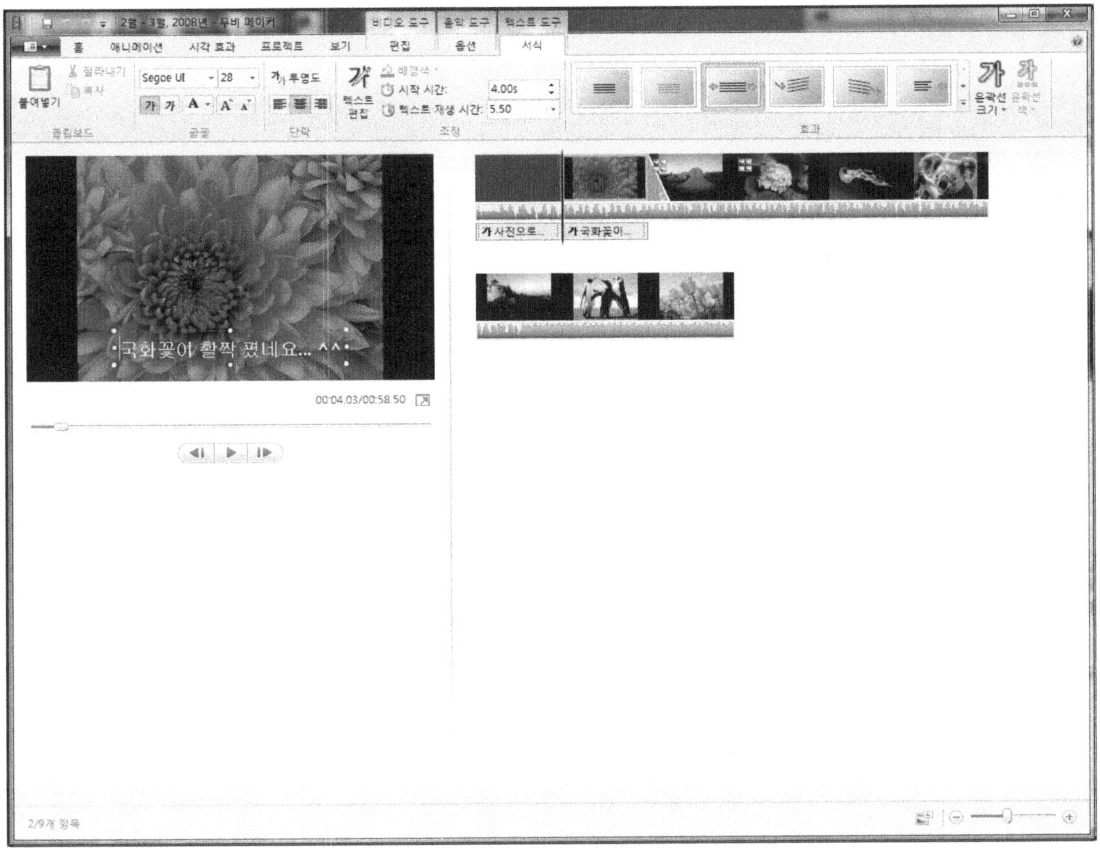

[홈-자막]을 이용하여 각 장면별로 자막이 재생되도록 하였다. 서식 메뉴에서 자막에 대한 속성을 지정할 수 있으며 효과 기능을 이용하여 움직이는 자막이 가능하도록 하였다.

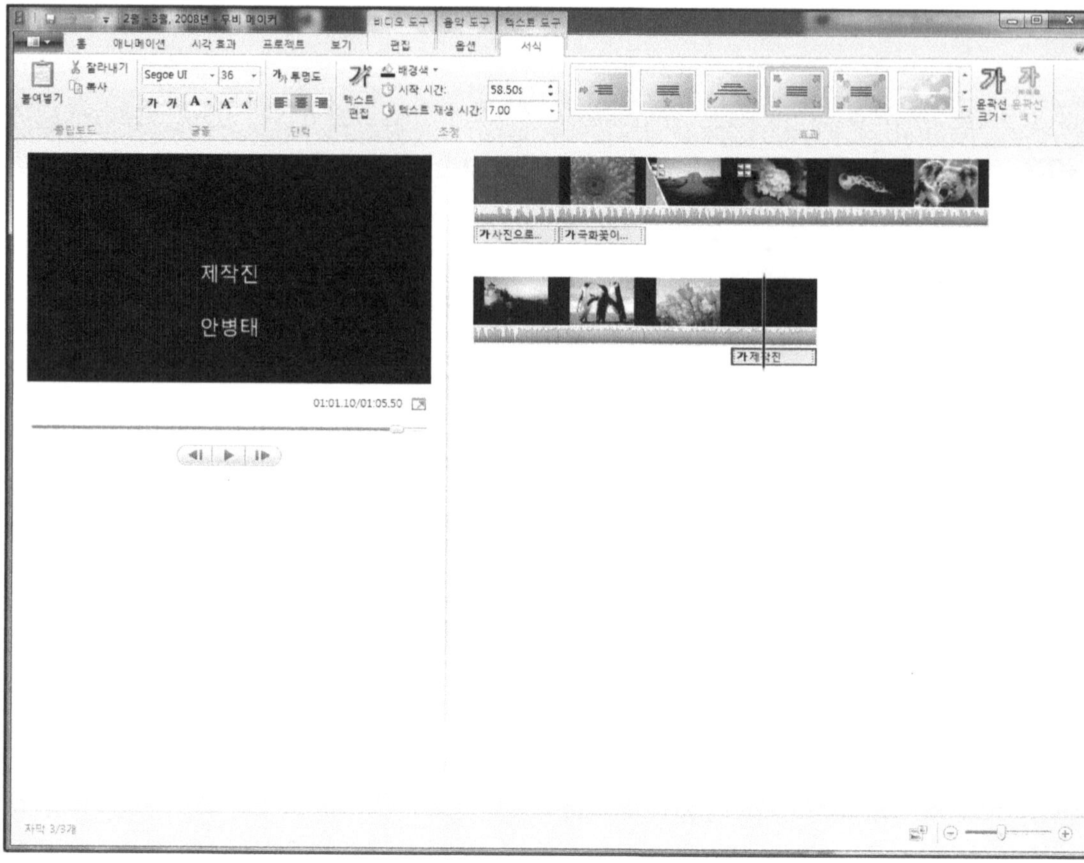

[홈-제작진]을 이용하여 마지막 장면에 동영상에 대한 제작 부연 설명 장면을 첨부할 수 있다. 그 외에도 감독, 출연, 촬영지, 사운드 트랙 등을 추가할 수 있다.

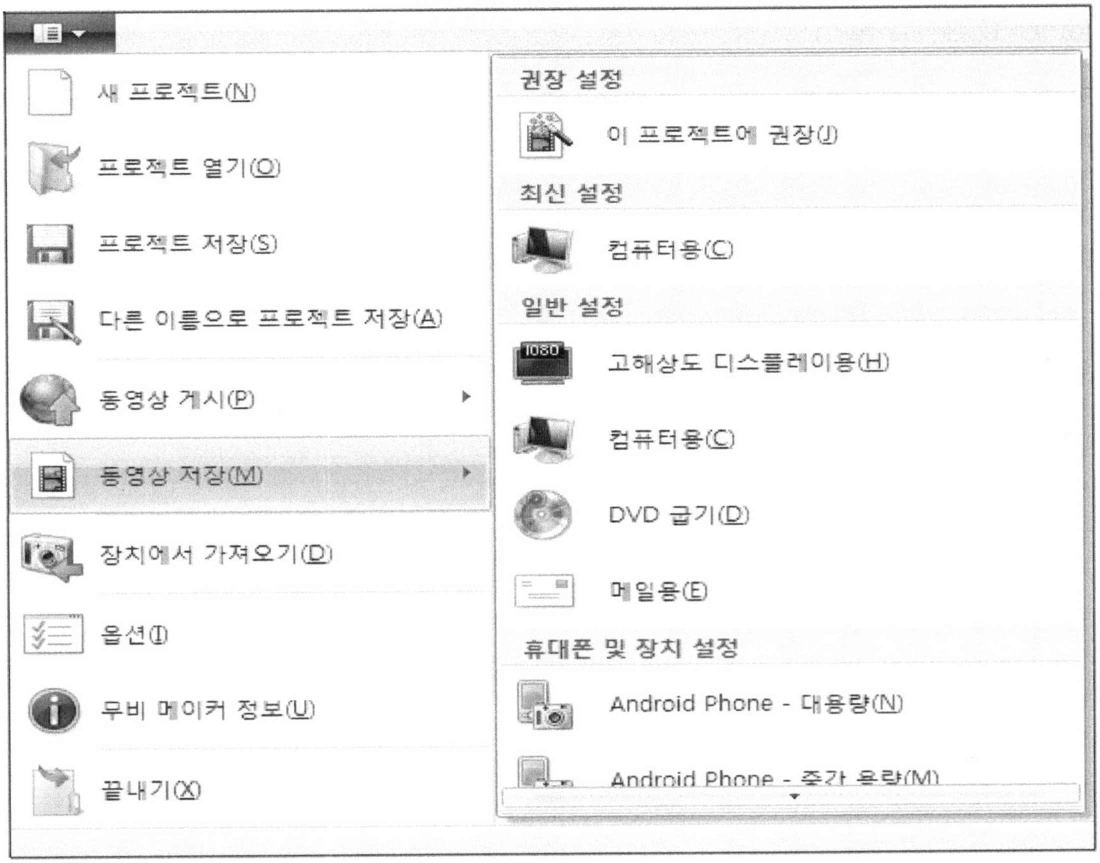

완성된 파일을 저장하기 위해서는 프로젝트 저장을 눌러 프로젝트 단위로 저장을 할 수 있다. 실제 동영상 파일로 저장하기 위해서는 동영상 저장에서 컴퓨터용으로 저장을 한다. 휴대폰에서 구동이 가능하도록 하기 위해서는 안드로이드폰 형식으로 저장을 한다.

[2] 동영상 합치기

여러개의 동영상 파일을 합치기 위해서는 기존의 동영상에 비디오 추가 버튼을 이용하여 동영상을 추가하도록 한다.

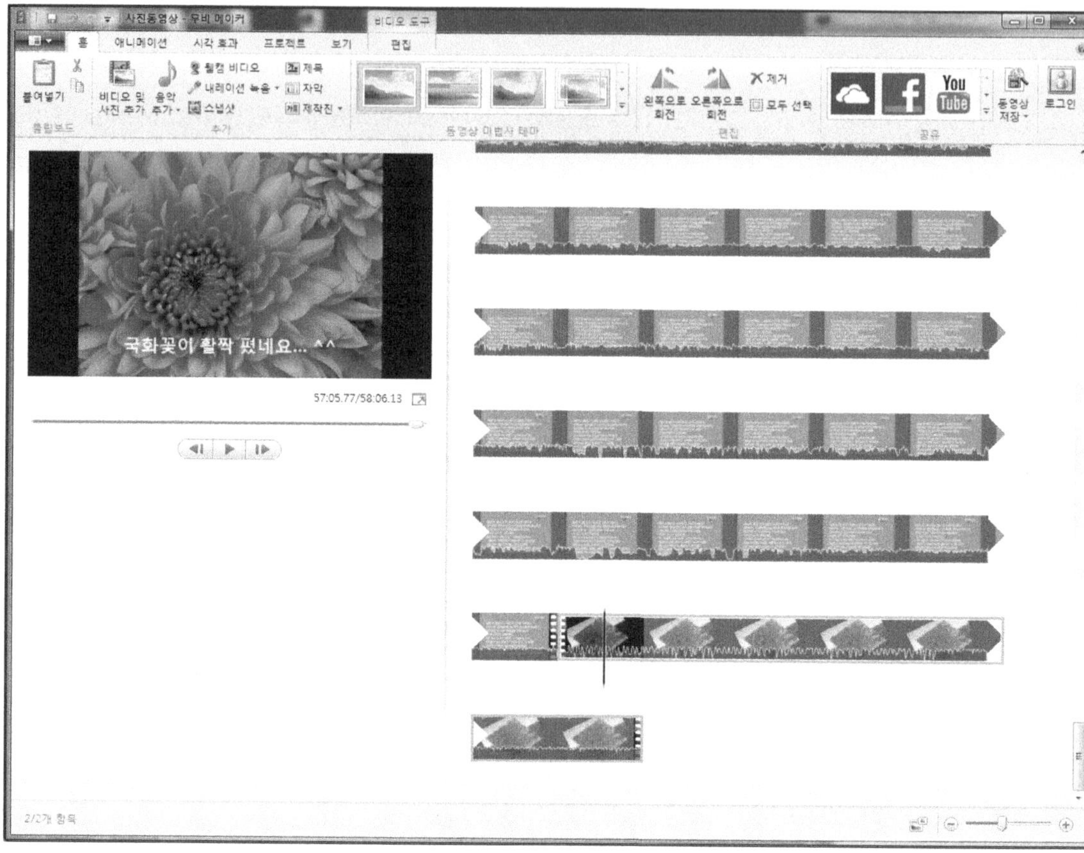

기존의 영화 파일 끝 부분에 사진으로 만든 동영상을 합쳐서 편집하였다.

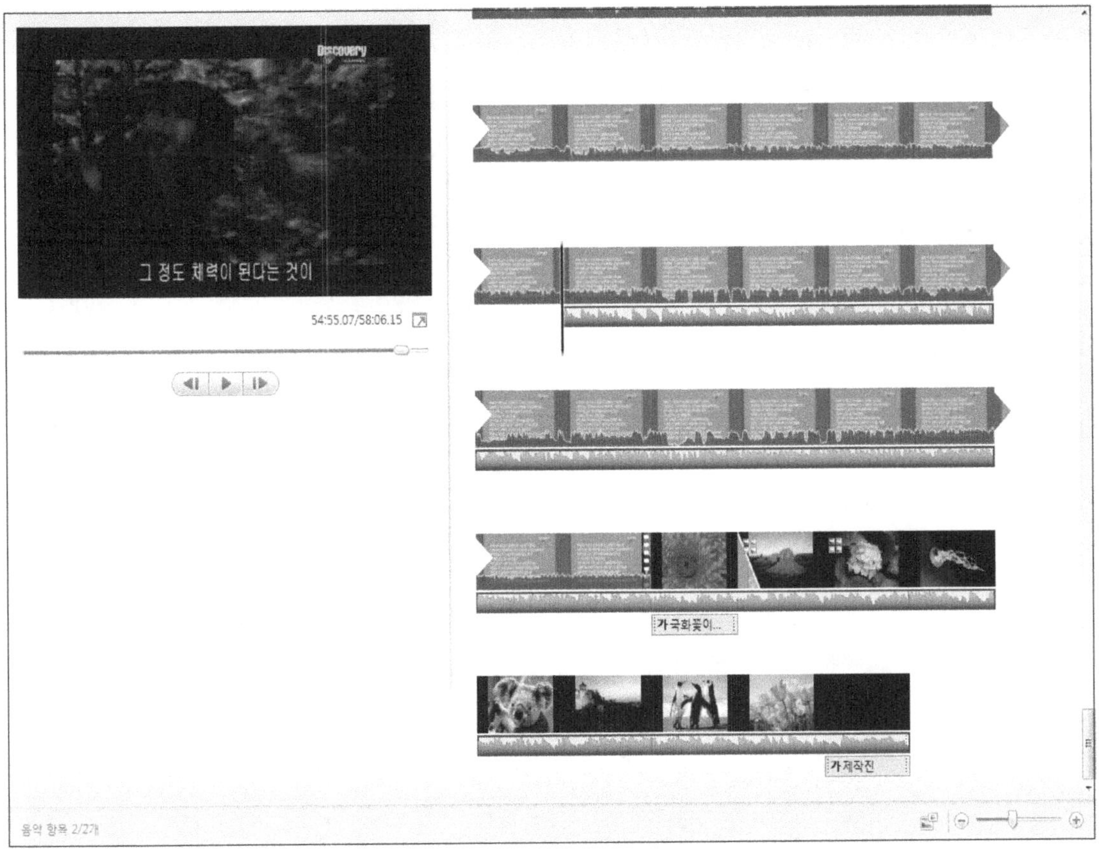

장면의 특정 지점에서 부분적으로 음악을 추가할 수도 있다. [홈-추가-음악추가-현재 지점에서 음악추가]를 선택하면 현재 가르키는 장면에서부터 음악이 추가된다.

[홈-추가-스냅샷]에서는 현재 재생중인 장면을 캡쳐해서 이미지로 저장할 수 있다.

프레젠테이션 기법

2014년 9월 1일 초판 인쇄

2014년 9월 5일 인쇄 발행

저 자 안병태·임권묵·박경모

발 행 인 송기수

발 행 처 도서출판 GS인터비전

편 집 처 도서출판 GS인터비전

인 쇄 처 토탈프로세스

등록번호 제 313-2011-120 호

I S B N 979-11-5576-043-7(93000)

주 소 서울 마포구 토정로 222 한국출판협동조합 B동207호

전 화 02-976-7898, 02-3272-7898.

팩 스 02-6468-7898

홈페이지 gsintervision.co.kr

E-Mail gsinter7@gmail.com

정 가 15,000원